プリント形式のリアル過去問で本番の臨場感！

岡山県

清心中学校

2025年春受験用

解答集

本書は，実物をなるべくそのままに，プリント形式で年度ごとに収録しています。
問題用紙を教科別に分けて使うことができるので，本番さながらの演習ができます。

■ 収録内容

・解答集(この冊子です)

書籍ＩＤ番号，この問題集の使い方，最新年度実物データ，リアル過去問の活用，
解答例と解説，ご使用にあたってのお願い・ご注意，お問い合わせ

・2024(令和６)年度 ～ 2021(令和３)年度　学力検査問題

JN132162

〇は収録あり

年度	'24	'23	'22	'21		
■ 問題(1次教科型・適性検査型)	〇	〇	〇	〇		
■ 解答用紙(算数・適性は書き込み式)	〇	〇	〇	〇		
■ 配点						

算数に解説があります

注)国語問題文非掲載:2024年度教科型の【三】，2021年度教科型の【三】

問題文の非掲載につきまして

著作権上の都合により，本書に収録している過去入試問題の本文の一部を掲載しておりません。ご不便をおかけし，誠に申し訳ございません。

本文の一部を掲載できなかったことによる国語の演習不足を補うため，論説文および小説文の演習問題のダウンロード付録があります。弊社ウェブサイトから書籍ＩＤ番号を入力してご利用ください。

なお，問題の量，形式，難易度などの傾向が，実際の入試問題と一致しない場合があります。

教英出版

■ 書籍ＩＤ番号

入試に役立つダウンロード付録や学校情報などを随時更新して掲載しています。
教英出版ウェブサイトの「ご購入者様のページ」画面で，書籍ＩＤ番号を入力してご利用ください。

書籍ＩＤ番号　106431  

（有効期限：2025年9月30日まで）

【入試に役立つダウンロード付録】
「要点のまとめ(国語／算数)」
「課題作文演習」ほか

■ この問題集の使い方

年度ごとにプリント形式で収録しています。針を外して教科ごとに分けて使用します。①片側，②中央のどちらかでとじてありますので，下図を参考に，問題用紙と解答用紙に分けて準備をしましょう（解答用紙がない場合もあります）。

針を外すときは，けがをしないように十分注意してください。また，針を外すと紛失しやすくなりますので気をつけましょう。

① 片側でとじてあるもの

針を外す　⚠けがに注意
解答用紙
教科の番号
問題用紙
教科ごとに分ける。　⚠紛失注意

② 中央でとじてあるもの

針を外す　⚠けがに注意
解答用紙
教科の番号
問題用紙
教科ごとに分ける。　⚠紛失注意

※教科数が上図と異なる場合があります。
解答用紙がない場合や，問題と一体になっている場合があります。
教科の番号は，教科ごとに分けるときの参考にしてください。

■ 最新年度 実物データ

実物をなるべくそのままに編集していますが，収録の都合上，実際の試験問題とは異なる場合があります。実物のサイズ，様式は右表で確認してください。

問題用紙	国・算・適：Ｂ４プリント(算・適は書込み式) 社・理：Ｂ５冊子(二つ折り)
解答用紙	Ｂ４片面プリント

リアル過去問の活用

~リアル過去問なら入試本番で力を発揮することができる~

本番を体験しよう!

問題用紙の形式(縦向き/横向き),問題の配置や余白など,実物に近い紙面構成なので本番の臨場感が味わえます。まずはパラパラとめくって眺めてみてください。「これが志望校の入試問題なんだ!」と思えば入試に向けて気持ちが高まることでしょう。

入試を知ろう!

同じ教科の過去数年分の問題紙面を並べて,見比べてみましょう。

① 問題の量

毎年同じ大問数か,年によって違うのか,また全体の問題量はどのくらいか知っておきましょう。どのくらいのスピードで解けば時間内に終わるのか,大問ひとつにかけられる時間を計算してみましょう。

② 出題分野

よく出題されている分野とそうでない分野を見つけましょう。同じような問題が過去にも出題されていることに気がつくはずです。

③ 出題順序

得意な分野が毎年同じ大問番号で出題されていると分かれば,本番で取りこぼさないように先回りして解答することができるでしょう。

④ 解答方法

記述式か選択式か(マークシートか),見ておきましょう。記述式なら,単位まで書く必要があるかどうか,文字数はどのくらいかなど,細かいところまでチェックしておきましょう。計算過程を書く必要があるかどうかも重要です。

⑤ 問題の難易度

必ず正解したい基本問題,条件や指示の読み間違いといったケアレスミスに気をつけたい問題,後回しにしたほうがいい問題などをチェックしておきましょう。

問題を解こう!

志望校の入試傾向をつかんだら,問題を何度も解いていきましょう。ほかにも問題文の独特な言いまわしや,その学校独自の答え方を発見できることもあるでしょう。オリンピックや環境問題など,話題になった出来事を毎年出題する学校だと分かれば,日頃のニュースの見かたも変わってきます。

こうして志望校の入試傾向を知り対策を立てることこそが,過去問を解く最大の理由なのです。

実力を知ろう!

過去問を解くにあたって,得点はそれほど重要ではありません。大切なのは,志望校の過去問演習を通して,苦手な教科,苦手な分野を知ることです。苦手な教科,分野が分かったら,教科書や参考書に戻って重点的に学習する時間をつくりましょう。今の自分の実力を知れば,入試本番までの勉強の道すじが見えてきます。

試験に慣れよう!

入試では時間配分も重要です。本番で時間が足りなくなってあわてないように,リアル過去問で実戦演習をして,時間配分や出題パターンに慣れておきましょう。教科ごとに気持ちを切り替える練習もしておきましょう。

心を整えよう!

入試は誰でも緊張するものです。入試前日になったら,演習をやり尽くしたリアル過去問の表紙を眺めてみましょう。問題の内容を見る必要はもうありません。どんな形式だったかな?受験番号や氏名はどこに書くのかな?…ほんの少し見ておくだけでも,志望校の入試に向けて心の準備が整うことでしょう。

そして入試本番では,見慣れた問題紙面が緊張した心を落ち着かせてくれるはずです。

※まれに入試形式を変更する学校もありますが,条件はほかの受験生も同じです。心を整えてあせらずに問題に取りかかりましょう。

清心中学校【１次教科型】【１次適性検査型】

《１次教科型　国語》

一　①保護　②浴　③日記　④天然　⑤反復　⑥るす　⑦しょちゅう　⑧かいが　⑨さか　⑩まる

二　問一．Ⅰ．アクリル板のパーティション　Ⅱ．飛沫防止対策　問二．アクリル板は産業廃棄物のため、自治体によっては一般ゴミとして処理できないから。　問三．①二酸化炭素を71%削減　②廃棄されるアクリル板
問四．感染症対策のために作られたアクリル板のパーティションが必要なくなり、大量に廃棄されるという問題。
問五．近畿大学の３年生が、教室に置いてあったパーティションを使って手作りのパスケースを作ったこと。
問六．感染症対策のため、食堂にも教室にも友人との間にパーティションがあった(ということ)。
問七．新型コロナウイルス感染症の影響を受けて、もったいない学生生活を２年間過ごしたこと。　問八．イ

三　問一．Ⅰ．ア　Ⅱ．エ　Ⅲ．ウ　問二．足　問三．(樹高が三十メートルにもなる)メタセコイア
問四．葉月とみさとの手が鳴らしたぱんという音。　問五．ステージに上がる前は、失敗したらどうしようと不安に思っていたが、葉月のアドバイスのおかげで、自分の言葉が伝わるアナウンスができて、ほっとしている。
問六．ウ

《１次教科型　算数》

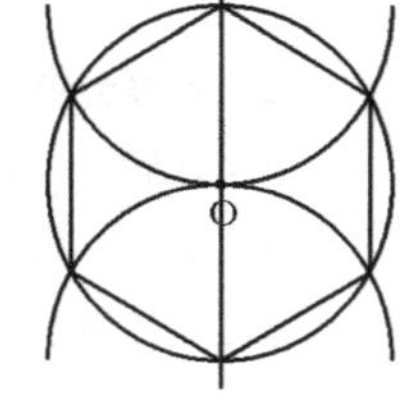

1　(1)①143　②2176　③1.05　④0.75　⑤$\frac{3}{8}$　⑥$1\frac{2}{5}$　⑦1　⑧$\frac{5}{33}$　(2)12　(3)12.5
(4)36　(5)①，④　(6)71.2　(7)9　(8)176

2　(1)右図　※(2)10

※3　(1)142　(2)(ア)2　(イ)2　(ウ)0　(エ)2　(オ)2

※4　(1)180　(2)(ア)52　(イ)45　(ウ)104

※5　(1)90　(2)70

※の求め方は解説を参照してください。

《１次教科型　理科》

1　(1)つつの中の空気の体積／おしぼうをおす力の大きさ　などから１つ
(2)空気　(3)勢いよくおす／強くおす　などから１つ
(4)大きくなる　(5)ウ

2　(1)イ　(2)イ　(3)イ　(4)ア　(5)27分　(6)右グラフ

3　(1)しん食　(2)AとD…A　BとC…B　(3)右図　(4)運ばれてくるうちに，ぶつかったり転がったりすることで角が取れて丸くなり，われて小さくなった。

4　(1)①右図　名前…子葉　②ヨウ素液　(2)①実験２，実験４
②ケ，サ　③実験１と実験２　④温度

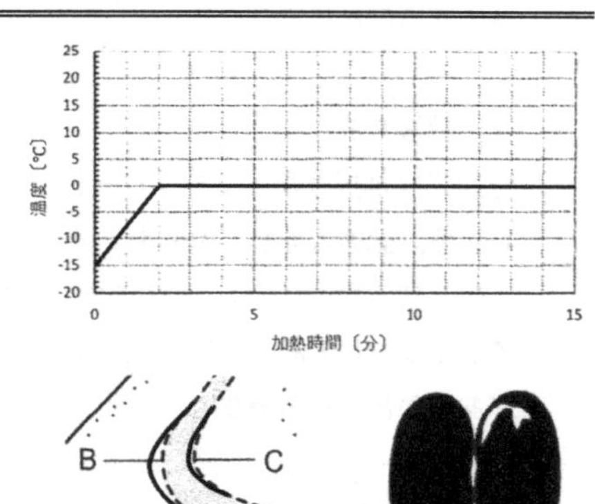

3(3)の図
4(1)①の図

《1次教科型　社会》

1 問1．[気温／降水量]　上越…[ウ／②]　軽井沢…[イ／①]　静岡…[ア／③]　問2．牛などを飼育して，その乳で牛乳や乳製品をつくる農業。　問3．②　問4．エ　問5．写真1…イ　写真2…ウ　写真3…ア

2 問1．ア　問2．あ．③　い．④　う．②　問3．水をたくわえる働きをする森林が少なくなってきているから。　問4．共生　問5．イ

3 問1．ウ→エ→イ→ア　問2．仏教　問3．モンゴル　問4．執権　問5．検地
問6．フランシスコ＝ザビエル　問7．ア，カ

4 問1．(a)エ　(b)イ　(c)ウ　(d)ア　問2．ア　問3．ウ　問4．(あ)ペリー　(い)国際連合

《1次適性検査型　適性検査Ⅰ》

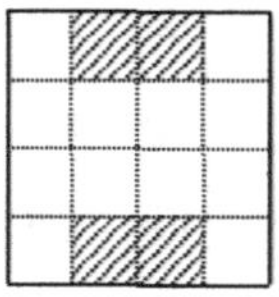

課題1　(1)X．ウ　Y．ア　Z．イ　(2)右図／75
※(3)1人がスピーチをする時間…9　1回の入れ替えの時間…2

課題2　(1)95　(2)まちがいがある階級…80，100　正しい都道府県の数…11
(3)空気が中国山地や四国山地をこえるとき，雲ができて雨や雪を降らせるので，山をこえたあとの空気にふくまれる水蒸気の量が少なくなって，山のふもとにあたる岡山県では雨や雪があまり降らないから。

課題3　(1)体に必要な酸素を届けるため，心臓から全身に多くの血液を送り出すから。　(2)ア　(3)水がふっとうしている間は温度が一定となり，水の入った紙のなべの温度は 100℃をこえることがないため，紙の発火点まで温度が上がらないから。

※の説明は解説を参照してください。

《1次適性検査型　適性検査Ⅱ》

課題1　(1)a．水　b．口　c．花　(2)A．車両の騒音によりほとんど聴きとれない状態　B．うるさいとは思わず、相手のことばも聴こえて会話が成立していた　(3)携帯電話の音声のほうがうるさい　(4)A．異常に関心を引かれて聞いた人の声が、他人ごとで自分には無関係な音だった　B．とり入れるのではなく、選別して、不用な音は捨てたり抑圧したりして気にならないようにすることによって、人間の精神を安定させ、平穏に生きていけるようにする

課題2　私は、コミュニケーションをとるときに、相手に直接会いに行って話すことを選びたい。顔を見て話した方が、相手の感情が読み取りやすく、相手の反応を見ながら適切な言葉を選ぶことができると思うからだ。私は、友人とメールやＳＮＳでやりとりをすることがあるが、友人の気持ちを察しにくく、つい一方的な言葉を送ってしまうことがある。やはり相手と直接対面していた方が、よいコミュニケーションができると思う。

課題3　(1)千代田区には，学校や会社などが多く住宅が少ないため，通学や通勤などで昼間に多くの人が集まるが，夜間には住宅がある他の地域に出ていくから。　(2)現役で働く人1人あたりの保険料や税金の負担額が増える。
(3)現役で働く人の割合が減少していく中で，消費税は年れいに関係なくはば広く集めることができる税だから。

2024 算数解説 清心中学校

令和６年度

《１次教科型》

1 (1)⑤　与式$=\frac{4}{8}-\frac{2}{8}+\frac{1}{8}=\mathbf{\frac{3}{8}}$

⑥　与式$=\frac{3}{5}\times\frac{7}{3}=\frac{7}{5}=\mathbf{1\frac{2}{5}}$

⑦　与式$=\frac{5}{6}\times12-\frac{3}{4}\times12=10-9=\mathbf{1}$

⑧　与式$=\frac{2}{3}-\frac{5}{6}\div\frac{11}{8}+\frac{1}{11}=\frac{2}{3}-\frac{5}{6}\times\frac{8}{11}+\frac{1}{11}=\frac{2}{3}-\frac{20}{33}+\frac{1}{11}=\frac{22}{33}-\frac{20}{33}+\frac{3}{33}=\mathbf{\frac{5}{33}}$

(2)　積が 72 になる２つの整数の組は，１と 72，２と 36，３と 24，４と 18，６と 12，８と９の６組あり，これらの整数はすべて 72 の約数だから，全部で２×６＝**12**(個)ある。

(3)　１日＝24 時間だから，３時間は１日の$\frac{3}{24}\times100=$**12.5**(%)である。

(4)　時速 100 km＝分速(100÷60) km＝分速$\frac{5}{3}$kmだから，60 kmの道のりを走ると $60\div\frac{5}{3}=$**36**(分)かかる。

(5)　**【解き方】１より大きい数をかけるか，１より小さい数で割ると，もとの数より大きくなる。**

$\frac{4}{3}$は１より大きく，0.8 は１より小さいから，$\frac{5}{6}$より大きくなるものは**①**，**④**である。

(6)　**【解き方】(平均点)×(回数)＝(合計点)となる。**

４回のテストの合計点は 64×４＝256(点)であり，５回目で 100 点をとると合計点は 256＋100＝356(点)になる。よって，５回のテストの平均点は 356÷５＝**71.2**(点)

(7)　**【解き方】つるかめ算を利用する。**

ひまわりを 15 本買ったとすると，代金の合計は 300×15＝4500(円)となり，実際よりも 4500－4050＝450(円)だけ高くなる。ひまわり１本をバラ１本に置きかえると，代金の合計は 300－250＝50(円)安くなるから，買ったバラの本数は 450÷50＝**9**(本)である。

(8)　長方形の土地の面積は 11×18＝198(㎡)であり，幅(はば)が２mの道の面積は，底辺の長さが２m，高さが 11mの平行四辺形の面積と等しいから，２×11＝22(㎡)である。よって，残りの土地の面積は 198－22＝**176**(㎡)

2 (1)　円の直径と円が交わる２点を中心として，半径がもとの円と等しくなるようにそれぞれ円をかく。この２つの円ともとの円が交わる点２つずつと，円の直径と円が交わる２点の６つの点を順に直線で結ぶ。

解答例以外にも，作図の手順が正しければ他の方法でもよい。

(2)　**【解き方】全部切り終わった後，１分休んだとすると，この休みも合わせて１時間 12 分＝72 分かかった。**

１回切るのと１回休むのを１セットとすると，１セットは７＋１＝８(分)である。よって，72÷８＝９(セット)行ったことになる。１回切ると木材は１本ずつ増えていくから，全部で１＋９＝**10**(本)に切り分けた。

3 (1)　測った重さは１×１＋３×２＋27×２＋81×１＝**142**(g)

(2)　**【解き方】重い方から先に使っていき，残りの重さを考える。**

224÷81＝２余り 62 より，81 gの重りを２個使うと残りは 62 gになる。62÷27＝２余り８より，27 gの重りを２個使うと残りは８gになる。８÷３＝２余り２より，３gの重りを２個使うと残りは２gになる。あとは１gの重りを２個使えばよいので，(ア)＝**2**，(イ)＝**2**，(ウ)＝**0**，(エ)＝**2**，(オ)＝**2**となる。

4 (1)　**【解き方】人数は円グラフの中心角の大きさに比例する。**

★$=30\times\frac{360°}{60°}=$**180**(人)である。

(2)　ももと答えた人は 180×0.25＝45(人)だから，(イ)＝**45** より，(ア)＝180－(45＋30＋27＋14＋12)＝**52**

よって，(ウ)$=360° \times \frac{52}{180}=$**104°** である。

5 ⑴ 直方体の体積は$3 \times 6 \times 5=$**90**(cm³)

⑵ **【解き方】けずった部分の体積は，右図のような大きさの異なる２つの三角柱の体積の和である。**

けずった部分の体積は$3 \times 5 \div 2 \times 2+1 \times 5 \div 2 \times 2=20$(cm³)だから，

求める体積は$90-20=$**70**(cm³)である。

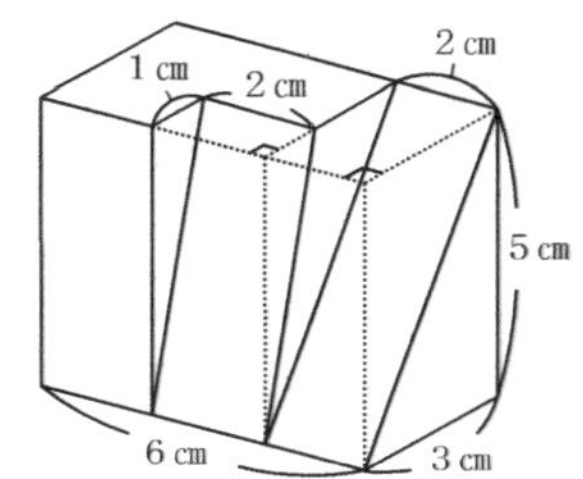

《１次適性検査型　適性検査Ⅰ　算数分野の解説》

課題１

⑴ Ｘに対して「はい」があてはまるカードは３枚であり，アは２，４，６，８の４枚，イは１，２，５，６，９の５枚，ウは１，４，７の３枚あるので，Ｘにはウがあてはまる。丸いカードを除いた６枚のうち，Ｙに対して「はい」があてはまるカードは３枚であり，アは２，６，８の３枚，イは２，５，６，９の４枚あるので，Ｙにはアがあてはまる。さらに偶数を除いた３，５，９の３枚のうち，Ｚに対して「はい」があてはまるカードは２枚だから，Ｚにはイがあてはまる。

⑵ 図４で折り紙を折る手順とは逆に，折り紙を開いていくと，折り紙を開いてできる図形は折り目について線対称だから，右図のようになる。

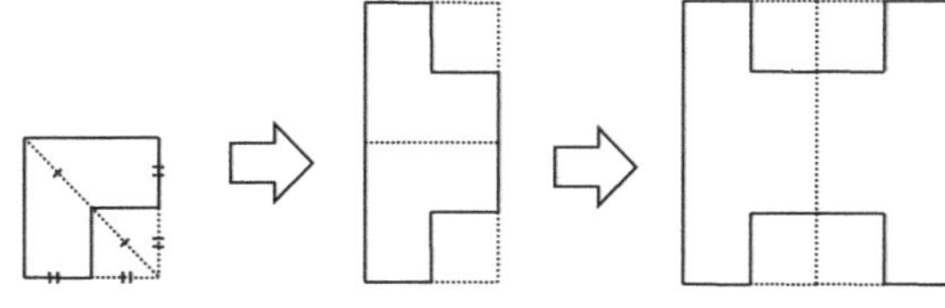

残った部分の面積は解答例のように，折り紙を16個の正方形に分けたときの12個分の面積だから，$10 \times 10 \times \frac{12}{16}=75$(cm²)である。

⑶ 17人がスピーチをするとき，スピーチの回数は17回，入れ替えの回数はスピーチの回数より１回少ないから16回ある。１人がスピーチをする時間を○分，１回の入れ替えの時間を□分とすると，17×○＋16×□＝185が成り立つ。１回の入れ替え時間は最大で，$185 \div 16=11.5\cdots$より，11分となり，このときスピーチの合計時間は$185-11 \times 16=9$(分)となる。入れ替え時間の１分をスピーチの１分に置きかえると，合計時間は$17-16=1$(分)だけ長くなるから，スピーチの時間を$9 \div 1=9$(分)，入れ替え時間を$11-9=2$(分)とすれば，$17 \times 9+16 \times 2=185$となり，条件に合う。

課題２

⑴ (年間平均降水日数)×(年数)＝(合計降水日数)となるから，2011年から2020年までの合計降水日数は，$89.2 \times 10=892$(日)である。よって，2016年の降水日数は，$892-(87+97+81+96+100+89+84+78+85)=95$(日)

⑵ 岡山県は1991年から2020年までの平均降水日数が最も少ないから，岡山県は80日以上100日未満の階級にふくまれ，この階級の都道府県数は，$47 \times 0.234=10.998$より，11都道府県ある。

清心中学校【１次教科型】【１次適性検査型】

《１次教科型　国語》

一　①多数決　②目標　③務　④横断　⑤破　⑥たよ　⑦おくじょう　⑧さいぶ　⑨たば　⑩りょこう

二　問一．Ⅰ．エ　Ⅱ．ア　Ⅲ．ウ　問二．実物の感触～がするから　問三．①幹に両手を回し、抱きつくように体を預ける姿勢。　②抱きつくことによって幹の太さが分かり、木の立派さが分かるから。　問四．(いつもなら、木の立派さを確かめるとすぐに木から体を離すのだが、)今回は幹から体を離すことができず、木の気を感じたこと。　問五．木の発するえも言われぬ何か〔別解〕木肌が秘める微妙なぬくもり　問六．心臓を当てたとき、うっとりした感じがある樹とない樹があること。／同じ一本の幹でも、触れると特にうっとりする場所があって、反対側に心臓を当ててもだめらしいこと。／うっとりした場所の幹には、多くの場合うっすらと苔が生えていたりすること。　問七．触れることで覚えた真実の驚きを素直に楽しめることは、その人の感性を広げ、より豊かな生き方を可能にしてくれると考えている。

三　問一．陸上経験もないのに、無理やり顧問にさせられているため、合同記録会で何をしていいのかわからず、うろたえているから。　問二．仕事なんだから当然だろ　問三．今日の合同記録会では、きちんとタイムを出さないといけないこと。　問四．(僕が)先頭集団から第二集団に順位を落としてしまったこと。　問五．手を抜いていないのに結果が出ない自分にふがいなさを感じている気持ち。　問六．かた　問七．今回、僕はいい記録が出なかったのに、上原先生が行きたくもない記録会にまた参加しなければならなくなったから。

《１次教科型　算数》

1　(1)①85　②1179　③59　④112　⑤$\frac{1}{3}$　⑥$2\frac{2}{3}$　⑦$\frac{7}{30}$　⑧7　⑨0　⑩$2\frac{7}{12}$　(2)3　(3)2500　(4)1.6　(5)750　(6)6.4　(7)25.12

※2　(1)12　(2)5

※3　5＋6＋7〔別解〕3＋4＋5＋6

4　右図

※5　3.75

※6　(1)14，10　(2)2500

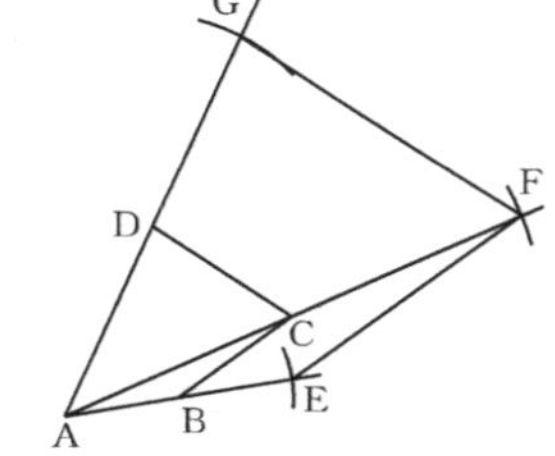

※の求め方は解説を参照してください。

《１次教科型　理科》

1　(1)イ　(2)ウ　(3)1.6　(4)ウ

2　(1)ア．温度　イ．蒸発　ウ．水蒸気　エ．雪〔別解〕雨　オ．二酸化炭素　カ．酸素　(2)空気中の水蒸気が夜の間に冷やされて，水のつぶに変わったから。(下線部は水てきでもよい)　(3)ノリが本来の色になり，価値が高くなる。　(4)食物れんさ　(5)ア

3　(1)右グラフ　(2)ア．×　イ．△　ウ．○　(3)50　(4)ア

4　(1)よう岩　(2)A　(3)ア　(4)風向きやよう岩の流れ出る方向を考え，なるべく早く安全な経路を通り，ひ難所へひ難する。　(5)エ

5　(1)B，C　(2)ウ　(3)消化管　(4)小腸　(5)ウ　(6)ア

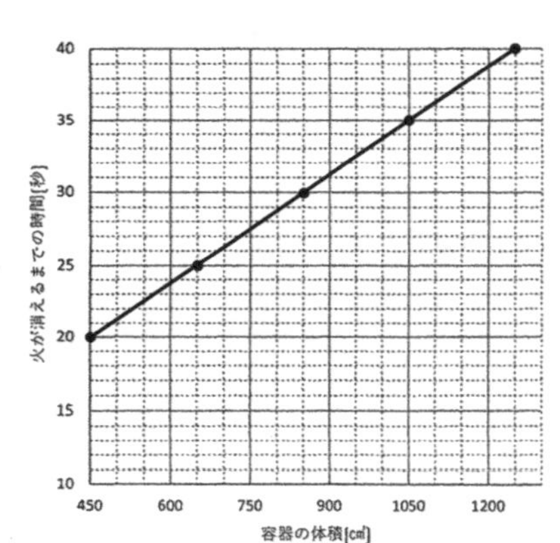

《１次教科型　社会》

1　問１．⑴地熱　⑵温泉　⑶姫路　⑷神戸　問２．噴火　問３．ウ　問４．ウ

2　問１．品種改良　問２．イ　問３．記号…ア〔別解〕エ　選んだ理由…(アの例文)漁業で働く人の人口が減ることで，とれる魚の量も減ると考えられるから。　(エの例文)日本の漁かく量が減ることで，外国からの水産物の輸入が増えると考えられるから。　問４．⑴ウ　⑵加工貿易　問５．エ

3　問１．イ　問２．隋　問３．正しい仏教の教えを日本に広めるため。　問４．藤原　問５．ウ　問６．ウ　問７．エ

4　問１．⑴韓国〔別解〕朝鮮　⑵満州　問２．ア　問３．イ　問４．ロシア　問５．石油などの資源を得るため。　問６．国際連合

《１次適性検査型　適性検査Ⅰ》

課題１　⑴72　※⑵47.1

課題２　⑴１円玉…15　５円玉…18　10円玉…30　50円玉…７　100円玉…26　500円玉…３

⑵１円玉…５　５円玉…11　10円玉…４

※⑶１円玉…15　５円玉…15　10円玉…16　50円玉…３　100円玉…１　500円玉…０

課題３　⑴磁石を近づけると，スチールかんは磁石につくが，アルミかんは磁石につかない。／スチールに水酸化ナトリウム水よう液を加えても変化しないが，アルミニウムに水酸化ナトリウム水よう液を加えると，アルミニウムは，あわを出して小さくなり，見えなくなる。(下線部は水素でもよい)　⑵ウ　⑶熱いコーヒーを入れたかんが冷めると，かんの中の空気や液体がちぢんで体積が小さくなる。その結果，かんが外からおされてしまうので，よりしょうげきに強い構造にする必要がある。

※の説明は解説を参照してください。

《１次適性検査型　適性検査Ⅱ》

課題１　⑴ａ．進　ｂ．小　ｃ．間　ｄ．切〔別解〕事　⑵言葉を伝える既存のシステムがインターネットに移行しつつある状況。　⑶Ａ．それぞれ瞬時に受け手にも、発信者にもなれる双方向性がある　Ｂ．使い勝手が豊かで、「話し言葉」と「書き言葉」を同時にやりとりできる　⑷出たのを知らないという人　⑸同じニュースを同時に見て世論を形成するのではなく、自分が好きなタイミングで興味のある話だけを限定して受けとることで、意見の偏りやフェイクが生まれる

課題２　(例文)私は、困っている友だちには、「いつでも話を聞くし相談に乗るよ。」とさりげなく伝え、相手が困っている理由を打ち明けてくれるまで待つという姿勢を心がけたい。以前困っていた私に、友だちがこの姿勢で接して話を聞いてくれたことで心が軽くなったからだ。無理に友だちの事情にふみこまず、友だちの方からその事情を打ち明けてきたときに誠実に受け止めることが、友だちを前向きな気持ちにさせるきっかけになると思う。

課題３　⑴多い都道府県は鉄道旅客輸送人数が減少し，少ない都道府県は鉄道旅客輸送人数が増加している。

⑵①金額に対して重量が重い工業の原材料が多い。　②空港付近にＩＣ工場が進出したから。

⑶宅配便の取り扱い量が増えている一方で，他業種よりも多くなっている宅配業者の残業時間を，再配達を減らすことで改善するため。

2023 算数解説 清心中学校
令和５年度

《１次教科型》

1 (1)① 与式$=128-43=85$

③ 与式$=72-13=59$

④ 与式$=28\times4=112$

⑤ 与式$=\frac{1}{5}\times\frac{5}{3}=\frac{1}{3}$

⑥ 与式$=\frac{19}{6}-\frac{3}{6}=\frac{16}{6}=\frac{8}{3}=2\frac{2}{3}$

⑦ 与式$=\frac{6}{30}+\frac{3}{30}-\frac{2}{30}=\frac{7}{30}$

⑧ 与式$=\frac{25}{4}\times\frac{7}{30}\times\frac{24}{5}=7$

⑨ 与式$=\frac{4}{5}-\frac{8}{7}\div(\frac{14}{7}-\frac{4}{7})=\frac{4}{5}-\frac{8}{7}\div\frac{10}{7}=\frac{4}{5}-\frac{8}{7}\times\frac{7}{10}=\frac{4}{5}-\frac{4}{5}=0$

⑩ 与式$=\frac{10}{3}-\frac{2}{5}\times\frac{15}{8}=\frac{10}{3}-\frac{3}{4}=\frac{40}{12}-\frac{9}{12}=\frac{31}{12}=2\frac{7}{12}$

(2) 与式より，$12\div□=20-16$　$□=12\div4=3$

(3) 律子さんの所持金は，$300\div0.12=2500$(円)

(4) 分速 50m で 32 分走ると，$50\times32=1600$(m)進む。よって，$1600\div1000=1.6$(km)

(5) **【解き方】5000÷2000＝2.5 だから，5000 円は 2000 円の 2.5 倍の金額である。**

牛肉を 5000 円分買ったとき，300 g の 2.5 倍の牛肉が買えるから，$300\times2.5=750$(g)

(6) **【解き方】1辺の長さが 4 cmの正方形と面積が等しいから，三角形の面積は 4×4＝16(cm²)である。**

三角形の面積は(底辺)×(高さ)÷２で求められるから，底辺の長さが５cmのときの高さは，$16\times2\div5=6.4$(cm)

(7) **【解き方】斜線部(しゃせん)の面積は，半径 8 cmの円の面積の$\frac{1}{4}$から，半径 4 cmの円の面積の$\frac{1}{2}$を引いた値(あたい)である。**

$8\times8\times3.14\times\frac{1}{4}-4\times4\times3.14\times\frac{1}{2}=(16-8)\times3.14=25.12$(cm²)

2 (1) **【解き方】表より，１週間に借りた本が０冊と２冊の人以外の合計冊数が求められるので，78 からその値を引けばよい。**

１週間に借りた本が０冊と２冊の人以外の合計冊数は，$1\times10+3\times7+4\times3+5\times1+6\times1=54$(冊)となる。よって，２冊を借りた人の合計冊数は $78-54=24$(冊)だから，$24\div2=12$(人)となる。

(2) **【解き方】(貸し出した本の総数)＝(平均冊数)×(クラスの人数)より，クラスの人数は，(貸し出した本の総数)÷(平均冊数)で求められる。**

クラスの人数は，$78\div2=39$(人)となる。借りた本が１冊以上の人数は，$10+12+7+3+1+1=34$(人)だから，求める人数は $39-34=5$(人)となる。

3 **【解き方】1＋2＋3＝6 または 1＋2＋3＋4＝10 を利用する。**

６は連続する３個の整数の和で表すことができ，18 は６より $18-6=12$ 大きいので，連続する３個の整数を $12\div3=4$ ずつ大きくすると，和が 18 となる式ができる。したがって，$5+6+7=18$ となる。

または，10 は連続する４個の整数の和で表すことができ，18 は 10 より $18-10=8$ 大きいので，連続する４個の整数を $8\div4=2$ ずつ大きくすると，和が 18 となる式ができる。したがって，$3+4+5+6=18$ となる。

4 ＡＢ，ＡＣ，ＡＤを延長した直線と，それぞれの長さをコンパスではかって引いた線が交わる点がＥ，Ｆ，Ｇとなる。

5 **【解き方】容器に入っている水の体積は，12×６×５＝360(㎤)であり，容器をたおしても変わらない。よって，水の体積を底面ＡＢＣＤの面積で割れば水の深さを求められる。**

求める水の深さは，360÷(８×12)＝$\frac{15}{4}$＝3.75(cm)となる。

6 ⑴ **【解き方】フィリピンの時間は日本の時間の１時間前なので，まずは日本の時間で求め，１時間引けばよい。**

フィリピンに到着したとき，日本の時間では，10時40分＋４時間30分＝15時10分となる。よって，フィリピンの時間では，15時10分－１時間＝14時10分となる。

⑵ **【解き方】１フィリピンペソを手に入れるには2.2＋0.3＝2.5(円)必要であると考えればよい。**

1000フィリピンペソを手に入れるには2.5円の1000倍の金額が必要となるので，2.5×1000＝2500(円)となる。

《１次適性検査型　適性検査Ⅰ　算数分野の解説》

課題１

⑴ ひし形では向かい合う内角の大きさが等しい。よって，右図の○の角度は角アと等しい。図形の中心は○の角度が５つ集まっているので，角ア＝360°÷５＝72°となる。

⑵ 色をつけた部分の周りの長さを，内側と外側に分けて考える。

内側の長さは，直径３×２＝６(cm)の円の周の長さと等しいから，６×3.14(cm)である。

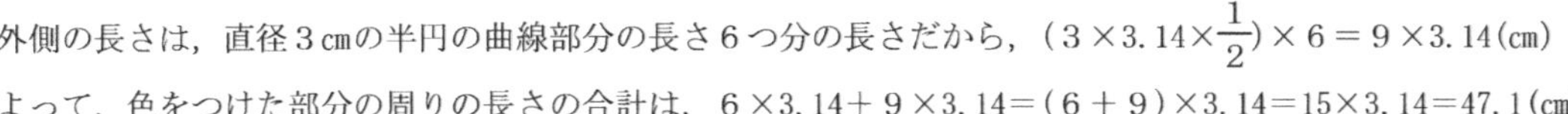

外側の長さは，直径３cmの半円の曲線部分の長さ６つ分の長さだから，(３×3.14×$\frac{1}{2}$)×６＝９×3.14(cm)

よって，色をつけた部分の周りの長さの合計は，６×3.14＋９×3.14＝(６＋９)×3.14＝15×3.14＝47.1(cm)

課題２

⑴ １円玉と５円玉の枚数→10円玉の枚数→500円玉の枚数→50円玉と100円玉の枚数の順に求めていく。

１円玉と５円玉は合わせて33枚で，５円玉の方が３枚多いので，５円玉の枚数は(33＋３)÷２＝18(枚)，

１円玉の枚数は18－３＝15(枚)となる。また，10円玉の枚数は１円玉の枚数の２倍だから15×２＝30(枚)である。

次に，10円玉の合計金額は10×30＝300(円)であり，500円玉の合計金額はこの５倍だから500円玉の枚数は，300×５÷500＝３(枚)となる。以上より，１円玉，５円玉，10円玉，500円玉の合計金額は，

１×15＋５×18＋300＋1500＝1905(円)，合計枚数は33＋30＋３＝66(枚)となるので，50円玉と100円玉の合計金額は4855－1905＝2950(円)，合計枚数は99－66＝33(枚)である。

残りの33枚の硬貨がすべて100円玉だとすると，合計金額は100×33＝3300(円)となり，3300－2950＝350(円)だけ大きくなる。100円玉を１枚50円玉におきかえると，100－50＝50(円)だけ金額が小さくなるから，100円玉を50円玉に，350÷50＝７(枚)おきかえればよい。したがって，50円玉は７枚，100円玉は33－７＝26(枚)となる。

⑵ １円玉の枚数は20未満の５の倍数となる。百合子さんが10枚の場合を考えているので，15枚と５枚の場合を考える。

１円玉が15枚のとき，残り５枚がすべて10円玉であっても合計が１×15＋10×５＝65(円)となり，100円に満たない。よって，適さない。

１円玉が５枚のとき，５円玉と10円玉は合計枚数が20－５＝15(枚)，合計金額が100－１×５＝95(円)となる。

15枚がすべて５円玉とすると，５×15＝75(円)となり，95円より95－75＝20(円)小さい。５円玉１枚を10円玉におきかえると，金額は10－５＝５(円)大きくなるから，５円玉を10円玉に，20÷５＝４(枚)おきかえればよい。

したがって，求める枚数は，１円玉５枚，５円玉15－４＝11(枚)，10円玉４枚となる。

⑶ 金額が小さい硬貨をできるだけ多く使うようにするから，金額が小さい硬貨から順に考える。

１円玉の枚数は５の倍数にするので，最大15枚使える。１円玉の合計金額の一の位が５だから，５円玉は奇数枚

使いたいので，16 以下の最大の奇数の 15 枚とする。１円玉，５円玉，10 円玉の合計金額はできるだけ大きい 50 の倍数にしたい。１円玉，５円玉の合計金額は１×15＋５×15＝90(円)で，10 円玉を 20 枚にすると合計 90＋10×20＝290(円)となるから，これが 250 円となるように，10 円玉は，20－(290－250)÷10＝16(枚)にする。
１円玉，５円玉，10 円玉，50 円玉の合計金額はできるだけ大きい 100 の倍数にしたいので，50 円玉は３枚使い，
１円玉，５円玉，10 円玉，50 円玉の合計金額を，250＋50×３＝400(円)とする。
あとは 100 円玉を１枚，500 円玉を０枚使えばよい。

清心中学校【1次教科型】【1次適性検査型】

《1次教科型　国語》

一　①水泳　②提出　③率　④飼育　⑤支　⑥くら　⑦せきせつ　⑧やね　⑨ていでん　⑩しょぞく

二　問一．Ⅰ．エ　Ⅱ．ア　Ⅲ．イ　問二．[秘密／理由]［やわらかい葉のなかに五本の丈夫な筋を通している。／やわらかさの中に、かたさを合わせ持っていることで、葉が丈夫になるから。］［花茎の外側をかたい皮にし、中をやわらかい構造にしている。／中をやわらかくすることでしなって衝撃をやわらげることができるから。］［花茎を斜めに伸ばしている。／倒れたときの衝撃を少なくすることができるから。］　問三．（オオバコは）生存することができなくなる　問四．人々がオオバコを踏みつけることをやめてしまうこと。　問五．わざわざ道に沿って生えて人や自動車に踏まれることによって、靴やタイヤに種子をくっつけて運んでもらい、自らの領域を広げていくという戦略。

三　問一．ミーナの代わりに本を借りる仕事。　問二．イ，エ　問三．Ⅰ．イ　Ⅱ．ウ　Ⅲ．ア　問四．司書の仕事ぶりが落ち着いていて、本を扱う手つきが丁寧で無駄がなく見え（図書館の静寂に溶け込む穏やかな声を持ってい）たから。　問五．８番の本棚の脇にある追悼コーナーのこと。　問六．川端康成の本を読むのは、私ではなくミーナだということ。　問七．ア　問八．最初は、司書の「美女」という言葉に、「君は美女だ」と告白されたかのように動揺したが、本当は、最初から朋子ではなくミーナが川端康成の本を読むことを分かった上で、司書は朋子に『眠れる美女』を薦めたのではないかと思ったから。

《1次教科型　算数》

1　(1)①198　②28　③2300　④1.73　⑤15　⑥$2\frac{1}{6}$　⑦$\frac{7}{15}$　⑧2　⑨15　⑩11
(2)16　(3)1680　(4)6　(5)160　(6)3500　(7)125

※2　(1)16　(2)12

3　※(1)20，32　(2)右図

※4　(1)33，20　(2)12，30　(3)70

5　(1)ウ　(2)ウ　※(3)25.12

D　C　B　A

※の求め方は解説を参照してください。

《1次教科型　理科》

1　(1)磁石に引きつけられるもの…ア，オ　電気を通すもの…ア，ウ，オ　(2)イ，ウ，オ　(3)①電池　②電流を流したり流さなかったりすることで，鉄をくっつけたり離したりすることが簡単にできるから

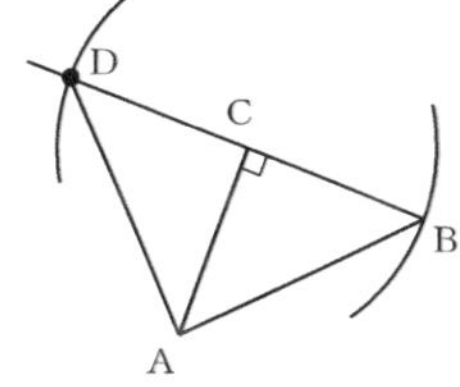

2　(1)①幼虫　②さなぎ　(2)卵のから　(3)右図　(4)イ

3　(1)エ　(2)A　(3)C　(4)イ　(5)ウ

4　(1)ア　(2)イ　(3)オ

5　(1)ア　(2)関節　(3)②かん臓　④小腸　⑤大腸
(4)ア．酸素　イ．二酸化炭素　ウ．消化

6　(1)二酸化炭素　(2)右グラフ　(3)うすい塩酸…100　石灰石…2.5

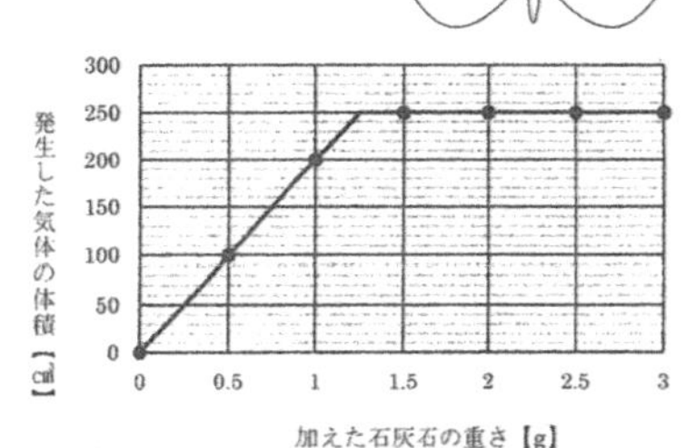

《１次教科型　社会》

1　問１．⑴ア　⑵A　　問２．⑴ウ　⑵北西の季節風　　問３．イ　　問４．ウ

2　問１．⑴イ　⑵①イ　②ウ　③ア　⑶海岸からの砂や強い風を防ぐため。　　問２．B　　問３．エ
問４．⑴水俣病　⑵え

3　問１．(あ)執権　(い)鉄砲　　問２．イ　　問３．a．オ　b．イ　c．エ　　問４．イ　　問５．参勤交代
問６．ウ

4　問１．日米和親条約　　問２．ア　　問３．エ　　問４．ウ　　問５．長崎　　問６．イ　　問７．⑴○　⑵×
⑶×　⑷○

《１次適性検査型　適性検査Ⅰ》

課題１　※⑴20　　⑵①５，20　②12，40

課題２　⑴324　　⑵①30　※②マーク…ハート　数字…１

課題３　⑴実が大きくなったもの…Ａ１，Ａ２，Ａ４　理由…Ａがめばなである。Ａ１はふくろをかぶせていないので，こん虫などによって受粉が行われる。Ａ３は受粉が行われていない。Ａ２とＡ４は筆によって受粉が行われる。受粉が行われると実が大きくなるので，Ａ１，Ａ２，Ａ４は実が大きくなる。　⑵実験方法①…液体をガラス棒の先につけ，青色リトマス紙と赤色リトマス紙につけると，うすいアンモニア水であれば赤色リトマス紙が青色に変わり，うすい塩酸であれば青色リトマス紙が赤色に変わる。　実験方法②…液体を蒸発皿に少し入れてアルコールランプセットで蒸発させると，食塩水は白いつぶが残るが，炭酸水はつぶが残らない。
⑶ア

※の説明は解説を参照してください。

《１次適性検査型　適性検査Ⅱ》

課題１　⑴切って〔別解〕刈って／生えて　⑵気温の低い西洋では木の成長が遅く、森が少ないから。　⑶ヨーロッパでは靴を手入れして長く履き続け、日本ではわらじが擦り切れると捨てて履き替えるというちがい。⑷新しい割り箸を出した　⑸自然の循環する力を活用して、捨ててもすぐに分解されて土になり、何度でも生えてくる植物から作ったものを使い捨てて、資源として持続的に再利用していた点。

課題２　(例文)私は「相手の気持ちを思いやった話し方」を心がけたい。どれほど筋の通った意見でも、相手を不快にさせる話し方では受け入れてもらえないと思うからだ。私自身、友人から意見を伝えられたとき、一方的におしつけるような話し方だったため、意見の内容は正しいと思いつつも反発を感じ、素直に聞き入れる気になれなかった経験がある。きちんと話を聞いてもらうには、相手の気持ちを気づかった話し方をする必要があると思う。

課題３　⑴火力発電の原料をほとんど輸入にたよっているため，原料を運びやすい沿岸部に立地している。　⑵年間の降水量が多く，川のかたむきが急であることと，用水路が多く水車を設置できる場所が多いので，効率的に発電できるから。　⑶資源の面…日本は資源が少ないので，風力や太陽光などの自然の力を利用する発電を考える必要があるから。　環境の面…再生可能エネルギーによる発電は，温室効果ガスである二酸化炭素を出さず，地球温暖化をおさえることができるから。

2022 算数解説 清心中学校

令和４年度

《１次教科型》

1 (1)② 与式$=76-48=28$

③ 与式$=23\times(107-7)=23\times100=2300$

⑥ 与式$=3\frac{2}{6}-1\frac{1}{6}=2\frac{1}{6}$

⑦ 与式$=\frac{28}{100}\times\frac{5}{3}=\frac{7}{15}$

⑧ 与式$=\frac{2}{3}\times\frac{27}{4}\times\frac{4}{9}=2$

⑨ 与式$=12\times\frac{3}{2}\times\frac{5}{6}=15$

⑩ 与式$=(\frac{3}{2}-\frac{5}{6}+\frac{1}{4})\times12=\frac{3}{2}\times12-\frac{5}{6}\times12+\frac{1}{4}\times12=18-10+3=11$

(2) 256＝16×16 となるので，正方形の１辺の長さは 16 ㎝である。

(3) ４割＝0.4 だから，求める金額(きんがく)は，2800×（１－0.4）＝1680(円)

(4) １Ｌ＝1000㎖ なので，1000÷180＝５余り 100 より，５日目で残り 100㎖ となり，６日目でなくなる。

(5) カステラを 12－８＝４(個)増やすと，金額が 2050－1410＝640(円)増えるから，カステラ１個の値段は，640÷４＝160(円)

(6) 求める重さは，5.6÷1.6＝3.5(kg)，つまり，3.5×1000＝3500(ｇ)である。

(7) **【解き方】右の「へこみのある四角形(ブーメラン型)の角度」を利用する。**

㋐の角の大きさは，85°＋15°＋25°＝125°

へこみのある四角形(ブーメラン型)の角度

右図の太線のようなブーメラン型の図形において，

三角形の外角の性質から，角ｄ＝角ａ＋角ｂ，

角x＝角ｃ＋角ｄ＝角ｃ＋(角ａ＋角ｂ)だから，

角x＝角ａ＋角ｂ＋角ｃ

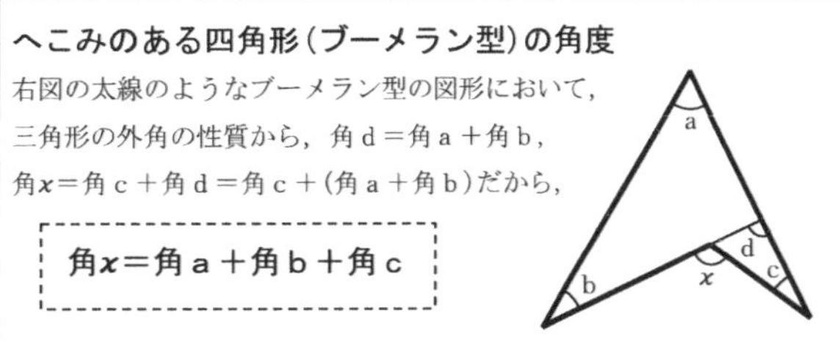

2 (1) 100÷６＝16 余り４より，１から 100 までの整数について，６の倍数は，６×１，６×２，…，６×16 の 16 個ある。

(2) **【解き方】６と８の最小公倍数は 24 なので，１から 100 までの整数のうち，(６の倍数の個数)－(24 の倍数の個数)で求める。**

１から 100 までの整数のうち，６の倍数は 16 個，24 の倍数は 100÷24＝４余り４より４個ある。

よって，６の倍数であって８の倍数でないものは，16－４＝12(個)ある。

3 (1) 作業を１回行うごとにひもの本数は２倍されていくから，できるひもの本数は，１×２×２×２×２×２＝32(本)，そのひも１本分の長さは，6.4÷32＝0.2(ｍ)，つまり，0.2×100＝20(㎝)である。

(2) 角ＣＡＢ＝角ＣＢＡ＝45°だから，三角形ＡＢＣと合同な三角形を２つ合わせると，直角二等辺三角形ができる。解答例以外にも，右図のように辺ＡＢ，ＢＣの長さをコンパスでとって，点Ｄを作図する方法もある。

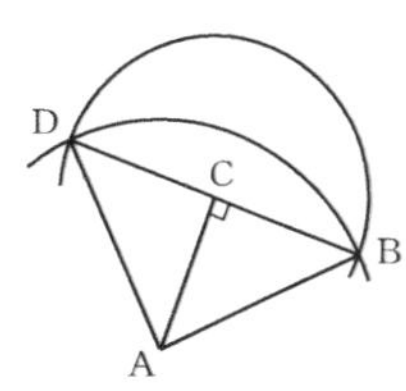

4 (1) 求める時間は 2000÷60＝$33\frac{1}{3}$(分後)，つまり，33 分($\frac{1}{3}\times60$)秒後＝33 分 20 秒後

(2) **【解き方】同じ道のりを進むのにかかる時間の比は，速さの比の逆比に等しいことを利用する。**

家からお兄さんが絵理さんに追いついた位置まで，絵理さんとお兄さんが進むのにかかった時間の比は，速さの比である 60：300＝１：５の逆比に等しく，５：１である。この比の数の差の５－１＝４が 10 分にあたるので，お兄さんが絵理さんに追いつくのは，絵理さんが出発してから $10\times\frac{5}{4}=12.5$(分後)，つまり，12 分 30 秒後である。

⑶　**【解き方】速さの比は，同じ時間で進んだ道のりの比に等しいことを利用する。**

お姉さんが出発するとき，絵理さんは家から60×３＝180(m)進んだ位置にいる。よって，ここから絵理さんとお姉さんが出会うまで，絵理さんは1020－180＝840(m)，お姉さんは2000－1020＝980(m)進んだから，絵理さんとお姉さんの速さの比は，840：980＝６：７である。よって，お姉さんの歩く速さは，分速$(60\times\frac{7}{6})$m＝分速70m

5　⑴　ＢからＣまでは図ｉのように動くので，頂点①はウの位置にくる。

⑵　ＣからＤまでは図ⅱのように動くので，頂点①はウの位置にくる。

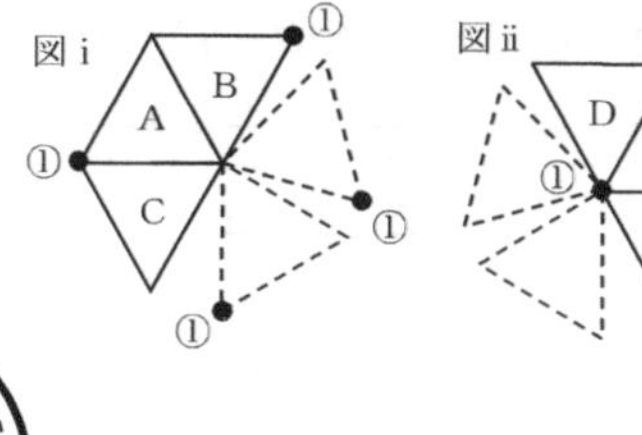

⑶　**【解き方】頂点①の動いた道のりは，図ⅲの太線部分である。**

求める長さは，半径３㎝，中心角360°－60°×２＝240°のおうぎ形の曲線部分の長さ２つ分だから，

$3\times2\times3.14\times\frac{240°}{360°}\times2=8\times3.14=25.12$(㎝)

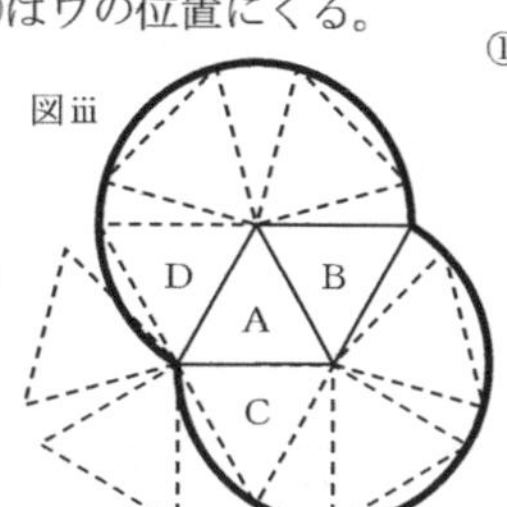

《１次適性検査型　適性検査Ⅰ　算数分野の解説》

課題１

⑴　２人が買った本の代金の合計は，5000－3240＝1760(円)

条件アより，２人は同じ本を１冊ずつ買ったから，本１冊の値段は，1760÷２＝880(円)

条件イより，桜さんは1000－880＝120(円)多く百合子さんに渡したから，おつりは120円。

条件ウより，桜さんにわたす120円のうちの100円を，ジュース代として百合子さんがもらえばよいので，百合子さんは桜さんに120－100＝20(円)わたせばよい。

⑵①　１～３人目の会計にかかった時間の合計は42＋35＋43＝120(秒)だから，１人あたりの会計にかかる時間は，120÷３＝40(秒)である。百合子さんの前には８人の客がレジを待つ列に並んでいるから，求める時間は，40×８＝320(秒後)，つまり，320÷60＝５余り20より，５分20秒後である。

②　１人目の客が会計を始める前，レジには百合子さんと桜さんをふくめた10人が並んでいる。ここから，２人会計をするごとに１人列に加わるから，２人会計をすると列に並んでいる人が２－１＝１(人)減る。

列に並ぶ人が最後の１人になるまでに(10－１)×２＝18(人)会計をするから，会計中の客がいなくなるのは，18＋１＝19(人)会計をしたときである。

よって，求める時間は，40×19＝760(秒後)，つまり，760÷60＝12余り40より，12分40秒後である。

課題２

⑴　９と６の最小公倍数は18だから，最も小さい正方形の１辺の長さは18㎝，面積は18×18＝324(㎠)である。

⑵①　２つの辺の長さが９×３＝27(㎝)の二等辺三角形について，２つの同じ角の大きさは，180°－105°＝75°だから，㋐の角度は，180°－75°×２＝30°

②　積み上げるタワーの段数を１段増やすごとに，上に１枚と下に２枚で合わせて３枚必要になる。右表のように，５段に積み上げたタワーのトランプの枚数は40枚，６段だと57枚で52枚をこえる。よって，１セットでタワーは５段まで作れる。40÷13＝３余り１より，トランプを順に使うと，スペード→ダイヤ→クラブの１～13をすべて使い，ハートの１を使うから，最後に使ったトランプのマークはハート，数字は１である。

段目	1	2	3	4	5	6	…
枚数	2	5	8	11	14	17	…
その段までの合計	2	7	15	26	40	57	…

清心中学校【1次教科型】【1次適性検査型】

《1次教科型　国語》

一　①順序　②招　③手帳　④技術　⑤結　⑥き　⑦ひろ　⑧くちょう　⑨おうらい　⑩の

二　問一．Ⅰ．ウ　Ⅱ．イ　Ⅲ．ア　問二．①いろいろな形にできるという性質。／いろいろな形を作ることができる便利な性質。のうち1つ　②小麦粉の、水を加えてこねれば、こねるたびに形が変わること。／粘土の、人形や乗り物など好きな形に変えられること。　問三．人工　問四．松の幹の傷ついた部分から流れでている、茶色いねばり気のある木のあぶら。　問五．そのままだと、弦の上をつるつるすべって音が出ない弓の毛に、専用の松やにをぬるとすべりにくくなって、きちんと弦を振動させて音が出るようになるから。　問六．クジラやウミガメが、えさとまちがえてプラスチックの袋を食べてしまい、ほんとうに必要な栄養をえさからとることができず、死んでしまうという問題。

三　問一．ヒメの家もぼくと同じはち屋であり、また、マサ先生がきっとふたりとも仲良くなれると言ったから。
問二．ぼくは、ヒメを討ち取ったら、ヒメはきっとぼくに感心するにちがいないということしか考えられなくなっていたから。　問三．四／八　問四．A．鼻血を出している　B．ガッツポーズをして、「今日は、女子の勝ちだよ。これは、名誉の負傷！」と言った　問五．エ　問六．ヒメに鼻血を出させたことを謝りたかったが、まだごめんと言えていないから。

《1次教科型　算数》

1　(1)①186　②35　③17　④3.5　⑤5　⑥$\frac{29}{60}$　⑦$2\frac{1}{10}$　⑧2.7　⑨78.5　⑩$\frac{1}{10}$　(2)9　(3)88　(4)450　(5)76
(6)線対称…U，I，O　点対称…N，I，O

※2　ア．75　イ．32　ウ．12

※3　9.18

※4　(1)67　(2)①8　②50

※5　(1)25744　(2)5902.4

※6　(1)5　(2)21，25

※の求め方は解説を参照してください。

《1次教科型　理科》

1　(1)右　(2)フラスコ内の空気がふくらんだため。　(3)左　(4)イ
(5)ちぢんでいた空気がもとにもどろうとするため。　(6)ア

2　(1)ウ　(2)①精子　②受精　(3)①ア→ウ→イ→オ→エ　②腹の栄養分を使って育つため。

3　(1)電流　(2)ア　(3)右図　(4)ア〔別解〕ウ
(5)．(4)の解答がアの場合…プロペラが逆向きに回転する。
(4)の解答がウの場合…検流計の針が逆側に振れる。

4　(1)ア，オ　(2)図4－1…C　図4－2…E　(3)ア

5　(1)オリオン座　(2)冬　(3)ア　(4)ア　(5)右図

6　(1)圧縮して　(2)体積が減っているんだ　(3)ウ　(4)うきぶくろ
(5)酸素〔別解〕二酸化炭素　(6)ウ

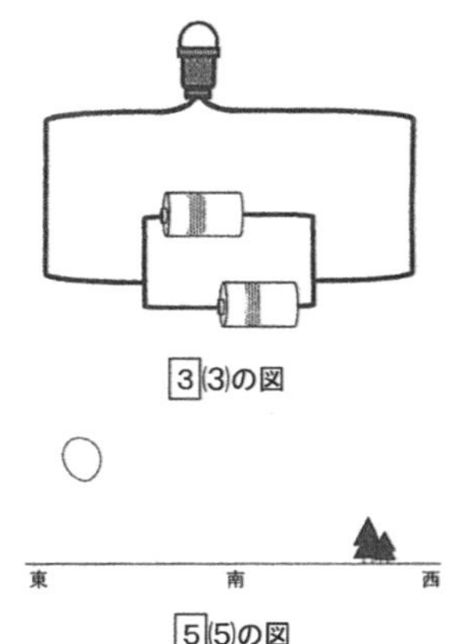

3(3)の図
5(5)の図

《１次教科型　社会》

1　問１．ウ　問２．ウ，エ　問３．コンビニエンスストア　問４．⑴×　⑵○　⑶×　問５．エ
問６．①ウ　②エ　問７．インターネットで品物を注文し，自宅に届けてもらう。

2　問１．⑴イ　⑵ウ　問２．らく農　問３．イ　問４．さいばい漁業　問５．ウ　問６．他の工業地帯と比べて化学工業の割合が高い。　問７．ウ

3　問１．(あ)徳川家康　(い)歌川広重　問２．ウ　問３．ウ　問４．参勤交代　問５．かな文字
問６．アメリカによって原子爆弾が投下された広島へ，アメリカの現職の大統領が訪問するのは初めてのことだったから。

4　問１．(あ)韓国　(い)関東大震災　問２．３　問３．治外法権を認めること。　問４．Ｂ
問５．ウ→イ→ア

《１次適性検査型　適性検査Ⅰ》

課題１　⑴3.9　⑵9　※⑶Ｂ，４，５

課題２　⑴1440　⑵右図　※⑶6.05

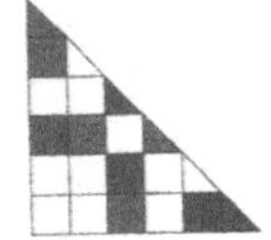

課題３　⑴正しく表したもの…エ　理由…容器ＡとＣは種子が発芽するが，容器ＢとＤは発芽しない。発芽すると種子のデンプンが使われるので，ヨウ素液につけても色が変わらない。発芽しない場合は種子のデンプンが使われないので，ヨウ素液と反応して色が変わる。　⑵①ウ　②火が燃え続けるのを防ぐため。　⑶小石が一番底にしずんでいて，その上に砂つぶ，さらにその上に泥つぶと，つぶの大きいものから順に積み上がっている。

※の説明は解説を参照してください。

《１次適性検査型　適性検査Ⅱ》

課題１　⑴進んだ石器／狩りや採集　⑵合わなかったものは絶滅しました　⑶共通の祖先からサルとヒトに分かれたということ。　⑷両手を自由に使えるようになり、いろんな手作業をすることができるようになったから。⑸現代の私たちとかわらない知能をもち、壁画などを作る文化や人を埋葬するような宗教心を生み出し、そのうえ農業を開始し、同じ場所に住み集団で生きるという特ちょう。

課題２　(例文)私は、言葉の意味の変化を否定せずに受け入れていくべきであると考える。昔の文章を読んだとき、今とはちがう意味で使われている言葉がたくさんあることに気づき、言葉は時代の流れの中で、自然に意味が変わっていくものであって、それをさけることはできないと感じたからだ。だから私は、一つ一つの言葉の本来の意味と、新しく定着しつつある意味の両方を受け入れて、相手や場合に応じて適切に使い分けていきたいと思う。

課題３　⑴三重県や広島県に比べて，岡山県は果樹園の面積がせまいのに，果実の産出額は高くなっている。　⑵価格の高い果実を多く生産しているため。　⑶環境に配りょして農産物の生産を行っていることを広く知ってもらうため。　⑷農産物を生産するだけでなく，加工して販売まで行う取り組みが行われ，販売額を増やしていること。

清心中学校

《１次教科型》

1 (1)② 与式＝53－24＋６＝35

③ 与式＝27－(12－２)＝27－10＝17

⑥ 与式＝$\frac{7}{5}-\frac{1}{6}-\frac{3}{4}=\frac{84}{60}-\frac{10}{60}-\frac{45}{60}=\frac{29}{60}$

⑦ 与式＝$\frac{9}{5}\times\frac{7}{8}\times\frac{4}{3}=\frac{21}{10}=2\frac{1}{10}$

⑧ 与式＝7.5－4.8＝2.7

⑨ 与式＝(169－144)×3.14＝25×3.14＝78.5

⑩ 与式＝$\frac{1}{5}\times(\frac{14}{30}-\frac{5}{30})\times\frac{5}{3}=\frac{1}{5}\times\frac{9}{30}\times\frac{5}{3}=\frac{1}{10}$

(2) 正方形の１辺の長さは12÷４＝３(cm)だから，面積は，３×３＝９(cm²)

(3) ４回までの合計点は，78×４＝312(点)であり，５回目までのテストで合計点が80×５＝400(点)以上になればよいから，求める点数は，400－312＝88(点)以上である。

(4) 生徒全体の$\frac{16}{100}=\frac{4}{25}$が72人だから，求める人数は，72÷$\frac{4}{25}$＝450(人)

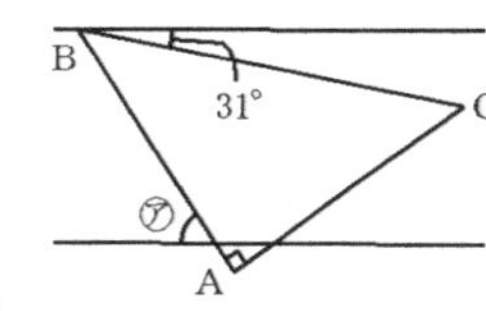

(5) 右図のように記号をおく。三角形ＡＢＣは直角二等辺三角形だから，角ＡＢＣ＝45°とわかる。平行線の錯角は等しいから，角㋐＝31°＋45°＝76°

(6) 図ｉの破線は対称の軸の一例であり，図ⅱの○は対称の中心である。

図ｉ　図ⅱ

2 夏子さんは１時間＝60分で4.5km＝4500m進むから，１分で4500÷60＝75(m)進む。

よって，時速4.5km＝分速$_{ア}$75mである。

夏子さんが家から2400m離れた駅まで歩くと，2400÷75＝$_{イ}$32(分)かかる。

2400m＝2.4kmを12分＝$\frac{12}{60}$時間＝$\frac{1}{5}$時間かけて進むときの速さは，時速(2.4÷$\frac{1}{5}$)km＝時速$_{ウ}$12kmである。

3 **【解き方】斜線(しゃせん)部分の面積は，対角線の長さが４＋６＝10(cm)の正方形の面積から，半径がそれぞれ４cm，６cmで中心角がともに90°のおうぎ形の面積の和をひけばよい。**

正方形(ひし形)の面積は，(対角線)×(対角線)÷２で求められるから，求める面積は，

$10\times10\div2-(6\times6\times3.14\times\frac{90°}{360°}+4\times4\times3.14\times\frac{90°}{360°})=50-(36+16)\times3.14\times\frac{1}{4}=50-40.82=9.18$(cm²)

4 (1) １から100までの整数のうち，３の倍数は100÷３＝33余り１より33個ある。

よって，33箱にボールが入るから，ボールが入っていない箱は100－33＝67(箱)

(2)① **【解き方】ボールが２個入っている箱は，３と４の最小公倍数である12の倍数の番号が書かれた箱である。**

１から100までの整数のうち，12の倍数は100÷12＝８余り４より８個あるから，ボールが２個入っている箱は８箱ある。

② **【解き方】(３の倍数が書かれている箱の数)＋(４の倍数が書かれている箱の数)－(12の倍数が書かれている箱の数)で求める。**

１から100までの整数のうち，３の倍数は33個，４の倍数は100÷４＝25(個)，12の倍数は８個ある。

よって，ボールが１個しか入っていない箱は，33＋25－８＝50(箱)ある。

5 (1) 立方体の体積は30×30×30＝27000(cm³)，くりぬいた円柱の，底面積は５×５×3.14＝25×3.14(cm²)だから，

体積は$25\times3.14\times16=400\times3.14=1256$(㎤)　よって，求める体積は，$27000-1256=25744$(㎤)

⑵　**【解き方】立体を上下左右前後から見たときに見える図形の面積と，円柱をくりぬいたことで新たに表面となった円柱の側面の面積を，それぞれ足して求める。柱体の側面積は，(高さ)×(底面の周りの長さ)で求める。**

立体を上下左右前後から見たときに見える図形は，すべて1辺が30㎝の正方形だから，正方形6個分の面積である$30\times30\times6=5400$(㎠)となる。くりぬいた円柱の側面積は，$16\times(5\times2\times3.14)=502.4$(㎠)

よって，求める面積は，$5400+502.4=5902.4$(㎠)

6　⑴　**【解き方】手数料の合計は，50円切手7枚分と63円切手5枚分の差である。**

手数料の合計は$50\times7-63\times5=350-315=35$(円)である。よって，50円切手1枚あたり，$35\div7=5$(円)

⑵　**【解き方】切手1枚を交換するのに5円かかるから，80円切手を交換する場合はそのうちの5円は手数料となるため，80－5＝75(円)切手を63円切手にかえると考える。**

80円切手○枚を63円切手□枚に交換するとき，75×○＝63×□となる。○と□の比は，75：63＝25：21の逆比だから，21：25となる。よって，ちょうどぴったり支払うことができて80円切手の枚数が最も少なくてすむのは，80円切手21枚を63円切手25枚に交換するときであるとわかる。

《1次適性検査型　適性検査Ⅰ　算数分野の解説》

課題1

⑴　図2は図1の$24\div18=\frac{4}{3}$(倍)の拡大図だから，ア＝$5.2\div\frac{4}{3}=3.9$(㎝)

⑵　優秀賞は$300\times\frac{5}{100}=15$(点)，銅賞は$15\times\frac{4}{10}=6$(点)だから，入選した作品数は，$1+5+6+15=27$(点)

よって，求める割合は，$\frac{27}{300}\times100=9$(%)である。

⑶　縦に何点か並べるとき，台紙のはしと作品の間，作品と作品の間は，(縦に並べた作品の数)＋1だけあく。横に並べる場合も同様である。縦，横に並べるのに必要な長さを考える。

縦に4点並べるのに必要な縦の長さは，$40\times4+4\times(4+1)=180$(㎝)，5点並べるのに必要な縦の長さは，$40\times5+4\times(5+1)=224$(㎝)だから，台紙A，Bはともに，最大で縦に4点並べることができるとわかる。

横に4点並べるのに必要な横の長さは，$25\times4+4\times(4+1)=120$(㎝)，5点並べるのに必要な横の長さは，$25\times5+4\times(5+1)=149$(㎝)，6点並べるのに必要な横の長さは，$25\times6+4\times(6+1)=178$(㎝)だから，台紙A，Bはそれぞれ，最大で横に4点，5点並べることができるとわかる。

よって，台紙Aは最大で$4\times4=16$(点)，台紙Bは最大で$4\times5=20$(点)並べられるから，

台紙Bを使って，縦に4点，横に5点並べればよい。

課題2

⑴　底面積は，縦8㎝，横$26-10=16$(㎝)の長方形の面積と，底辺が8㎝，高さが4㎝の三角形の面積の和だから，$8\times16+8\times4\div2=144$(㎠)であり，高さは10㎝だから，体積は，$144\times10=1440$(㎤)

⑵　対称の軸は，右図の太線なので，すでに色がぬってある部分に対して，折って重なる部分をぬると，解答例のようになる。

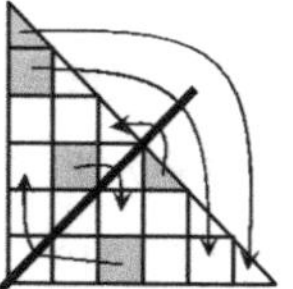

⑶　曲線部分の長さの和は，$2\times3.14\div2+3\times3.14\div2=(1+1.5)\times3.14=2.5\times3.14=7.85$(m)なので，直線部分の長さの和は，$26-7.85=18.15$(m)

よって，1本の直線部分の長さは，$18.15\div3=6.05$(m)

K 教英出版 2025　12の3　清心中

■ ご使用にあたってのお願い・ご注意

（1）問題文等の非掲載

著作権上の都合により，問題文や図表などの一部を掲載できない場合があります。

誠に申し訳ございませんが，ご了承くださいますようお願いいたします。

（2）過去問における時事性

過去問題集は，学習指導要領の改訂や社会状況の変化，新たな発見などにより，現在とは異なる表記や解説になっている場合があります。過去問の特性上，出題当時のままで出版していますので，あらかじめご了承ください。

（3）配点

学校等から配点が公表されている場合は，記載しています。公表されていない場合は，記載していません。

独自の予想配点は，出題者の意図と異なる場合があり，お客様が学習するうえで誤った判断をしてしまう恐れがあるため記載していません。

（4）無断複製等の禁止

購入された個人のお客様が，ご家庭でご自身またはご家族の学習のためにコピーをすることは可能ですが，それ以外の目的でコピー，スキャン，転載（ブログ，ＳＮＳなどでの公開を含みます）などをすることは法律により禁止されています。学校や学習塾などで，児童生徒のためにコピーをして使用することも法律により禁止されています。

ご不明な点や，違法な疑いのある行為を確認された場合は，弊社までご連絡ください。

（5）けがに注意

この問題集は針を外して使用します。針を外すときは，けがをしないように注意してください。また，表紙カバーや問題用紙の端で手指を傷つけないように十分注意してください。

（6）正誤

制作には万全を期しておりますが，万が一誤りなどがございましたら，弊社までご連絡ください。

なお，誤りが判明した場合は，弊社ウェブサイトの「ご購入者様のページ」に掲載しておりますので，そちらもご確認ください。

■ お問い合わせ

解答例，解説，印刷，製本など，問題集発行におけるすべての責任は弊社にあります。

ご不明な点がございましたら，弊社ウェブサイトの「お問い合わせ」フォームよりご連絡ください。迅速に対応いたしますが，営業日の都合で回答に数日を要する場合があります。

ご入力いただいたメールアドレス宛に自動返信メールをお送りしています。自動返信メールが届かない場合は，「よくある質問」の「メールの問い合わせに対し返信がありません。」の項目をご確認ください。

また弊社営業日（平日）は，午前９時から午後５時まで，電話でのお問い合わせも受け付けています。

2025 春

株式会社教英出版
〒422-8054　静岡県静岡市駿河区南安倍３丁目 12-28
TEL　054-288-2131　　FAX　054-288-2133
URL　https://kyoei-syuppan.net/
MAIL siteform@kyoei-syuppan.net

教英出版 2025　12の1　清心中

教英出版の中学受験対策

中学受験面接の基本がここに！
知っておくべき面接試問の要領

面接試験に，落ち着いて自信をもってのぞむためには，あらかじめ十分な準備をしておく必要があります。面接の心得や，受験生と保護者それぞれへの試問例など，面接対策に必要な知識を１冊にまとめました。

- 面接の形式や評価のポイント，マナー，当日までの準備など，面接の基本をていねいに指南「面接はこわくない！」
- 書き込み式なので，質問例に対する自分の答えを整理して本番直前まで使える
- ウェブサイトで質問音声による面接のシミュレーションができる

定価：770円（本体700円+税）

入試テクニックシリーズ

必修編

基本をおさえて実力アップ！
1冊で入試の全範囲を学べる！
基礎力養成に最適！

こんな受験生には必修編がおすすめ！

- 入試レベルの問題を解きたい
- 学校の勉強とのちがいを知りたい
- 入試問題を解く基礎力を固めたい

定価：1,100円（本体1,000+税）

発展編

応用力強化で合格をつかむ！
有名私立中の問題で
最適な解き方を学べる！

こんな受験生には発展編がおすすめ！

- もっと難しい問題を解きたい
- 難関中学校をめざしている
- 子どもに難問の解法を教えたい

定価：1,760円（本体1,600+税）

絶賛販売中！

詳しくは教英出版で検索

URL https://kyoei-syuppan.net/

教英出版　2025年春受験用　中学入試問題集

学校別問題集

✿はカラー問題対応

北海道

①[市立]札幌開成中等教育学校
②藤女子中学校
③北嶺中学校
④北星学園女子中学校
⑤札幌大谷中学校
⑥札幌光星中学校
⑦立命館慶祥中学校
⑧函館ラ・サール中学校

青森県

①[県立]三本木高等学校附属中学校

岩手県

①[県立]一関第一高等学校附属中学校

宮城県

①[県立]宮城県古川黎明中学校
②[県立]宮城県仙台二華中学校
③[市立]仙台青陵中等教育学校
④東北学院中学校
⑤仙台白百合学園中学校
⑥聖ウルスラ学院英智中学校
⑦宮城学院中学校
⑧秀光中学校
⑨古川学園中学校

秋田県

①[県立]
- 大館国際情報学院中学校
- 秋田南高等学校中等部
- 横手清陵学院中学校

山形県

①[県立]
- 東桜学館中学校
- 致道館中学校

福島県

①[県立]
- 会津学鳳中学校
- ふたば未来学園中学校

茨城県

①[県立]
- 日立第一高等学校附属中学校
- 太田第一高等学校附属中学校
- 水戸第一高等学校附属中学校
- 鉾田第一高等学校附属中学校
- 鹿島高等学校附属中学校
- 土浦第一高等学校附属中学校
- 竜ヶ崎第一高等学校附属中学校
- 下館第一高等学校附属中学校
- 下妻第一高等学校附属中学校
- 水海道第一高等学校附属中学校
- 勝田中等教育学校
- 並木中等教育学校
- 古河中等教育学校

栃木県

①[県立]
- 宇都宮東高等学校附属中学校
- 佐野高等学校附属中学校
- 矢板東高等学校附属中学校

群馬県

①
- [県立]中央中等教育学校
- [市立]四ツ葉学園中等教育学校
- [市立]太田中学校

埼玉県

①[県立]伊奈学園中学校
②[市立]浦和中学校
③[市立]大宮国際中等教育学校
④[市立]川口市立高等学校附属中学校

千葉県

①[県立]
- 千葉中学校
- 東葛飾中学校

②[市立]稲毛国際中等教育学校

東京都

①[国立]筑波大学附属駒場中学校
②[都立]白鷗高等学校附属中学校
③[都立]桜修館中等教育学校
④[都立]小石川中等教育学校
⑤[都立]両国高等学校附属中学校
⑥[都立]立川国際中等教育学校
⑦[都立]武蔵高等学校附属中学校
⑧[都立]大泉高等学校附属中学校
⑨[都立]富士高等学校附属中学校
⑩[都立]三鷹中等教育学校
⑪[都立]南多摩中等教育学校
⑫[区立]九段中等教育学校
⑬開成中学校
⑭麻布中学校
⑮桜蔭中学校
⑯女子学院中学校
✿⑰豊島岡女子学園中学校
⑱東京都市大学等々力中学校
⑲世田谷学園中学校
✿⑳広尾学園中学校(第2回)
✿㉑広尾学園中学校(医進・サイエンス回)
㉒渋谷教育学園渋谷中学校(第1回)
㉓渋谷教育学園渋谷中学校(第2回)
㉔東京農業大学第一高等学校中等部
(2月1日 午後)
㉕東京農業大学第一高等学校中等部
(2月2日 午後)

神奈川県

①［県立］（相模原中等教育学校／平塚中等教育学校）
②［市立］南高等学校附属中学校
③［市立］横浜サイエンスフロンティア高等学校附属中学校
④［市立］川崎高等学校附属中学校
✿⑤聖光学院中学校
✿⑥浅野中学校
⑦洗足学園中学校
⑧法政大学第二中学校
⑨逗子開成中学校（1次）
⑩逗子開成中学校（2·3次）
⑪神奈川大学附属中学校（第1回）
⑫神奈川大学附属中学校（第2·3回）
⑬栄光学園中学校
⑭フェリス女学院中学校

新潟県

①［県立］（村上中等教育学校／柏崎翔洋中等教育学校／燕中等教育学校／津南中等教育学校／直江津中等教育学校／佐渡中等教育学校）
②［市立］高志中等教育学校
③新潟第一中学校
④新潟明訓中学校

石川県

①［県立］金沢錦丘中学校
②星稜中学校

福井県

①［県立］高志中学校

山梨県

①山梨英和中学校
②山梨学院中学校
③駿台甲府中学校

長野県

①［県立］（屋代高等学校附属中学校／諏訪清陵高等学校附属中学校）
②［市立］長野中学校

岐阜県

①岐阜東中学校
②鶯谷中学校
③岐阜聖徳学園大学附属中学校

静岡県

①［国立］静岡大学教育学部附属中学校（静岡·島田·浜松）
②（［県立］清水南高等学校中等部／［県立］浜松西高等学校中等部／［市立］沼津高等学校中等部）
③不二聖心女子学院中学校
④日本大学三島中学校
⑤加藤学園暁秀中学校
⑥星陵中学校
⑦東海大学付属静岡翔洋高等学校中等部
⑧静岡サレジオ中学校
⑨静岡英和女学院中学校
⑩静岡雙葉中学校
⑪静岡聖光学院中学校
⑫静岡学園中学校
⑬静岡大成中学校
⑭城南静岡中学校
⑮静岡北中学校
⑯（常葉大学附属常葉中学校／常葉大学附属橘中学校／常葉大学附属菊川中学校）
⑰藤枝明誠中学校
⑱浜松開誠館中学校
⑲静岡県西遠女子学園中学校
⑳浜松日体中学校
㉑浜松学芸中学校

愛知県

①［国立］愛知教育大学附属名古屋中学校
②愛知淑徳中学校
③（名古屋経済大学市邨中学校／名古屋経済大学高蔵中学校）
④金城学院中学校
⑤椙山女学園中学校
⑥東海中学校
⑦南山中学校男子部
⑧南山中学校女子部
⑨聖霊中学校
⑩滝中学校
⑪名古屋中学校
⑫大成中学校
⑬愛知中学校
⑭星城中学校
⑮名古屋葵大学中学校（名古屋女子大学中学校）
⑯愛知工業大学名電中学校
⑰海陽中等教育学校（特別給費生）
⑱海陽中等教育学校（I·II）
⑲中部大学春日丘中学校
新刊⑳名古屋国際中学校

三重県

①［国立］三重大学教育学部附属中学校
②暁中学校
③海星中学校
④四日市メリノール学院中学校
⑤高田中学校
⑥セントヨゼフ女子学園中学校
⑦三重中学校
⑧皇學館中学校
⑨鈴鹿中等教育学校
⑩津田学園中学校

滋賀県

①［国立］滋賀大学教育学部附属中学校
②［県立］（河瀬中学校／守山中学校／水口東中学校）

京都府

①［国立］京都教育大学附属桃山中学校
②［府立］洛北高等学校附属中学校
③［府立］園部高等学校附属中学校
④［府立］福知山高等学校附属中学校
⑤［府立］南陽高等学校附属中学校
⑥［市立］西京高等学校附属中学校
⑦同志社中学校
⑧洛星中学校
⑨洛南高等学校附属中学校
⑩立命館中学校
⑪同志社国際中学校
⑫同志社女子中学校（前期日程）
⑬同志社女子中学校（後期日程）

大阪府

①［国立］大阪教育大学附属天王寺中学校
②［国立］大阪教育大学附属平野中学校
③［国立］大阪教育大学附属池田中学校

④[府立]富田林中学校
⑤[府立]咲くやこの花中学校
⑥[府立]水都国際中学校
⑦清風中学校
⑧高槻中学校（A日程）
⑨高槻中学校（B日程）
⑩明星中学校
⑪大阪女学院中学校
⑫大谷中学校
⑬四天王寺中学校
⑭帝塚山学院中学校
⑮大阪国際中学校
⑯大阪桐蔭中学校
⑰開明中学校
⑱関西大学第一中学校
⑲近畿大学附属中学校
⑳金蘭千里中学校
㉑金光八尾中学校
㉒清風南海中学校
㉓帝塚山学院泉ヶ丘中学校
㉔同志社香里中学校
㉕初芝立命館中学校
㉖関西大学中等部
㉗大阪星光学院中学校

兵庫県

①[国立]神戸大学附属中等教育学校
②[県立]兵庫県立大学附属中学校
③雲雀丘学園中学校
④関西学院中学部
⑤神戸女学院中学部
⑥甲陽学院中学校
⑦甲南中学校
⑧甲南女子中学校
⑨灘中学校
⑩親和中学校
⑪神戸海星女子学院中学校
⑫滝川中学校
⑬啓明学院中学校
⑭三田学園中学校
⑮淳心学院中学校
⑯仁川学院中学校
⑰六甲学院中学校
⑱須磨学園中学校(第1回入試)
⑲須磨学園中学校(第2回入試)
⑳須磨学園中学校(第3回入試)
㉑白陵中学校
㉒夙川中学校

奈良県

①[国立]奈良女子大学附属中等教育学校
②[国立]奈良教育大学附属中学校
③[県立] 国際中学校 / 青翔中学校
④[市立]一条高等学校附属中学校
⑤帝塚山中学校
⑥東大寺学園中学校
⑦奈良学園中学校
⑧西大和学園中学校

和歌山県

①[県立] 古佐田丘中学校 / 向陽中学校 / 桐蔭中学校 / 日高高等学校附属中学校 / 田辺中学校
②智辯学園和歌山中学校
③近畿大学附属和歌山中学校
④開智中学校

岡山県

①[県立]岡山操山中学校
②[県立]倉敷天城中学校
③[県立]岡山大安寺中等教育学校
④[県立]津山中学校
⑤岡山中学校
⑥清心中学校
⑦岡山白陵中学校
⑧金光学園中学校
⑨就実中学校
⑩岡山理科大学附属中学校
⑪山陽学園中学校

広島県

①[国立]広島大学附属中学校
②[国立]広島大学附属福山中学校
③[県立]広島中学校
④[県立]三次中学校
⑤[県立]広島叡智学園中学校
⑥[市立]広島中等教育学校
⑦[市立]福山中学校
⑧広島学院中学校
⑨広島女学院中学校
⑩修道中学校
⑪崇徳中学校
⑫比治山女子中学校
⑬福山暁の星女子中学校
⑭安田女子中学校
⑮広島なぎさ中学校
⑯広島城北中学校
⑰近畿大学附属広島中学校福山校
⑱盈進中学校
⑲如水館中学校
⑳ノートルダム清心中学校
㉑銀河学院中学校
㉒近畿大学附属広島中学校東広島校
㉓AICJ中学校
㉔広島国際学院中学校
㉕広島修道大学ひろしま協創中学校

山口県

①[県立] 下関中等教育学校 / 高森みどり中学校
②野田学園中学校

徳島県

①[県立] 富岡東中学校 / 川島中学校 / 城ノ内中等教育学校
②徳島文理中学校

香川県

①大手前丸亀中学校
②香川誠陵中学校

愛媛県

①[県立] 今治東中等教育学校 / 松山西中等教育学校
②愛光中学校
③済美平成中等教育学校
④新田青雲中等教育学校

高知県

①[県立] 安芸中学校 / 高知国際中学校 / 中村中学校

福岡県

①[国立] 福岡教育大学附属中学校（福岡·小倉·久留米）

②[県立] 育徳館中学校 / 門司学園中学校 / 宗像中学校 / 嘉穂高等学校附属中学校 / 輝翔館中等教育学校

③西南学院中学校
④上智福岡中学校
⑤福岡女学院中学校
⑥福岡雙葉中学校
⑦照曜館中学校
⑧筑紫女学園中学校
⑨敬愛中学校
⑩久留米大学附設中学校
⑪飯塚日新館中学校
⑫明治学園中学校
⑬小倉日新館中学校
⑭久留米信愛中学校
⑮中村学園女子中学校
⑯福岡大学附属大濠中学校
⑰筑陽学園中学校
⑱九州国際大学付属中学校
⑲博多女子中学校
⑳東福岡自彊館中学校
㉑八女学院中学校

佐賀県

①[県立] 香楠中学校 / 致遠館中学校 / 唐津東中学校 / 武雄青陵中学校

②弘学館中学校
③東明館中学校
④佐賀清和中学校
⑤成穎中学校
⑥早稲田佐賀中学校

長崎県

①[県立] 長崎東中学校 / 佐世保北中学校 / 諫早高等学校附属中学校

②青雲中学校
③長崎南山中学校
④長崎日本大学中学校
⑤海星中学校

熊本県

①[県立] 玉名高等学校附属中学校 / 宇土中学校 / 八代中学校

②真和中学校
③九州学院中学校
④ルーテル学院中学校
⑤熊本信愛女学院中学校
⑥熊本マリスト学園中学校
⑦熊本学園大学付属中学校

大分県

①[県立]大分豊府中学校
②岩田中学校

宮崎県

①[県立]五ヶ瀬中等教育学校

②[県立] 宮崎西高等学校附属中学校 / 都城泉ヶ丘高等学校附属中学校

③宮崎日本大学中学校
④日向学院中学校
⑤宮崎第一中学校

鹿児島県

①[県立]楠隼中学校
②[市立]鹿児島玉龍中学校
③鹿児島修学館中学校
④ラ・サール中学校
⑤志學館中等部

沖縄県

①[県立] 与勝緑が丘中学校 / 開邦中学校 / 球陽中学校 / 名護高等学校附属桜中学校

もっと過去問シリーズ

北海道

北嶺中学校
7年分（算数・理科・社会）

静岡県

静岡大学教育学部附属中学校
（静岡·島田·浜松）
10年分（算数）

愛知県

愛知淑徳中学校
7年分（算数・理科・社会）
東海中学校
7年分（算数・理科・社会）
南山中学校男子部
7年分（算数・理科・社会）
南山中学校女子部
7年分（算数・理科・社会）
滝中学校
7年分（算数・理科・社会）
名古屋中学校
7年分（算数・理科・社会）

岡山県

岡山白陵中学校
7年分（算数・理科）

広島県

広島大学附属中学校
7年分（算数・理科・社会）
広島大学附属福山中学校
7年分（算数・理科・社会）
広島学院中学校
7年分（算数・理科・社会）
広島女学院中学校
7年分（算数・理科・社会）
修道中学校
7年分（算数・理科・社会）
ノートルダム清心中学校
7年分（算数・理科・社会）

愛媛県

愛光中学校
7年分（算数・理科・社会）

福岡県

福岡教育大学附属中学校
（福岡·小倉·久留米）
7年分（算数・理科・社会）
西南学院中学校
7年分（算数・理科・社会）
久留米大学附設中学校
7年分（算数・理科・社会）
福岡大学附属大濠中学校
7年分（算数・理科・社会）

佐賀県

早稲田佐賀中学校
7年分（算数・理科・社会）

長崎県

青雲中学校
7年分（算数・理科・社会）

鹿児島県

ラ·サール中学校
7年分（算数・理科・社会）

※もっと過去問シリーズは
国語の収録はありません。

教英出版
〒422-8054
静岡県静岡市駿河区南安倍3丁目12−28
TEL 054-288-2131
FAX 054-288-2133
詳しくは教英出版で検索
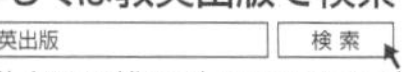

URL https://kyoei-syuppan.net/

清心中学校
２０２４年度入学試験問題

１次教科型
〔１２月１０日実施(じっし)〕

算　　数

（50分）

【注　意】

① すべての問題用紙に受験番号と名前を記入しなさい。

② 答えは指定された所に書きなさい。

考える途中で書いたメモ，図，計算式などは残しておきなさい。

③ 必要ならば，円周率は３.１４を使いなさい。

２０２４年度入学試験（１次）

清心中学校

算　数（その１）

受験番号		名　前	

※100点満
（配点非公表）

1　次の各問いに答えなさい。

（1）次の計算をしなさい。

① $1000-857$

② 68×32

③ $0.8+0.25$

④ $1.2\div1.6$

⑤ $\frac{1}{2}-\frac{1}{4}+\frac{1}{8}$

⑥ $\frac{4}{5}\times\frac{3}{4}\div\frac{3}{7}$

⑦ $\left(\frac{5}{6}-\frac{3}{4}\right)\times12$

⑧ $\frac{2}{3}-\frac{5}{6}\div1\frac{3}{8}+\frac{1}{11}$

①
②
③
④
⑤
⑥
⑦
⑧

（2）72の約数は全部でいくつありますか。

答　　　　　　個

（3）3時間は1日の何％ですか。

答　　　　　　％

1 g，3 g，9 g，27 g，81 gのおもりがそれぞれ2個ずつあります。これらのおもりを使ってものの重さを測ります。
.のとき，次の各問いに答えなさい。

(1) あるものを測ったら1 gから81 gのおもりをそれぞれ下の表のように使いました。測った重さは何gですか。

おもり(g)	1	3	9	27	81
個数(個)	1	2	0	2	1

[求め方]

答　　　　　　g

2) 224 gのものをこれらのおもりで測ろうとすると，それぞれいくつずつ使う必要がありますか。
下の表の(ア)～(オ)にあてはまる数を求めなさい。

おもり(g)	1	3	9	27	81
個数(個)	(ア)	(イ)	(ウ)	(エ)	(オ)

求め方]

答 (ア)　　　　(イ)　　　　(ウ)　　　　(エ)　　　　(オ)

算　数（その3）

受験番号		名　前	

4　ある中学校の１年生全員に好きな果物についてのアンケートをとりました。次の表Ａと円グラフＢはその結果をまとめたものです。このとき，次の各問いに答えなさい。

A

果物	人数
りんご	(ア)
もも	(イ)
かき	30
みかん	27
ぶどう	14
その他	12
合計	★

B

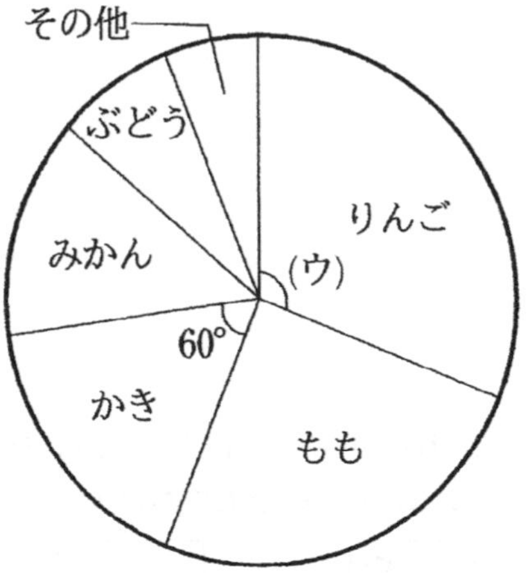

（1）全員の人数★を求めなさい。

[求め方]

答　　　　　　人

（2）ももと答えた人が全体の 25 %だったとき，(ア)，(イ) にあてはまる人数と，(ウ) にあてはまる角度を求めなさい。

[求め方]

答 (ア)　　　　人 (イ)　　　　人 (ウ)　　　　°

お詫び

著作権上の都合により、文章は掲載しておりません。
ご不便をおかけし、誠に申し訳ございません。

教英出版

お詫び

著作権上の都合により、文章は掲載しておりません。
ご不便をおかけし、誠に申し訳ございません。

教英出版

※1　アクリル板のパーティション　…………　アクリル（プラスチックの一種）を素材とした透明度の高い仕切り

※2　飛沫　…………　しぶき

※3　業者　…………　事業を営んでいる人

※4　卸　…………　仕入れた商品を他の業者に販売する事業

※5　需要　…………　もとめること

※6　パスケース　…………　定期券やカード入れ

※7　ゼミ　…………　大学などの授業形式の一つ

※8　ペット樹脂　…………　プラスチックの一種　主に炭素・酸素・水素などで構成されている

問一　――線部1「あんなに活躍してくれたけど、今や邪魔でね」とありますが、

Ⅰ　何に関しての意見ですか。本文中から十五字以内でぬき出して答えなさい。

Ⅱ　どんな活躍をしたのですか。本文中から六字でぬき出して答えなさい。

問二　――線部2「捨てるにも業者に頼まないといけない」とありますが、それはどうしてですか。答えなさい。

問三　――線部3「古いアクリル板を砕き、熱で溶かし、再生アクリル板としてリサイクルする技術」とありますが、この技術によってどのような良いことがありますか。次の文の（　）に合うように本文中の言葉を用いて答えなさい。

新製品を作るのに比べ、（　①　）することができ、（　②　）も大幅に減ること。

問四　――線部4「社会問題」とありますが、どんな問題が起こると予想していたのですか。答えなさい。

れていた。環境を整え、今年10月から、リサイクルを本格的に始めるという。中村剛課長補佐は「社会の持続可能性を大切にするＳＤＧｓが浸透している。３年間使ったものだからこそ、リサイクルも考えて欲しい」。

5リユースの動きもある。今年３月、近畿大学の３年生が卒業生26人に、手作りの※6パスケースを贈った。少し傷が付いていたり、黄ばんでいたり。材料となったのは、教室に置いてあったパーティションだ。現在４年の奥野拓斗さん(21)らが企画した。

6学生生活は常にパーティションと一緒だった。食堂にも教室にも。友人との間に壁となって立ちふさがる。奥野さんは「もったいない２年を過ごしたなぁと思っていました」と振り返る。7それは先輩も同じだ。

１年前から、対面授業も増え、通常の生活に戻り始めた。一方、壊れて廃棄されたパーティションが気になるようになったという。「コロナ世代の自分たちにしかできない方法で、廃棄問題に取り組めないか」

※7ゼミの松本誠一准教授の指導のもと、近所にあるプラスチック開発メーカーと協力。※8ペット樹脂でできている軟らかい部分を加工し、縫ってつなぎ合わせ、パスケースにした。

４月中旬、卒業生から松本准教授のもとに連絡があった。「仕事も大変で、友達もまだできない。［　　］、このパスケースを持っているだけで力強く思う。私にとっては大事なお守りです」

近畿大学では５月８日の５類移行後はパーティションを撤去する方針。壊れたものは学生たちがキーホルダーにしたり、飲食店のテーブルに置くメニュー表などに加工したりするアイデアも出ているという。

「アクリル板も、新たな門出　５類移行で撤去相次ぐ」（２０２３年５月３日付　朝日新聞　より）

清心中学校　二〇二四年度　入学試験

一次教科型〔十二月十日実施〕

国　語

（50分）

［注意］＊解答用紙と問題用紙に受験番号と名前を記入しなさい。
＊答えはすべて解答用紙に記入しなさい。
＊字数が決められているものは、「、」や「。」、記号も一字とします。

受験番号	
名前	

【一】次の――線部の、カタカナは漢字に、漢字はひらがなに直して書きなさい。

① 動物をホゴする。　② 海水ヨクに出かけた。　③ 毎日ニッキをつける。

④ テンネン素材を使う。　⑤ ハンプク練習が大切だ。　⑥ 留守番電話に録音する。

⑦ 暑中見舞(みま)いを出す。　⑧ 絵画教室に通う。　⑨ 流れに逆らう。

⑩ ドーナツは円い形をしている。

【二】次の文章を読んで、後の問いに答えなさい。

「1あんなに活躍(かつやく)してくれたけど、今や邪魔(じゃま)でね」。東京・上野の飲食店の一角に、※1アクリル板のパーティション10枚が乱雑に置かれていた。

2年前、※2飛沫(ひまつ)防止対策(たいさく)として導入したが、今は客から求められることはない。店主(45)は「店も狭(せま)い。倉庫もない。だからといって、2捨(す)てるにも※3業者に頼(たの)まないといけない」とぼやく。

アクリル板は産業廃棄(はいき)物のため、自治体によっては一般(いっぱん)ゴミとして処理(しょり)することはできない。それぞれの自治体に確認して、業者に処分を頼んだり、リサイクルに回したりする必要がある。

アクリル板の※4卸(おろし)やリサイクルを担(にな)う緑川化成工業(東京都)は昨年末から、不要なパーティションの買い取りを始めた。

同社には3古いアクリル板を砕(くだ)き、熱で溶かして、再生アクリル板としてリサイクルする技術がある。新製品を作るのに比べ、二しなさい。

問七 ――線部7「それ」が指している内容を答えなさい。

問八 □ にあてはまる言葉として最もふさわしいものを次のア～エの中から選び、記号で答えなさい。

ア あるいは　イ でも　ウ だから　エ むしろ

【三】 曙（あけぼの）第二中学校放送部（略（りゃく）してＡＢＣ）は、放送コンテストに作品を応募（おうぼ）していた。アナウンス部門で予選を通過していた「みさと」は、この日、地方大会当日をむかえていた。次の文章を読んで、後の問いに答えなさい。

お詫び
著作権上の都合により、文章は掲載しておりません。
ご不便をおかけし、誠に申し訳ございません。
教英出版

お詫び

著作権上の都合により、文章は掲載しておりません。
ご不便をおかけし、誠に申し訳ございません。

教英出版

（市川朔久子『ＡＢＣ！曙第二中学校放送部』より）

※１　袖…………舞台の左右の端（はし）

※２　演壇…………演説者などを周りよりも高い位置に上げるための台

※３　須貝先生…………曙第二中学校放送部の担当の先生

※４　新納…………曙第二中学校放送部の部員　この後出てくる古場・珠子・葉月も同部員

問一　Ⅰ～Ⅲにあてはまる言葉として最もふさわしいものを次のア～エの中からそれぞれ選び、記号で答えなさい。

ア　そっと　　イ　もっと　　ウ　ほっと　　エ　しゃんと

問二　［　］に体の一部を表す漢字一字を入れて慣用句を完成させなさい。

問三　――線部1「その姿」とありますが、何の姿ですか。答えなさい。

問四　――線部2「みさとには聞こえた」とありますが、何が聞こえたのですか。答えなさい。

問五　――線部3「みさとは深く安堵の息を吐き」とありますが、ここでの「みさと」の気持ちを八十字以内で答えなさい。

問六　葉月のみさとに対する態度や言葉から読み取ることのできる二人の関係について最もふさわしいものを次の中から選び、記号で答えなさい。

ア　どんな時でもおたがいに優(やさ)しい言葉や態度で接し、他の誰(だれ)よりも信頼(しんらい)し合っている。

イ　葉月の気分によって仲の良い時もあれば、悪い時もあり、なかなかうまくいかない。

ウ　葉月はそっけない態度でみさとに接することもあるが、二人の心は通じ合っている。

エ　葉月はみさとのことが気になりつつも、逆に困らせるような態度ばかりとってしまう。

(4) 60 km の道のりを時速 100 km の速さで走ると，何分かかりますか。

答　　　　　　　分

(5) 次の①～④の計算で，計算結果が $\frac{5}{6}$ より大きくなるものをすべて選び，番号で答えなさい。

① $\frac{5}{6}\times\frac{4}{3}$　　② $\frac{5}{6}\div\frac{4}{3}$　　③ $\frac{5}{6}\times0.8$　　④ $\frac{5}{6}\div0.8$

答

(6) 友子さんは 4 回の計算テストを受け，その平均点が 64 点でした。5 回目のテストで 100 点を取ったとすると 5 回の平均点はいくらになりますか。

答　　　　　　　点

(7) 1 本 250 円のバラと 1 本 300 円のひまわりを合わせて 15 本買うと，代金の合計が 4050 円になりました。バラは全部で何本買いましたか。

答　　　　　　　本

(8) 右の図のように，横の長さが 18 m，縦の長さが 11 m の長方形の土地に 2 m の幅(はば)の道をつくりました。このとき，残りの土地の面積を求めなさい。

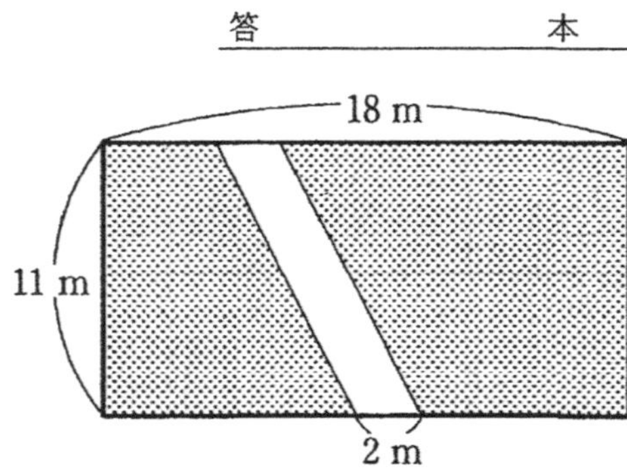

答　　　　　　　m^2

２０２４年度入学試験（１次）

清心中学校

算　数（その2）

受験番号		名　前	

2　次の各問いに答えなさい。

（1）下の図のような点Ｏを中心とする円があります。この円の周上に頂点をとる正六角形を1つ作図しなさい。

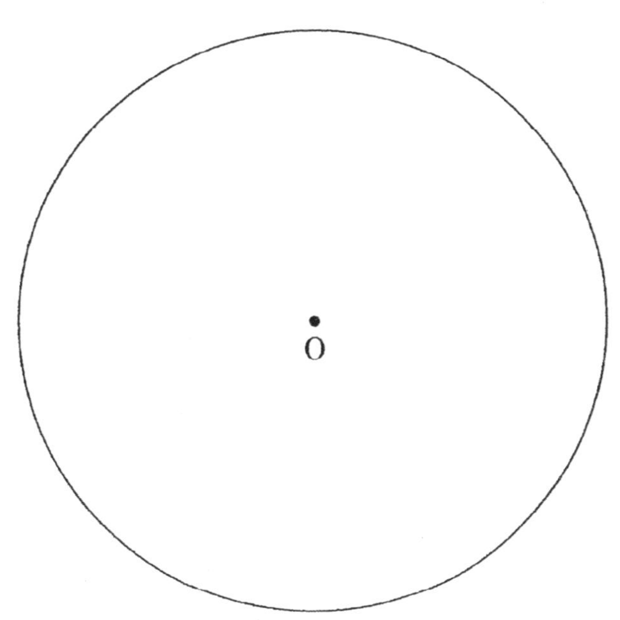

答　図に作図しなさい

（2）やすひろ君は1本の長い木材をノコギリで端（はし）から順番に何本かに切り分けています。1回切るのに7分かかり，次に1分休み，また切りはじめます。全部切りおわるまでに1時間11分かかったとき，木材を何本に切り分けたか求めなさい。

[求め方]

答　　　　本

右の図のような横6 cm，縦3 cm，高さ5 cmの
方体があります。このとき，次の各問いに答えなさい。

1）直方体の体積を求めなさい。

求め方］

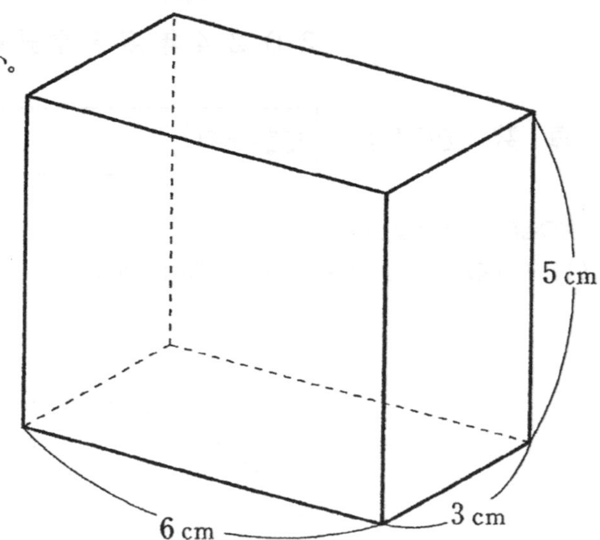

答　　　　　　　cm³

（2）直方体をけずって右のような立体を作りました。
　この立体の体積を求めなさい。

［求め方］

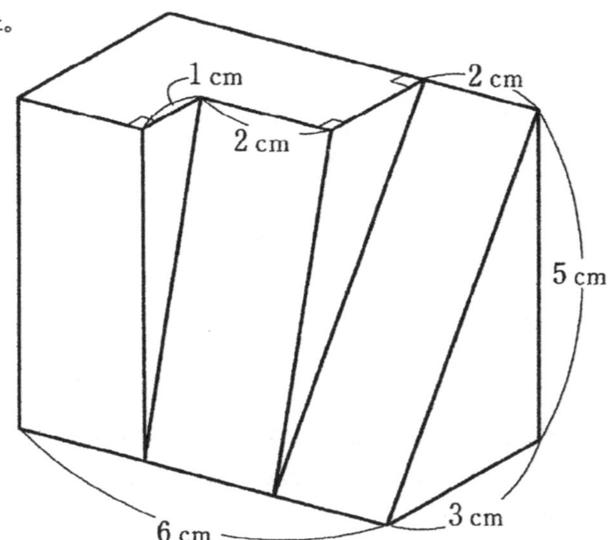

答　　　　　　　cm³

清心中学校
２０２４年度入学試験問題

１次教科型
〔１２月１０日実施(じっし)〕

社　会

(30分)

【 注 意 】

①試験開始の合図があるまで、この問題冊子(さっし)の中を見てはいけません。

②解答用紙と問題冊子に受験番号と名前を記入しなさい。

③解答はすべて解答用紙に記入しなさい。

受験番号		名　前	

1　日本の自然や産業について、あとの問いに答えなさい。

問１　次のア～ウの気温のグラフ、①～③の降水量のグラフは、**地図１**中の上越、軽井沢、静岡のいずれかを表しています。上越、軽井沢、静岡の気温と降水量をそれぞれ選び、記号で答えなさい。

上越　軽井沢　静岡

地図１

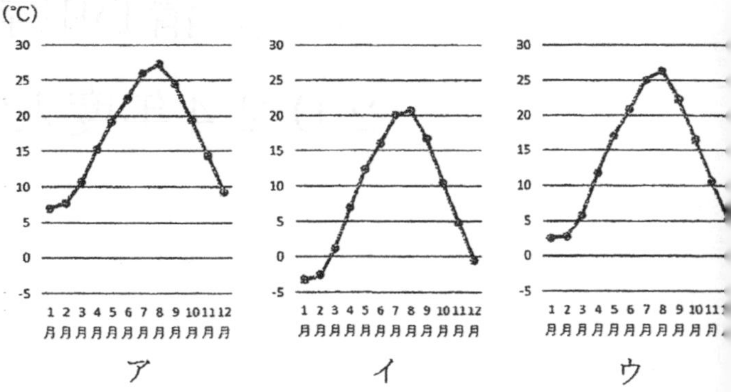

(℃)

ア　イ　ウ

(mm)

①　②　③

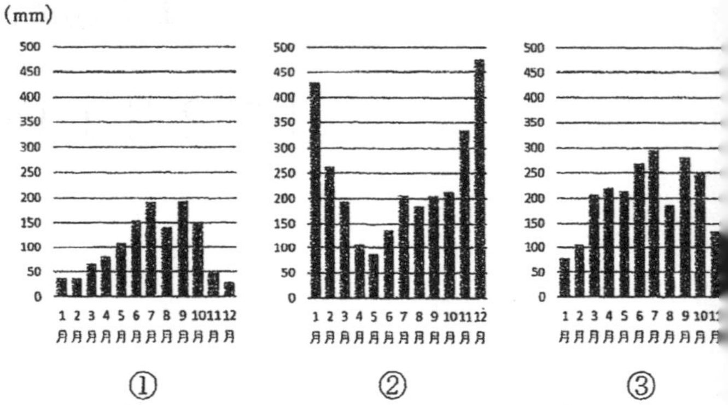

問２　酪農とはどんな農業ですか。簡単に説明しなさい。

問３　**図１**のグラフは東京都の市場での小菊の取り扱い量を表しており、①・②は福島県産と沖縄県産の出荷量のいずれかを表しています。沖縄県を表しているものを、①・②から１つ選び、記号で答えなさい。

図1　東京都の市場での小菊の月別取扱量（2022年）

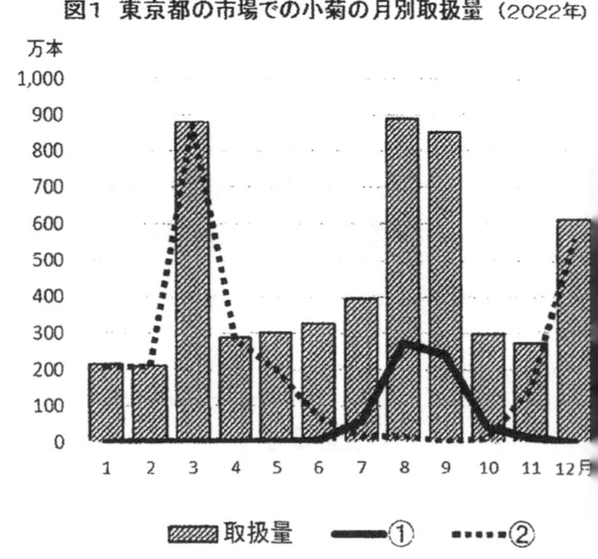

［　市場統計情報　］

問 4　下の文ア～エは、**図２・図３**について述べたものです。**誤っているもの**を１つ選び、記号で答えなさい。

図2 主な輸入品取扱額の割合の変化

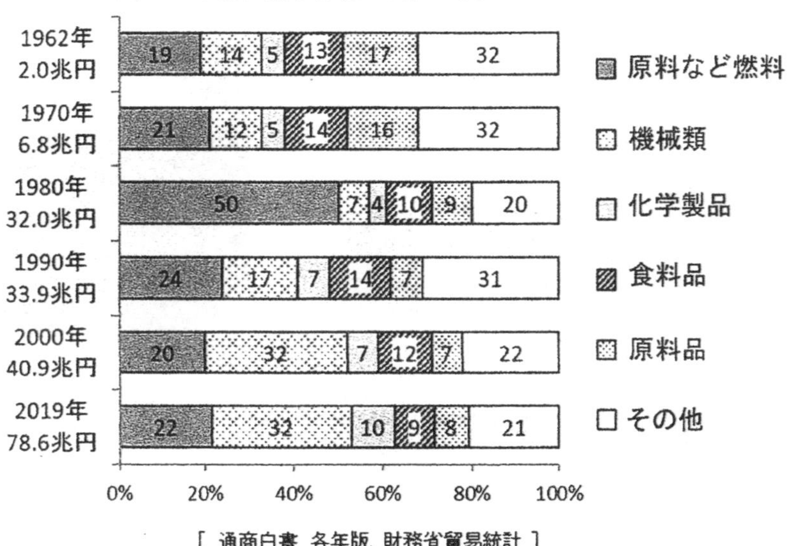

図3 主な輸出品取扱額の割合の変化

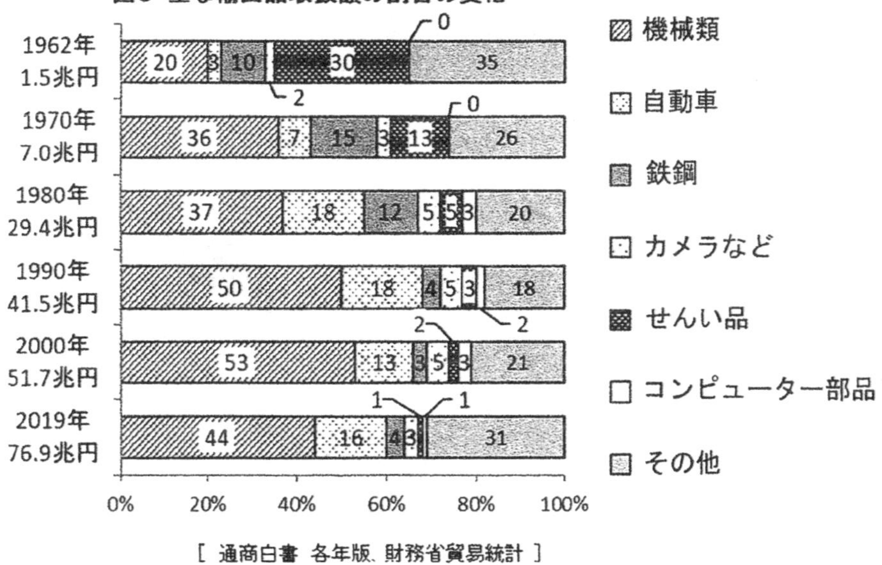

ア　1962 年と 2019 年を比較すると、機械類の輸入の割合は２倍以上に増えています。

イ　1962 年と 2019 年を比較すると、食料品の輸入の割合は減っていますが、取扱額(とりあつかいがく)は増えています。

ウ　せんい品が輸出の主役でしたが、1970 年からは機械類が一番多くなっています。

エ　輸入品の取扱額と輸出品の取扱額を比較すると、常に輸出品の取扱額の方が多くなっています。

問５　**写真１～３**は再生可能(さいせいかのう)エネルギーによる発電施設(しせつ)の写真です。また、**地図ア～ウは写真１～３**の発電方法で発電した電力量が多い都道府県１～５位までを表しています。**写真１～３**の発電方法に対応した地図をそれぞれ選び、記号で答えなさい。

写真１

写真２

写真３

2 日本の環境や社会などについて、あとの問いに答えなさい。

問1 ゴミの処理にはお金がかかるため、一人一人が出すゴミの量を減らすことが求められています。「4R」について説明した次の文ア～エから正しいものを1つ選び、記号で答えなさい。

ア いらないものは断ることを、リフューズといいます。
イ ちがうものに作り替えてふたたび使うことをリユースといいます。
ウ ゴミが出るのをおさえることをリサイクルといいます。
エ ものを捨てずにくり返し使うことをリデュースといいます。

問2 以下のあ～うの文章は、各県の世界遺産について説明した文章です。それぞれの記述にあてはまる県を、**地図1**中①～④から1つ選び、記号で答えなさい。

あ 世界最古の木造建築である法隆寺(ほうりゅうじ)が世界遺産として登録されている。
い 入江の海の中に木造建築が立ち並ぶ厳島神社(いつくしまじんじゃ)が世界遺産として登録されている。
う 江戸幕府初代将軍徳川家康(とくがわいえやす)をまつる日光東照宮(とうしょうぐう)が世界遺産として登録されている。

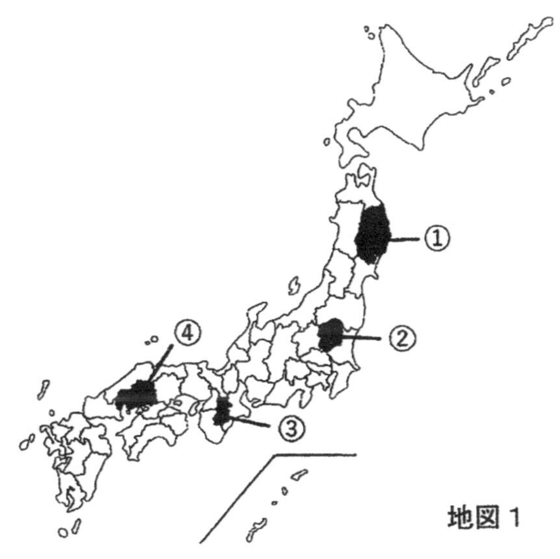

地図1

問3 日本は災害が非常に多い地域です。水害が起こる要因について、次の**語句**を使って説明しなさい。

語句 「 森林 」・「 たくわえる 」

問4 日本は日本の、外国には外国の、それぞれの国ごとに文化があります。1つの国の中でお互いの文化を理解しながらいっしょに暮らしていくことを何といいますか。解答欄(らん)に適した形で答えなさい。

問５　次の地図から読み取れることとして最も適当なものを、下のア～エから１つ選び、記号で答えなさい。

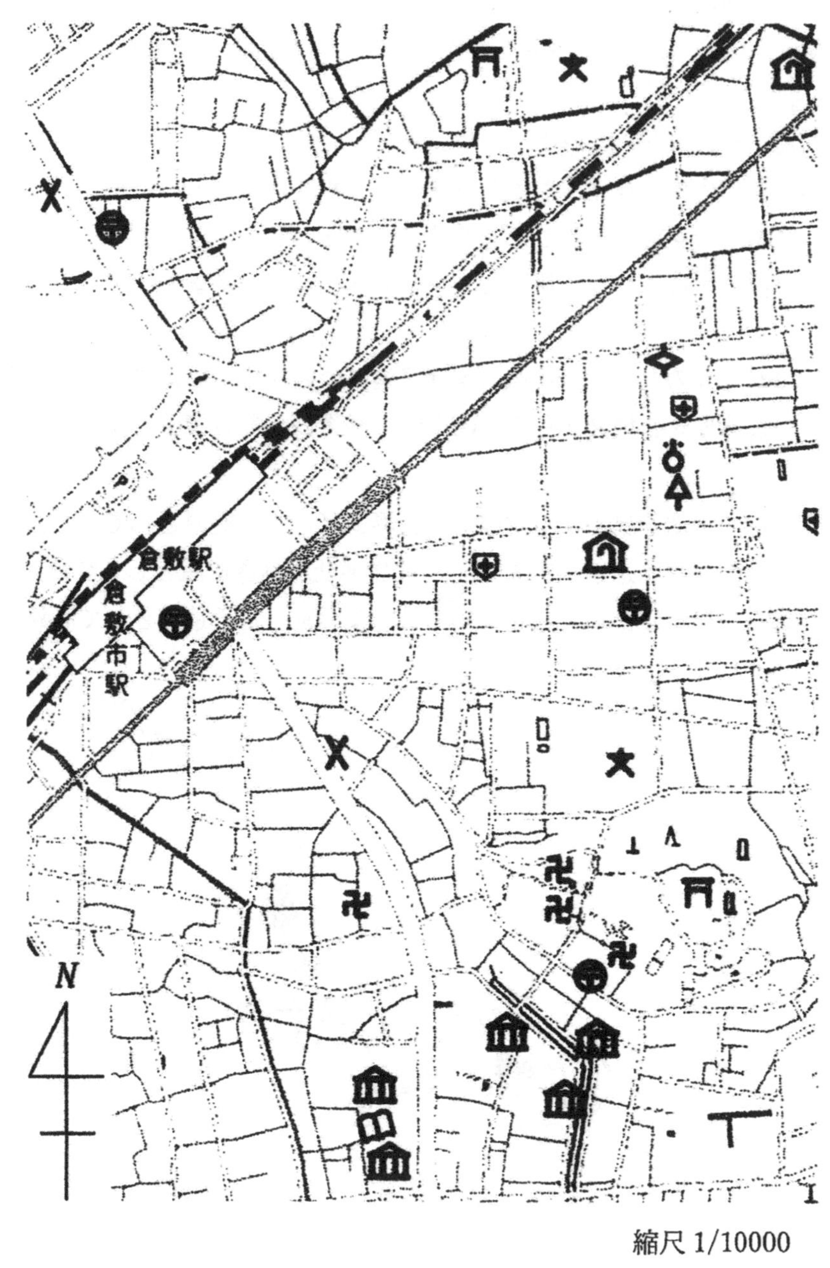

縮尺 1/10000

ア　学校は駅より南側にだけある。

イ　倉敷(くらしき)駅より北側に病院はない。

ウ　神社と寺では神社の方が多い。

エ　博物館の東側に老人ホームがある。

清心中学校　二〇二四年度　入学試験（一次教科型）

国語（解答用紙）

受験番号

名前

［注意］※印のところは何も書かないこと。
字数が決められているものは、「、」や「。」、記号も一字とします。

※

※100点満点
（配点非公開）

一

①
②
③
④
⑤
⑥
⑦
⑧
⑨　らう
⑩　い

二

問一　Ⅰ　Ⅱ

問二

問三　①　②

問四

※

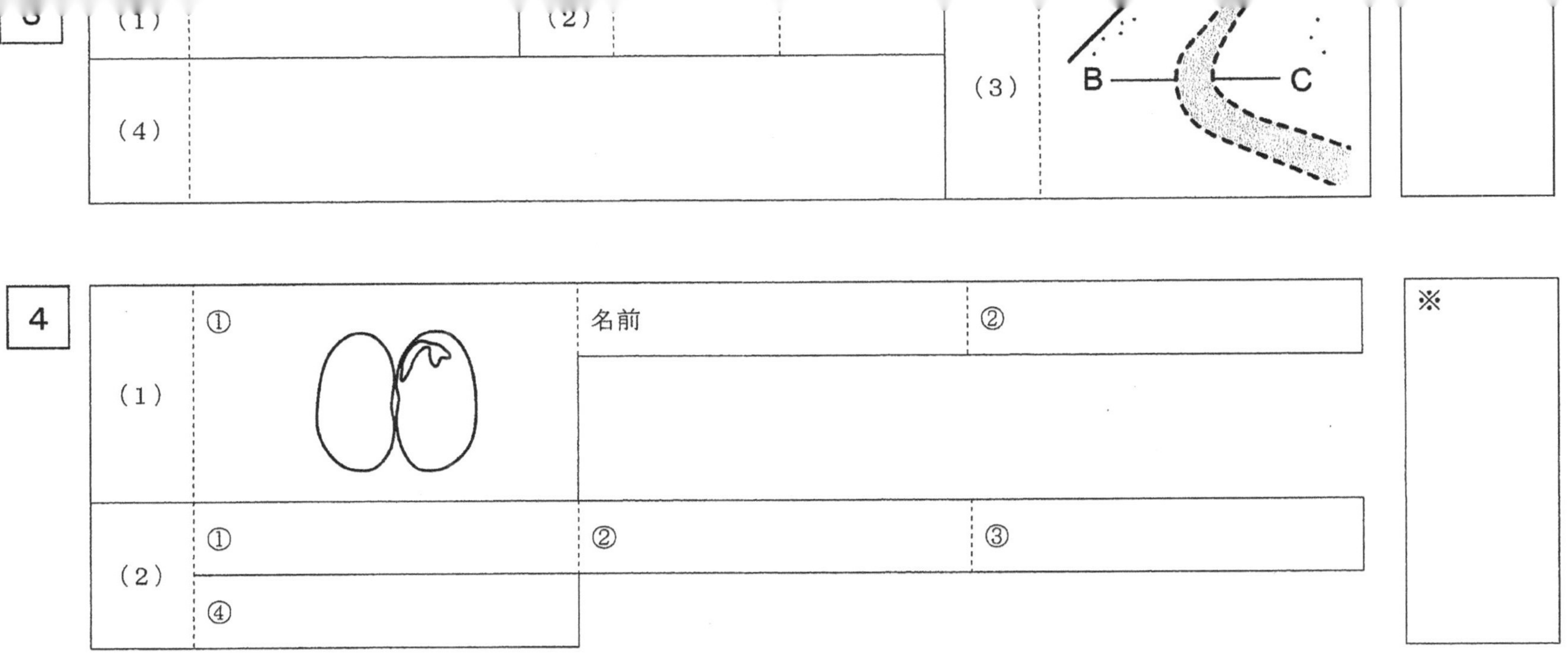
(1)
(2)
(3)
B
C
(4)
4
(1)
①
名前
②
※
(2)
①
②
③
④

3

問1	⇒　⇒　⇒	問2		問3	
問4		問5		問6	
問7					

※

4

問1	(a)	(b)	(c)	(d)	問2	
問3		問4	(あ)	(い)		

※

検査用紙を見てはいけません。

- 「始め」の合図があってから，検査用紙の枚数を確かめ，３枚とも指定された場所に受験番号を記入しましょう。

- 検査用紙の枚数が足りなかったり，やぶれていたり，印刷のわるいところがあったりした場合は，手をあげて先生に知らせましょう。

- 検査用紙の［※　　］には，何もかいてはいけません。

- この検査の時間は，４５分間です。

- 表紙(この用紙)と検査用紙は，持ち帰ってはいけません。

- 表紙(この用紙)の裏(うら)を，計算用紙として使用してもよろしい。

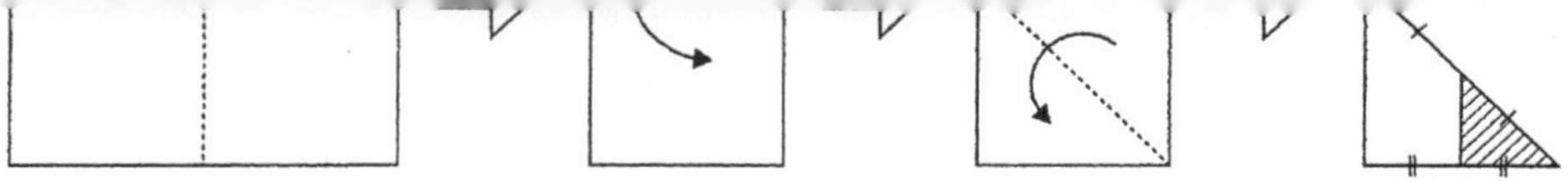

残った部分の面積　cm^2

図４　折り紙を折る手順

※

（３）　17 人が参加するスピーチ大会を開催（かいさい）します。図５のように，スピーチとスピーチの間には入れ替（か）えの時間を入れて，全部で 185 分になるようにします。１人がスピーチをする時間と１回の入れ替えの時間をそれぞれ同じにするとき，それぞれ何分にすればよいか，答えましょう。また，どのようにして求めたのかも説明しましょう。ただし，１人がスピーチをする時間と入れ替えの時間はそれぞれ整数であることとします。

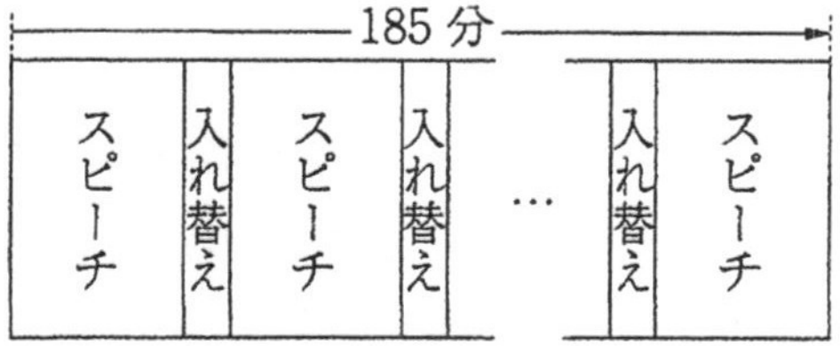

図５　スピーチ大会の進め方

説明

１人がスピーチをする時間　分	１回の入れ替えの時間　分

まちがいがある階級	日以上	日未満の階級	正しい都道府県の数	都道府県

百合子：岡山県の降水日数が少ないのはどうしてなのかな。

桜　：どのような理由があるのか考えてみよう。

※

（3）　岡山県は，図２のように，中国山地や四国山地に囲まれています。また，図３のように，海面上にある空気が山に沿って上昇したとき，空気は膨張して温度が低くなります。このとき，空気中にふくみきれなくなった水蒸気が水滴になり，雲ができ始めます。これらのことから，岡山県で降水日数が少なくなる理由を説明しましょう。

図２

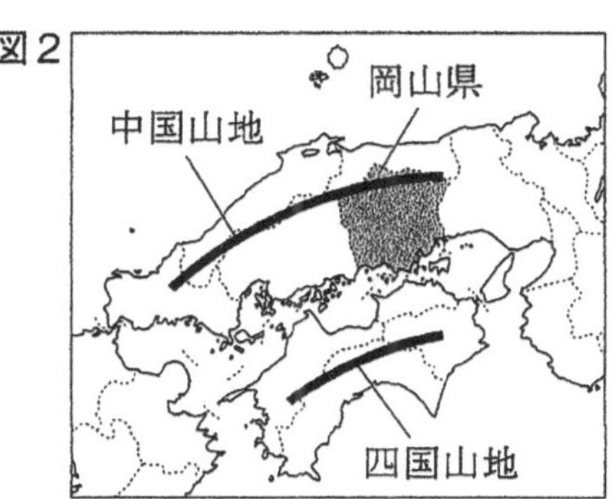

図３

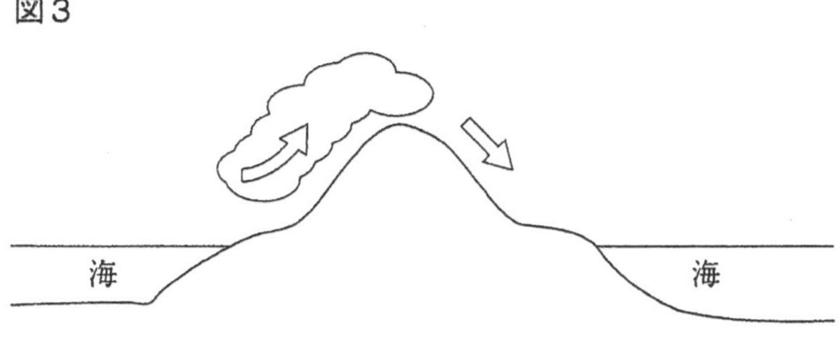

説明

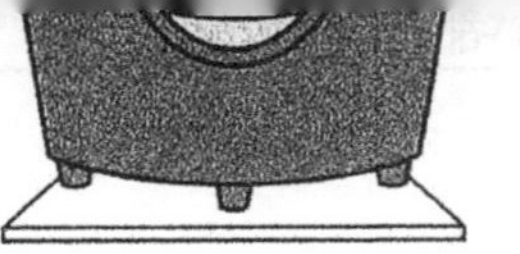

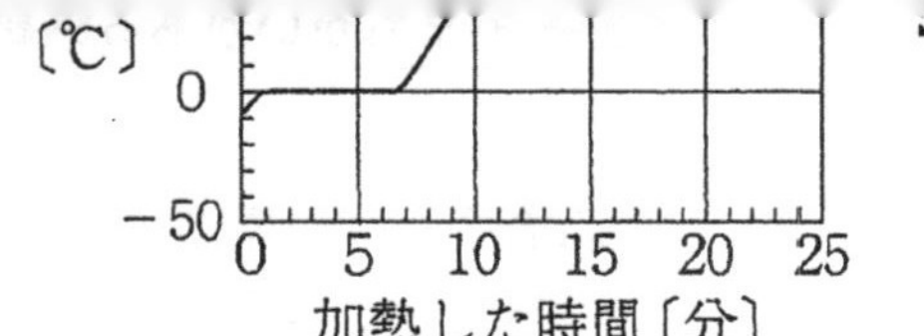

説明

二〇二四年度

清心中学校　適性検査Ⅱ

【注意】

・この検査は、文章や資料を読んで、太字で書かれた課題に対して、答えやあなたの考えなどを書く検査です。課題ごとに、それぞれ指定された場所に書きましょう。

・検査用紙は、表紙(この用紙)をのぞいて、三枚あります。指示があるまで、下の検査用紙を見てはいけません。

・「始め」の合図があってから、検査用紙の枚数を確かめ、三枚とも指定された場所に受験番号を記入しましょう。

・検査用紙の枚数が足りなかったり、やぶれていたり、印刷のわるいところがあったりした場合は、手をあげて先生に知らせましょう。

・検査用紙の ※ には、何も書いてはいけません。

・この検査の時間は、四十五分間です。

・表紙(この用紙)と検査用紙は、持ち帰ってはいけません。

1※

2※

おそれがある。
よけいなものは、たとえ大きな音、声であっても聞き流すようになっているから、われわれは平穏[*7]に生きていかれるのかもしれない。
（外山滋比古『思考力の方法――「聴く力」篇』から）

＊１　シロウト…その物事を専門にしていない人。
＊２　関所…交通上大切な場所に門をつくって見張りを置き、旅人の荷物などを調べた所。通りぬけるのが困難とされていた。
＊３　抑圧…おさえつけること。　＊４　増幅…物事の程度を大きく広げること。　＊５　タカが知れている…たいしたことはない。
＊６　つむじ曲り…性格がひねくれて素直でないこと。　＊７　平穏…変わったことがなくおだやかなこと。

(1)　═══「おしゃべり」とありますが、次のa～cの解答らんに漢字一字を入れて、「おしゃべり」にかかわることわざを完成させましょう。（　）内は、ことわざの意味を示しています。

a　立て板に□（すらすらとなめらかにしゃべること。）

b　□はわざわいの門（不用意なおしゃべりはわざわいを招くことがあるということ。）

c　話に□がさく（さまざまな話題が出て話がはずむこと。）

※

(2)　――線部ア「再生してみておどろいた」とありますが、おどろいた理由を、次のようにまとめました。空らんA、Bに当てはまる言葉を、それぞれ文中の言葉を用いて、空らんAは二十字以内で、空らんBは三十字以内で書きましょう。
（、や。や「」なども一字に数えます。）

・録音では、人の声が［A］になっており、騒音があっても［B］という、車内の状況と異なっていたから。

A　（20字）

B　（30字）

※

受験番号

(3) [X]の中には、どのような言葉を書き入れるのがよいですか。本文の中で、[X]の前とあとに書かれていることから判断して、適当だと思われる言葉を考えて書きましょう。

※

(4) この文章を読んだ一郎さんたちは、グループで話し合っています。次は、そのときの【話し合いの様子の一部】です。これを読んで、あなたが絵美さんならどのように話しますか。空らんA、Bにその内容を書きましょう。ただし、空らんAは「無関係」という言葉を用いて三十五字以内で、空らんBは「不用」「安定」という言葉を用いて、八十字以内で書きましょう。（、や。や「」なども一字に数えます。）

【話し合いの様子の一部】

一郎　電車内だと携帯電話で通話する声が気になる理由が述べられているけれど、――線部イ「耳のはたらきをムダにさせられると、人は不快を感じる」というのが興味深いね。携帯電話で通話する声がうるさい騒音と感じられるのは、そういう理由があったのか。

純子　「耳のはたらきをムダにさせられる」というのは、具体的にどうなることを表しているのかな。

絵美　[A]という状況になることだと思うよ。確かに腹が立つし、よけいにその声をうるさく感じるのも納得できるよ。

一郎　耳のはたらきというのは不思議だな。ただ音を聞くというだけではなく、人間の精神とも密接に関係しているんだね。

純子　そうだね。耳のはたらきが人間にもたらす効果についての筆者の考えは、新鮮だったよ。

絵美　聴こえる音のすべてを[B]という効果のことだね。私も耳のはたらきについて深く考えたことはなかったけれど、人間の精神にとって重要な役割があったんだね。

※

A

35字

先生：さまざまな問題がありますが，ひとつは，年金制度に大きな影響を及ぼすことが問題とされています。

※

（２） 少子高齢化が年金制度に及ぼす影響を，資料４，資料５を参考にして書きましょう。

資料４ 年金のしくみ

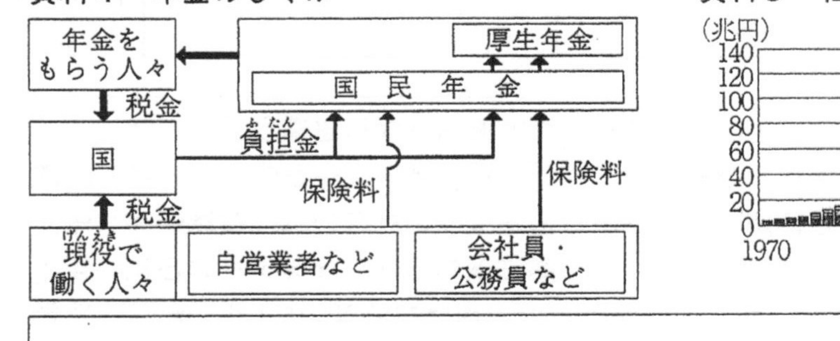

資料５ 社会保障費の推移

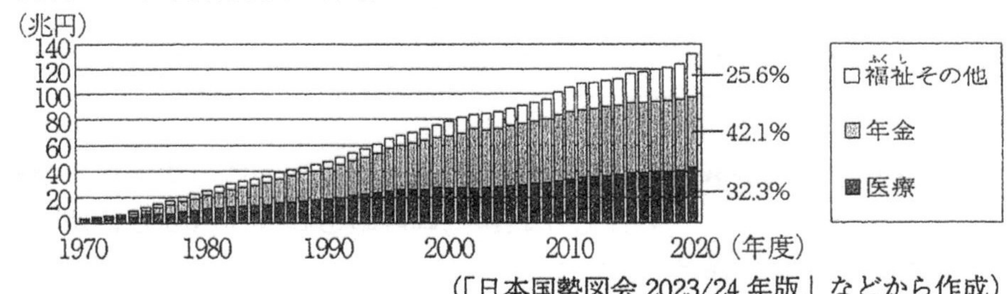

（「日本国勢図会 2023/24 年版」などから作成）

日菜：年金のしくみには税金が関係しているのですね。税金というと，最近は消費税の増税が話題となっていますね。

先生：消費税は 1989 年に３％で導入され，1997 年に５％，2014 年に８％，2019 年には原則 10%に引き上げられました。

※

（３） 消費税の税率が引き上げられている理由を，資料６，資料７を参考にして書きましょう。

資料６ 年齢別人口割合の推移

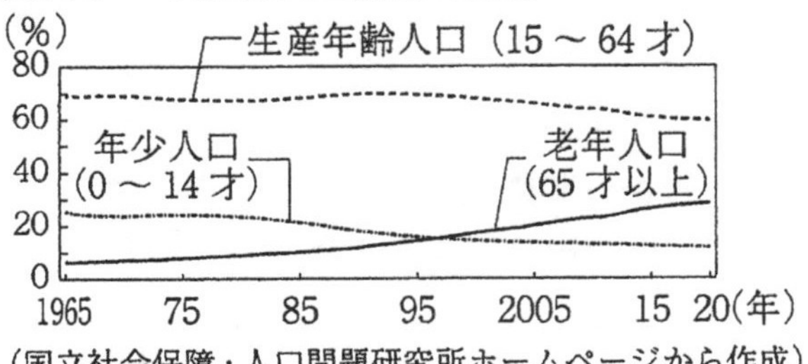

（国立社会保障・人口問題研究所ホームページから作成）

資料７ おもな税金の種類

種類	説明	支払う人
消費税	商品やサービスを購入する際にかかる	購入者
所得税	個人の収入にかかる	労働者
法人税	会社などの法人の収入にかかる	法人

受験番号	

3※

課題３　日菜さんと理美さんは，日本の人口について，先生を交えて話し合いました。あとの（１）～（３）に答えましょう。

先生：夜間人口とは，その地に住んでいる人の数を指します。昼間人口とは，夜間人口に通学や通勤でその地に通う人と通学や通勤でその地から出ていく人の数を足し引きした数を指します。また，昼間人口を夜間人口で割った割合のことを，昼夜間人口比率といいます。昼夜間人口比率が高ければ高いほど，夜間よりも昼間の人口が多いという意味になります。

日菜：東京都の中心部にある23区の昼夜間人口比率のデータを見つけました。

先生：興味深い資料を見つけましたね。**資料３**中の公共用地とは，学校や図書館といった教育文化施設，病院や保育園といった厚生医療施設，警察署や消防署といった官公庁施設などを指します。また，商業用地とは，会社の事務所などを指します。

資料１　東京都23区の昼夜間人口比率　（2020年）

	区	%
1位	千代田区	1753.7
2位	中央区	456.1
3位	港区	453.7
21位	杉並区	76.1
22位	江戸川区	74.5
23位	練馬区	72.2

（令和２年度国勢調査から作成）

資料２　東京都23区の地図

資料３　千代田区（左のグラフ）と練馬区（右のグラフ）の土地利用　（2021年）

※四捨五入の関係で合計が100%にならない場合がある。（令和３年東京都土地利用現況調査から作成）

※

（１）　千代田区の昼夜間人口比率が東京都23区で最も高い理由を，資料１～資料３を参考にして書きましょう。

2※

※

※

課題2　「国語に関する世論調査」によると、情報機器が広く社会一般に行きわたったことで言葉や言葉の使い方が受ける影響について、約55%の人が「人に直接会いに行って話すことが減る」と答えました。あなたは、人とコミュニケーションをとるときに、「電話やメールなどの情報機器を使うこと」と「相手に直接会いに行って話すこと」の、どちらを選びたいと考えますか。あなたの立場を明らかにしたうえで、そのように考える理由を、あなた自身の経験などをふくめて二百字以内で具体的に書きましょう。（、や。や「」なども一字に数えます。段落分けはしなくてよろしい。一マス目から書き始めましょう。）

80字

200字

※

※100点満点
（配点非公表）

受験番号	

課題１　次の文章を読んで、あとの(1)～(4)に答えましょう。

録音ということが一般にもできるようになったのは、戦後になってからである。録音そのものはレコードによって可能になったのだが、シロウト[*1]が録音し、レコードをこしらえるなどということは夢にも考えにくかったのである。

持ちはこびのできる録音器ができて、おもしろ半分に録音する人があらわれた。

ある語学の教師は、車内のおしゃべりを録音しようと思い立ち、満員電車の中で二人の会話をレコーダーにおさめた。

あとでア再生してみておどろいた、という。たいへんな走行車両の音がして、会話はそれにつぶされて、ほとんど聴きとれない。車中では、たしかに会話が成立していた。騒音があったに違いないが、とくに、うるさいと思わなかった。相手のことばが、聴きづらい、とも感じなかった。

それがどうだ。再生してみると、聴こえるのは車両の騒音ばかり。人の声は切れ切れに聴きとれるくらいになってしまっている。

「耳が音を選別している」のである。

耳は入ってくる音をそのまま受け入れるのではなく、取捨選択を加える。その〝関所〟[*2]をパスした音が耳に入る。頭にとどく。

パスしないのは不用な音であるから捨てられる。それで、うるさい音があまり気にならなくなるのである。

だいたいにおいて、機械的な音は耳の〝関所〟で捨てられる度合いが高い。全部は消せなくとも、大きく抑圧[*3]される。

それに対して、人間の声は、まるで知らない人の声でも、気になる、関心を引かれる。耳の〝関所〟をパスしやすい。それどころか、拡大、増幅[*4]されることもある。

電車に乗ると、携帯電話の用法についての注意を車内アナウンスでくり返す。

「……ほかのお客さまのご迷惑になりますので……」

使用を控えるように乗客に注意するが、考えてみると、おかしいような気がする。

客の迷惑になることからいえば、車両の走行にともなっておこる騒音と振動である。携帯電話の声などタカ[*5]が知れている。

それなのに、電車の生じる騒音よりも［　Ｘ　］、というのは筋が違うではないか、とつむじ曲り[*6]が理屈をこねる。

だが、やはり見当違いで、間違っている。電車の騒音はたしかにうるさい。しかし、それは捨てられる騒音である。すべてを消すことはもちろんできないが、気にとめないから、聞き流しになって、大きな音響がかなり小さくなっている。

それに引きかえ、人の声は気になる。興味がある。耳を惹かれる。小さな声で話していても、耳の〝関所〟で拡大、増幅されるのである。

それに、会話の片方だけ聴こえて、相手の言っていることが耳に入らないと、耳の注意力が刺激される。

携帯電話が第三者にうるさいと思われるのは、異常に関心を引かれるからである。それが何でもない他人ごとであるとわかると、一転

（Ｉ－３）

受験番号	

３※

課題３　次の（１）～（３）に答えましょう。

※

（１）体育の授業で徒競走を行ったところ，走ったあとに脈拍数が多くなっていました。その理由について関係する気体と臓器の名前を使って説明しましょう。

説明

※

（２）冬のある日，屋外から室内に入ると，百合子さんのめがねがくもりました。これには，屋外と室内の気温が関係していると考えた百合子さんと蘭子さんは，異なる温度のガラス板を使って実験をしました。10℃，20℃，30℃のそれぞれに保ったガラス板を３枚用意し，それぞれを18℃の室内に入れたところ，１枚だけくもったガラス板がありました。それは，どのガラス板ですか。次のア～ウから選び，記号で答えましょう。

ア　10℃のガラス板　　イ　20℃のガラス板　　ウ　30℃のガラス板

※

（３）蘭子さんが旅館に泊まったとき，夕食で，紙のなべに入った料理を目の前で加熱してくれました（図１）。この紙のなべには，だし入りの水が入っていましたが，蘭子さんは紙に火が当たっているのになぜ燃えないのか疑問に思い，調べることにしました。そこで，紙が燃え始める温度である発火点（表１）と，氷や水を熱したときの温度の変化（図２）が関係していることがわかりました。表１，図２から，なぜ紙のなべが燃えないのか，その理由を説明しましょう。

図１

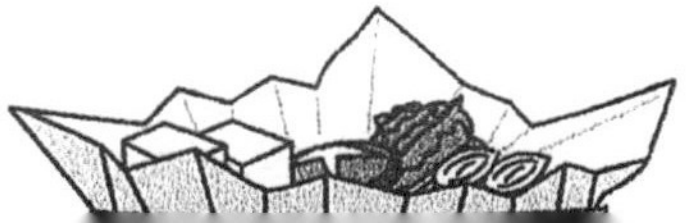

表１

	発火点
紙	450℃

図２

150

（Ⅰ－2）

受験番号	

2※

課題2　百合子さんと桜さんは，右のような記事を先生に見せてもらいながら会話しています。あとの（1）～（3）に答えましょう。

岡山県は「晴れの国」

1年間のうち降水量が1mm以上だった日数の，1991年から2020年までの30年間の平均について，岡山県が47都道府県の中で最も少なかった。

雨が降る日が少ないことから，岡山県は「晴れの国」とよばれている。

先　生：1991年から2020年までの30年間の平均降水日数について，岡山県が全国で最も少ないことを紹介した記事です。

桜　：岡山県の平均降水日数がどれくらいなのか気になったので，2011年から2020年までの10年間の記録を調べてみたところ，次の表のようになって，この10年間の平均降水日数は89.2日でした。

年	2011	2012	2013	2014	2015	2016	2017	2018	2019	2020
降水日数（日）	87	97	81	96	100	[illegible]	89	84	78	85

（総務省統計局「社会・人口統計体系」より作成）

百合子：表が汚れて，2016年の降水日数が見えなくなっているね。

※

（1）　2016年の岡山県の降水日数を答えましょう。　　日

先　生：47都道府県の1991年から2020年までの30年間の平均降水日数について，80日以上100日未満，100日以上120日未満，…というように20日ずつの階級に分けてまとめると，岡山県がふくまれる階級の都道府県の数は，全体の約23.4%になります。

百合子：ヒストグラムにまとめると，図1のようになりました。

桜　：あれ？　1か所まちがっているところがあるよ。

図1　平均降水日数

（総務省統計局「社会・人口統計体系」より作成）

※

（2）　図1のヒストグラムには1か所まちがいがあります。まちがいがある階級はどの階級か，答えましょう。また，その階

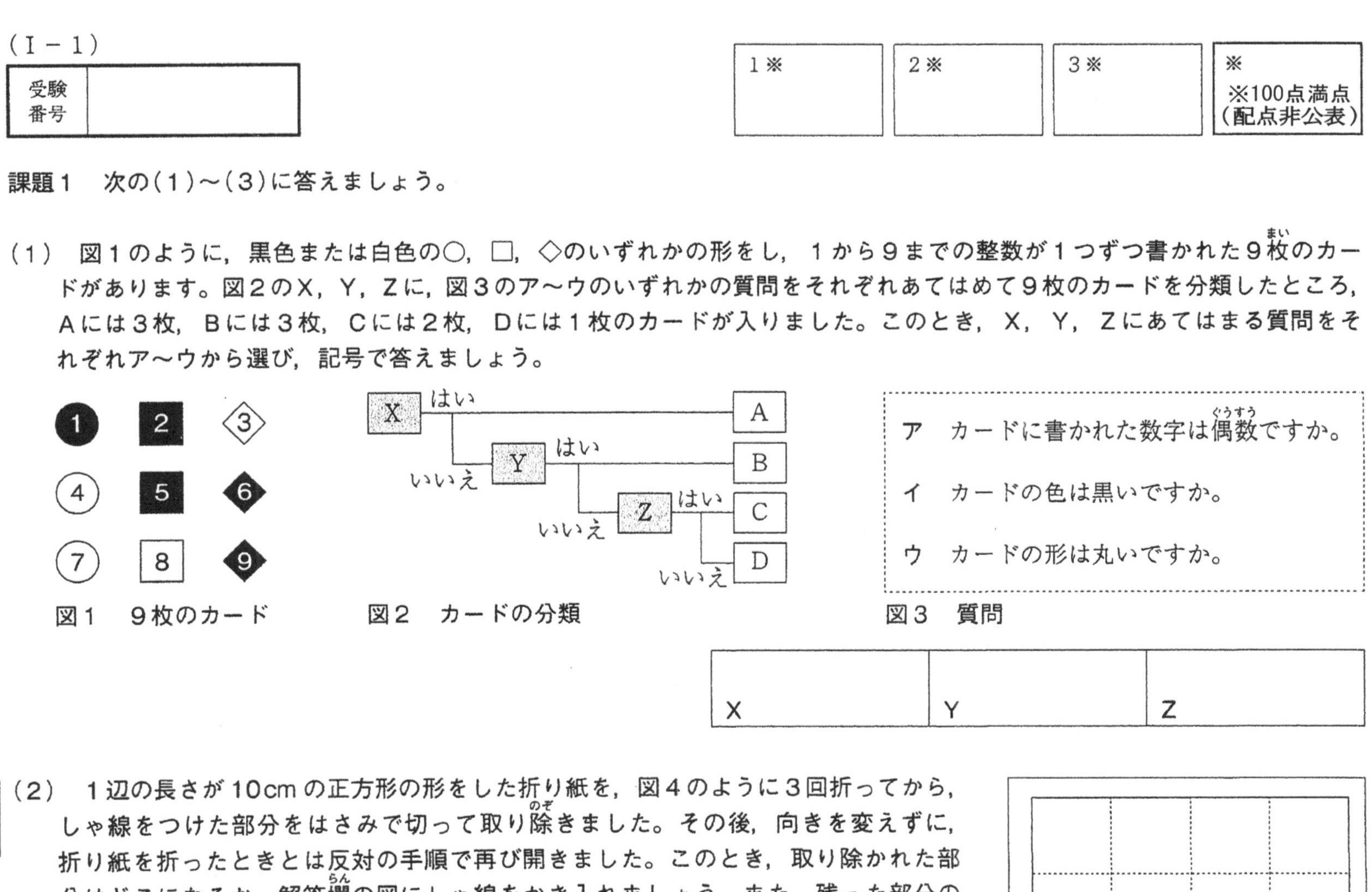

（Ⅰ－1）

受験番号	

1※	2※	3※	※ ※100点満点 （配点非公表）

課題1　次の(1)～(3)に答えましょう。

※

(1)　図1のように，黒色または白色の○，□，◇のいずれかの形をし，1から9までの整数が1つずつ書かれた9枚のカードがあります。図2のX，Y，Zに，図3のア～ウのいずれかの質問をそれぞれあてはめて9枚のカードを分類したところ，Aには3枚，Bには3枚，Cには2枚，Dには1枚のカードが入りました。このとき，X，Y，Zにあてはまる質問をそれぞれア～ウから選び，記号で答えましょう。

図1　9枚のカード　　図2　カードの分類

ア　カードに書かれた数字は偶数ですか。

イ　カードの色は黒いですか。

ウ　カードの形は丸いですか。

図3　質問

X	Y	Z

※

(2)　1辺の長さが10cmの正方形の形をした折り紙を，図4のように3回折ってから，しゃ線をつけた部分をはさみで切って取り除きました。その後，向きを変えずに，折り紙を折ったときとは反対の手順で再び開きました。このとき，取り除かれた部分はどこになるか，解答欄の図にしゃ線をかき入れましょう。また，残った部分の面積を答えましょう。ただし，図4の同じ記号をつけた部分の長さは等しいものとします。

2024年度

清心中学校　適性検査Ⅰ

【注意】

・　この検査は，文章を読んで，太字で書かれた課題に対して，答えやあなたの考えなどをかく検査です。課題ごとに，それぞれ指定された場所にかきましょう。

２０２４年度入学試験（１次教科型）　［ １２月１０日実施 ］

清 心 中 学 校

社　会　　解答用紙

受験番号		名　前	

※50点満点
（配点非公表）

注意・・・※印のわく内には何も書かないこと

1

問1	上越	気温	降水量	軽井沢	気温	降水量	静岡	気温	降水量
問2									
問3		問4		問5	写真1	写真2	写真3		

※

2

問1		問2	あ	い	う
問3					

※

【解答

２０２４年度入学試験（１次教科型）

清心中学校

理科　解答用紙

受験番号		名前	

注意…※印のわく内には何も書かないこと。解答らんのわくの外に書かれたものは採点されません。

※50点満点
（配点非公表）

1

（1）			
（2）			
（3）			
（4）		（5）	

※

2

（1）		（6）	
（2）			
（3）			
（4）			
（5）			

※

【解答

三

問六	問五	問四	問三	問二	問一
					I
					II
					III

問八	問七	問六

〈　問題は次のページに続きます　〉

3 次のA～Dの人物についての文を読んで、あとの問いに答えなさい。

A 私は、初めて①女性として天皇となりました。おいの聖徳太子は②蘇我氏と協力して、天皇を中心とする政治のしくみをととのえようとしました。

B 私は、③当時の中国を支配し、その後何回か④北条時宗に対して私たちに従うよう要求しましたが受け入れられず、とうとう日本を攻めることになりました。私たちは、集団戦法や火薬兵器を使って日本を苦しめましたが、二度とも日本に勝つことはできませんでした。

C 私は、大阪城を築いて天下統一をめざしました。⑤世の中を支配するしくみを整えながら100年余り続いた戦国時代を終わらせました。

D 私は、大名に対するきまりを改めたときに参勤交代の制度を整えました。また、⑥鎖国を完成させ、以後の貿易は幕府だけが行うことになりました。

問1 下線部①について、次の歴史上の女性を、活やくした年代の古い順に並べ、記号で答えなさい。

ア 津田梅子　　イ 北条政子　　ウ 卑弥呼　　エ 清少納言

問2 下線部②について、渡来人との結びつきを強めていた蘇我氏が日本に取り入れようとしていた宗教は何ですか。この宗教は聖徳太子もあつく信仰していました。

問3 下線部③について説明した次の文章の（　　）にあてはまることばを答えなさい。

13世紀後半、（　　）は、アジアからヨーロッパにまたがる多くの国を支配し、大帝国を築きました。元という国をつくって中国を支配し、朝鮮も従えました。

問4　下線部④について、北条時宗は下の図のAという職についていました。将軍を助けて政治を行うこの職を何というか答えなさい。

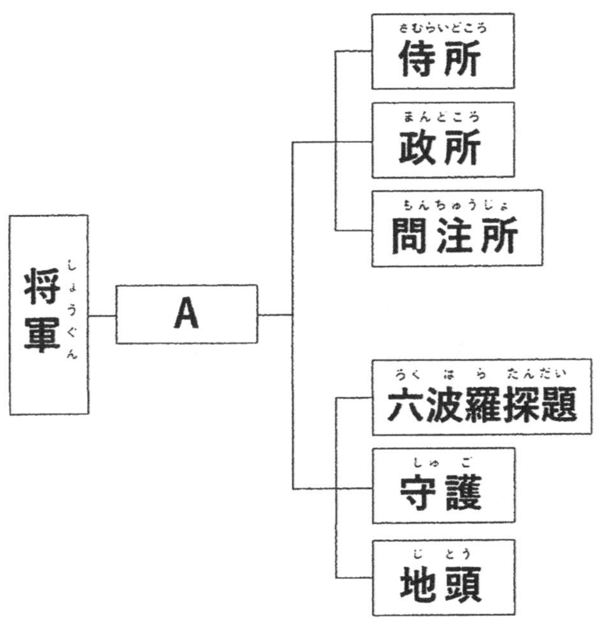

問5　下線部⑤について、百姓たちが土地を耕す権利を認められたかわりに、決められた年貢を納める義務を負うことになった政策を何というか答えなさい。

問6　Dの人物が将軍のときに、キリスト教信者の百姓をふくむ人々が一揆を起こしました。日本に初めてキリスト教を伝えた人の名前を答えなさい。

問7　下線部⑥について、鎖国のもとでも一部の国や地域とは交流が続きました。交流が行われた国・地域とその窓口となった藩の正しい組み合わせを、次のア～カから２つ選び、記号で答えなさい。

ア　朝鮮－対馬藩　　イ　朝鮮－薩摩藩　　ウ　琉球王国－松前藩
エ　琉球王国－対馬藩　　オ　蝦夷地－薩摩藩　　カ　蝦夷地－松前藩

4 次の文は、明治時代以降の歴史を調べている清子さんと先生との会話です。この文を読んであとの問いに答えなさい。

清子さん　1853年に4せきの軍艦を率いて浦賀にやってきた（　**あ**　）が、アメリカ大統領の手紙を幕府に渡して開国を求めたことがきっかけで、日本は外国との関係を強めていったのですね。

先　生　これ以降、今日までの間に①日本の政府は様々なかたちで外国と関わってきたんだ。特に②外交や貿易を通して、日本が近代的な国家になれるように努力したんだよ。

清子さん　一方で、対立して③戦争になったり、他の領土に軍隊を進めたこともありますね。

先　生　その通り。日本は明治・大正・昭和と、いくつもの戦争を経験したけれど、1945年に敗戦して以降は、戦争を放棄することをちかったんだ。日本はかつて戦争をした国々と平和条約を結んで国際社会に復帰し、世界の問題解決をするための組織である（　**い**　）にも加盟したよ。

問1　下線部①について、次の文（a）～（d）は「日本の政府」が関係する歴史上のできごとについて、清子さんが調べてみたいと思った内容を示しています。各文の内容と関係が深い資料をア～エから1つずつ選び、記号で答えなさい。

(a) 政府は、国の産業をどのように発展させようとしていたのだろうか。

(b) 政府は、国会の開設や憲法をつくることを求める動きを、どのように押さえようとしたのだろうか。

(c) 政府は、天皇を中心とする国家にするため、どのような制度やしくみをつくったのだろうか。

(d) 政府が新しい社会をつくるためにおこなった様々な改革は、女性の権利や暮らしにどのような変化を与えたのだろうか。

ア

イ

ウ

エ

問２　下線部②について述べた文Ｘ・Ｙの正誤の組み合わせとして正しいものを、次のア～エから１つ選び、記号で答えなさい。

Ｘ：外務大臣の陸奥宗光は、イギリスと交渉して、領事裁判権をなくすことに成功した。
Ｙ：工場で女工たちが働いて生産した生糸は、海外へ輸出された。

ア　どちらも正しい　　イ　Ｘのみ正しい　　ウ　Ｙのみ正しい　　エ　どちらも誤り

問３　下線部③に関連した文として正しいものを、次のア～エから１つ選び、記号で答えなさい。

ア　1894年に朝鮮で内乱が起きると、日本とロシアがそれぞれ朝鮮に軍隊を送り、両国の間で日露戦争が始まった。
イ　1910年に満州を併合して日本の領土としたことで、満州の人々は独立運動を始めた。
ウ　1941年に、日本がアメリカのハワイなどを攻撃したことをきっかけに、アメリカやイギリスと日本が東南アジアや太平洋を戦場にして争う太平洋戦争が始まった。
エ　1945年８月に沖縄と長崎に原子爆弾が投下され、何万人もの命が奪われた。

問４　会話文中の（　**あ**　）にあてはまる人物名を答えなさい。また、（　**い**　）にあてはまる語句を漢字四字で答えなさい。

清心中学校
２０２４年度入学試験問題

１次教科型

〔１２月１０日実施(じっし)〕

理　　科

（30分）

【注　意】

① 試験開始の合図があるまで，この問題冊子の中を見てはいけません。

② 解答用紙と問題冊子に受験番号と名前を記入しなさい。

③ 解答はすべて解答用紙に記入しなさい。

受験番号		名　前	

(問題は次のページから始まります。)

1

図１―１は，コルク栓(せん)でつつにふたをして，おしぼうでつつの中の空気をおす前のようすを表したもので，図１－２は，おしぼうで空気をおしたあとのようすを表したものである。図１－３は，空気でふくらませた風船を空気の入った容器の中に閉じ込めたようすである。

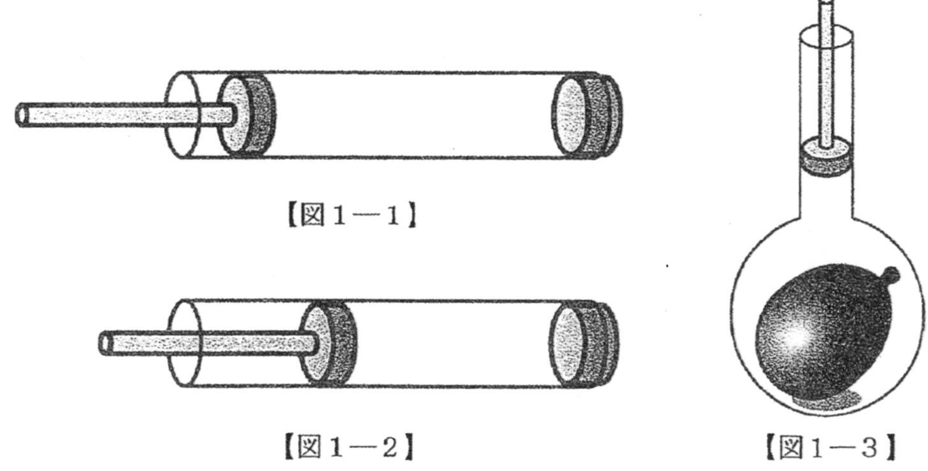

【図１―１】　【図１―２】　【図１―３】

（１）図１―１と図１－２を比べたとき，変わったものは何ですか。一つ答えなさい。

（２）図１－２でさらにおしぼうをおすとコルク栓(せん)が飛び出した。コルク栓(せん)は何におされて飛び出したか答えなさい。

（３）コルク栓(せん)を遠くへ飛ばしたいとき，どのようにおしぼうをおせばいいか，説明しなさい。

（４）図１―３で，おしぼうを上に引いて容器の中の空気の体積を大きくした。中の風船の大きさはどうなるか答えなさい。ただし，おしぼうと容器の間にすきまはないものとします。

（５）図１―３で，空気ではなく水を満たした風船を入れてぼうをおし込んで中の空気の体積を小さくすると，風船の大きさはどうなると考えられますか。次の**ア**～**ウ**から選び，記号で答えなさい。

ア　小さくなる　　**イ**　大きくなる　　**ウ**　変わらない

2

図２－１は，冷とう庫からとりだした氷 100 g をビーカーに入れて，一定の火力で加熱したときの加熱時間と，ビーカー内の氷および水の温度のグラフです。加えた熱はすべて氷や水に伝わり，ふっとうするまで水の量は減らないものとして，次の問いに答えなさい。

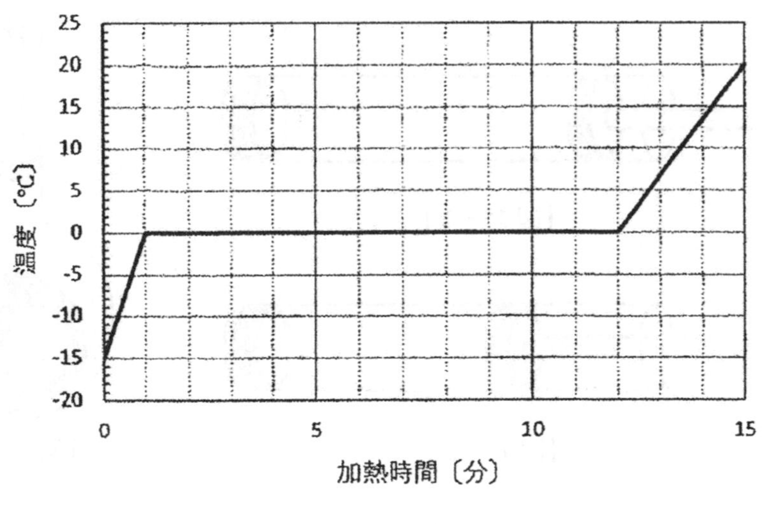

【図２―１】

（１）加熱時間 1 分～12 分の間は温度が変化していません。この間のビーカー内の状態としてあてはまるものを次の**ア**～**ウ**から一つ選び，記号で答えなさい。

ア　氷のみ　　**イ**　氷と水　　**ウ**　水のみ

（２）水をさらにふっとうするまで加熱すると，湯気(ゆげ)がでるようになります。この湯気の状態としてあてはまるものを，次の**ア**～**ウ**から一つ選び，記号で答えなさい。

ア　氷　　**イ**　水　　**ウ**　水蒸気

（３）氷の温度を 1 ℃ 上げるのに必要な加熱時間と比べて，同じ重さの水の温度を 1 ℃ 上げるのに必要な加熱時間はどうなりますか。次の**ア**～**ウ**から正しいものを一つ選び，記号で答えなさい。

ア　短い　　**イ**　長い　　**ウ**　同じ

（4）加熱時間 3 分〜10 分の間，ビーカーの中の氷や水の体積の合計はどのように変化しますか。次の**ア**〜**ウ**からあてはまるものを一つ選び，記号で答えなさい。

ア　小さくなる　　　　**イ**　大きくなる　　　　**ウ**　変化しない

（5）15 分後からもそのまま加熱したとき，ふっとうが始まる加熱時間は，加熱開始から何分になると考えられますか。

（6）氷の量を 2 倍にしたときの温度変化のグラフをかきなさい。ただし，とりだした氷の温度と加熱する火力は図２－１の場合と同じであるものとします。

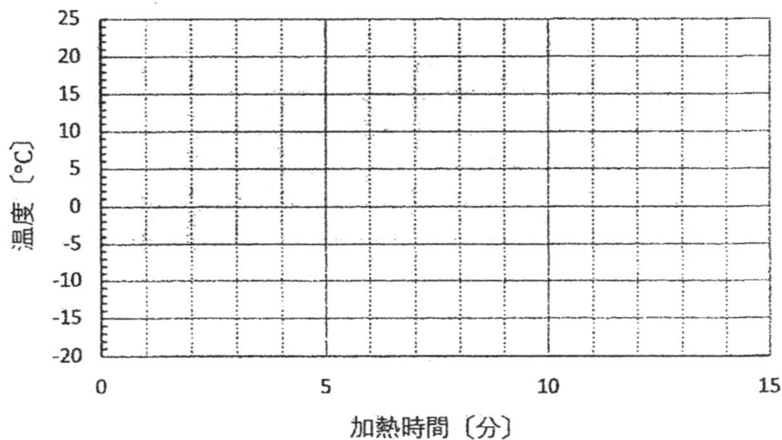

3

図３－１は，流れる水のはたらきを調べるために，土のしゃ面に水を流したときの水の流れ方を表したものである。それぞれの場所でのようすは，図に書いてあるとおりである。

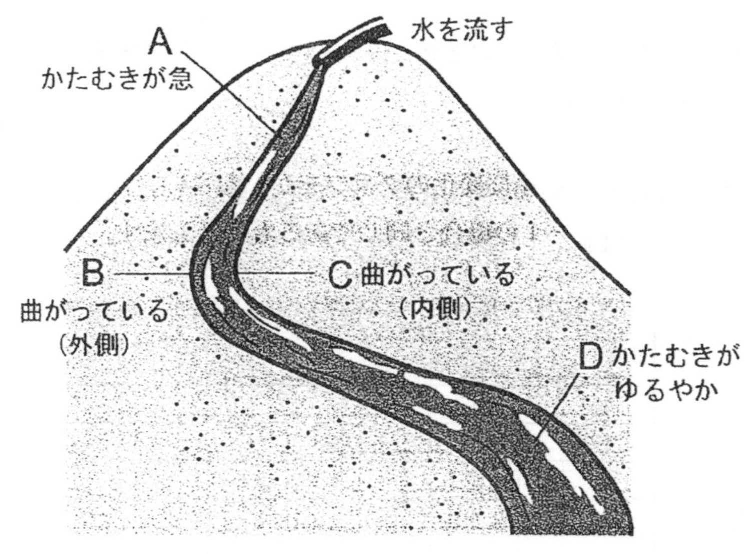

【図３－１】

（１）流れる水が，土をけずるはたらきを何というか。

（２）（１）のはたらきが大きいのは，図３－１のＡとＤ，ＢとＣではそれぞれどちらか。Ａ～Ｄの記号で答えなさい。

（３）ずっと水を流し続けると，図３－１のＢ－Ｃの部分の流れはどのように変わるか。解答用紙の図に実線で図示しなさい。ただし，破線はもとの流れを表している。

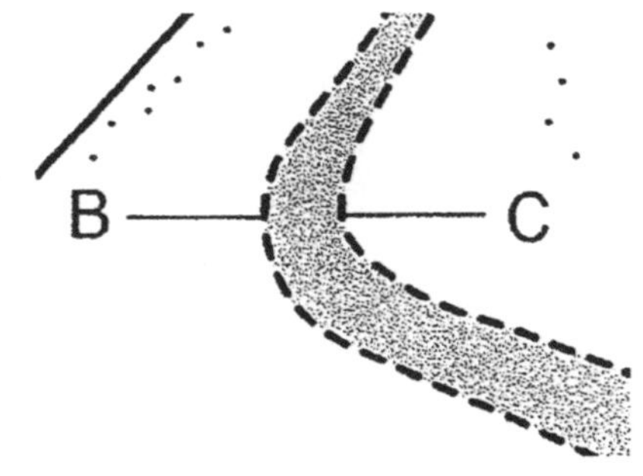

2024(R6) 清心中　一次教科型
教英出版

（4）実際の川では，Ａの部分で見られる石にくらべてＤの部分で見られる石は丸くて小さい石が多い。その理由を簡単に説明しなさい。

4

イングンマメの種子の発芽について観察と実験を行いました。次の問いに答えなさい。

（1） インゲンマメの種子を２つに切って観察し，スケッチを図４－１のように行いました。また，ある薬品を使って養分がどの部分にふくまれているか調べました。

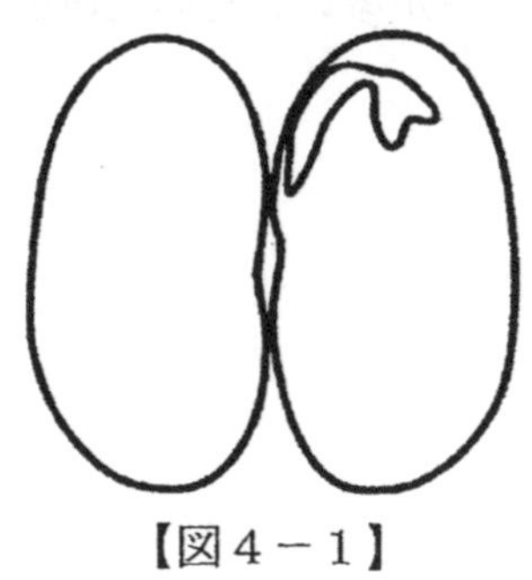

【図４－１】

① 図４―１で，発芽のために養分を蓄えている部分を黒で塗りつぶしなさい。
また，その部分の名前を答えなさい。

② 使用した薬品の名前を答えなさい。

（2） インゲンマメの種子が発芽する条件について調べるために，実験１～実験４を日光の当たる明るい場所で行いました。

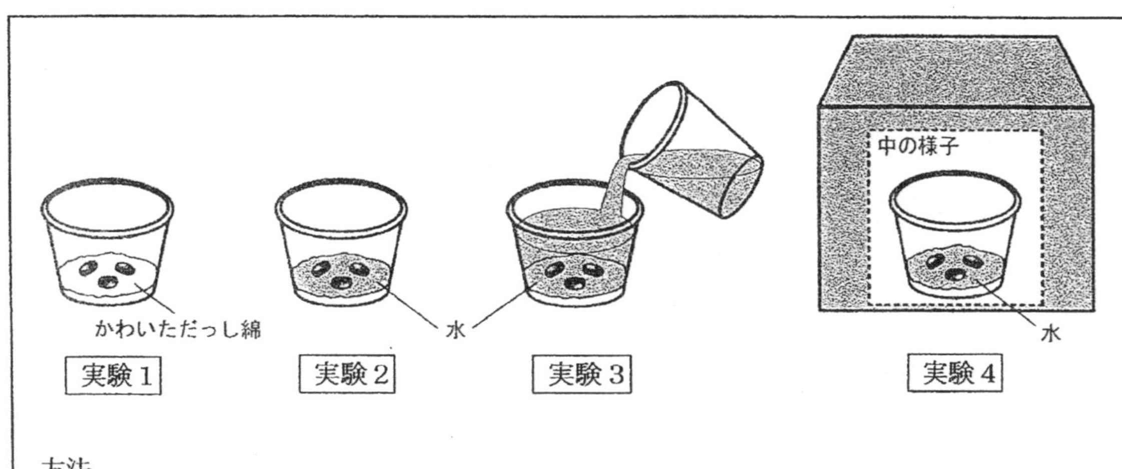

方法

実験１	かわいただっし綿に種子をのせた。
実験２	水でぬらしただっし綿に種子をのせた。
実験３	だっし綿に種子をのせた後，種子がすべてつかるまで水をそそいだ。
実験４	水でぬらしただっし綿に種子をのせた後，箱をかぶせておおいをした。

① 実験１～実験４のうち，発芽したものをすべて選び，実験の番号で答えなさい。

② 表４－１は，実験条件についてまとめたもので，○はその条件がある，×はその条件がないことを示している。しかし，この表の中には間違っている部分がある。間違っている部分を（ア）～（シ）からすべて選び答えなさい。

条件	水	光	空気
実験１	×（ア）	○（イ）	○（ウ）
実験２	○（エ）	○（オ）	○（カ）
実験３	○（キ）	○（ク）	○（ケ）
実験４	○（コ）	○（サ）	○（シ）

【表４－１】

③ 発芽には水が必要であることをわかるためには，どの実験とどの実験を比べればよいか。実験の番号で答えなさい。

④ 今回の実験の条件以外で，種子の発芽に必要な条件を答えなさい。

（問題はここまでです。ここからは白紙のページです。）

清心中学校
２０２３年度入学試験問題

１次教科型
〔１２月１１日実施(じっし)〕

算　数

(60分)

【注　意】

① すべての問題用紙に受験番号と名前を記入しなさい。

② 答えは指定された所に書きなさい。
　考える途中で書いたメモ，図，計算式などは残しておきなさい。

③ 必要ならば，円周率は３．１４を使いなさい。

２０２３年度入学試験（１次教科型）

※100点満点
（配点非公表）

清心中学校

算数（その１）

受験番号		名前	

1 次の各問いに答えなさい。

（１）次の計算をしなさい。

① ３２＋９６－４３

② ３２０２－２０２３

③ ７２－５２÷４

④ ８４÷３×４

⑤ $0.2 \div \frac{3}{5}$

⑥ $3\frac{1}{6} - \frac{1}{2}$

⑦ $\frac{1}{5} + \frac{1}{10} - \frac{1}{15}$

⑧ $6\frac{1}{4} \times \frac{7}{30} \div \frac{5}{24}$

⑨ $\frac{4}{5} - \frac{8}{7} \div \left(2 - \frac{4}{7}\right)$

⑩ $2\frac{4}{3} - 0.4 \div \frac{8}{15}$

①	
②	
③	
④	
⑤	
⑥	
⑦	
⑧	
⑨	
⑩	

（２）次の式の □ にあてはまる数を求めなさい。

２０－１２÷□＝１６

答

１，２，３，４，…のような数を自然数といいます。

ある数を連続した自然数の和で表すことを考えます。

例えば，５は２＋３，６は１＋２＋３，１０は１＋２＋３＋４のように連続した自然数の和で表すことができます。１８を連続した自然数の和で表しなさい。

〔求め方〕

答 ＿＿＿＿＿＿＿＿＿＿＿＿＿＿＿＿＿＿＿＿

下の図のような四角形ＡＢＣＤがあります。点Ａを中心にこの四角形を２倍に拡大したとき，四角形ＡＥＦＧを図示しなさい。なお，作図に用いた線は残したままにすること。

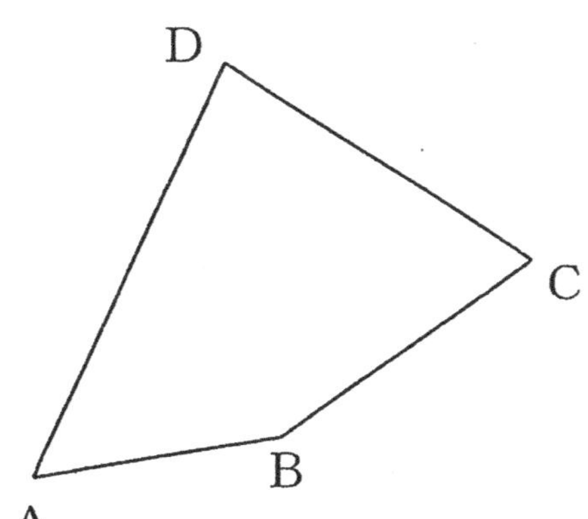

答　上図に作図

２０２３年度入学試験（１次教科型）

清心中学校

算数（その3）

受験番号		名前	

5　下の図は密閉（みっぺい）された直方体の容器に深さ５ｃｍまで水が入っています。この容器を面ＡＢＣＤが底面になるようにたおすと水の深さは何ｃｍになりますか。

［求め方］

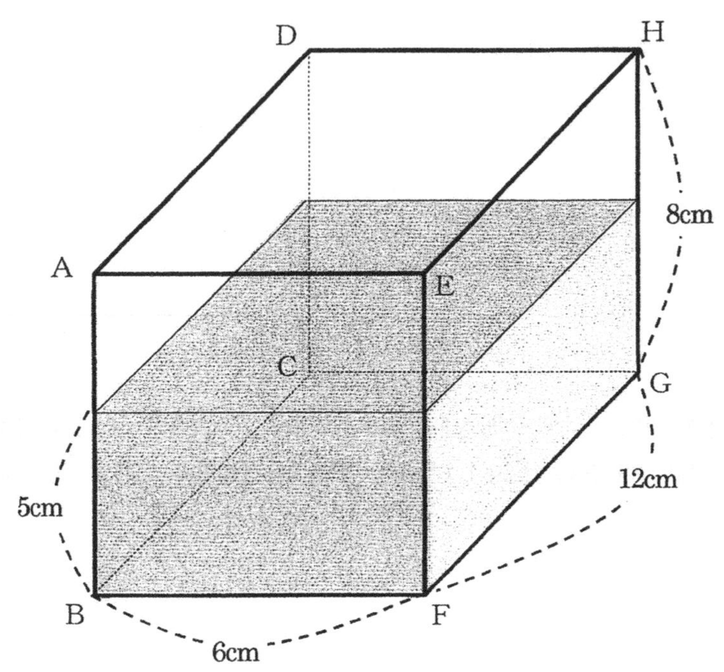

答　　　　　　ｃｍ

6 ゆうきさんは夏休みを利用してフィリピンに旅行に行ってきました。フィリピンの時間は日本より１時間遅(おく)れています。例えば，日本が１８時のとき，フィリピンは同じ日の１７時になります。

また，フィリピンの通貨はフィリピンペソといい，１フィリピンペソは２．２円として考えます。

このとき，次の各問いに答えなさい。

) 日本を１０時４０分に出発し，飛行時間は４時間３０分でした。フィリピンに到着したとき，フィリピンの時間では何時何分になりますか。

求め方]

答　　　時　　　分

) 出発前に円をフィリピンペソに両替しました。１０００フィリピンペソを用意するためには何円必要ですか。ただし，１フィリピンペソあたり０．３円の手数料が必要です。

求め方]

答　　　　　円

２０２３年度入学試験（１次教科型）

清心中学校

算　数（その2）

受験番号		名前	

2　清心中学校の図書館で，あるクラスの生徒が１週間にそれぞれ１人何冊の本を借りたかについて調べました。その結果が以下の表のようになりました。このとき，次の各問いに答えなさい。

１週間に借りた本（冊）	0	1	2	3	4	5	6
人数（人）	(ア)	１０	(イ)	7	3	1	1

(1)　１週間にこのクラスの生徒に貸し出した本の総数が７８冊でした。２冊借りた人の人数（イ）にあてはまる数を求めなさい。

[求め方]

答　　　　　　人

(2)（1）のとき，１週間に借りた１人あたりの本の冊数の平均が２冊になりました。１週間に１冊も借りなかった人数（ア）にあてはまる数を求めなさい。

[求め方]

答　　　　　　人

3）律子さんの所持金の１２%が３００円のとき，所持金はいくらですか。

答　　　　　　　　円

4）分速５０ｍの速さで３２分走ると，何ｋｍ 進みますか。

答　　　　　　　　ｋｍ

）３００ｇが２０００円の牛肉があります。この牛肉を５０００円分買ったときの重さは何ｇですか。

答　　　　　　　　ｇ

）１辺の長さが４ｃｍの正方形と面積が等しくて，底辺の長さが５ｃｍの三角形があります。
この底辺に対する三角形の高さを求めなさい。

答　　　　　　　　ｃｍ

）次の斜線をつけた部分の面積を求めなさい。

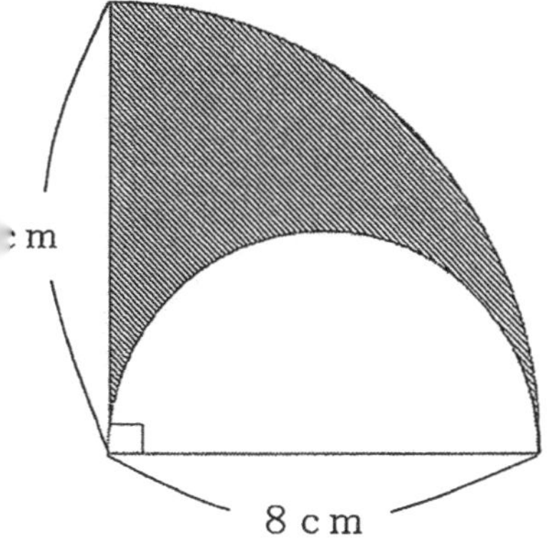

答　　　　　　　　ｃｍ^2

問五　――線部5「ああ、そ、そうだな」とありますが、この言葉には僕のどのような気持ちが表れていますか。答えなさい。

問六　□に当てはまる体の一部を表す語をひらがなで答えなさい。

問七　――線部6「僕はなんだか申し訳ない気持ちになった」とありますが、なぜこのような気持ちになったのですか。六十字以内で答えなさい。

【三】 次の文章を読んで、後の問いに答えなさい。

五月の中間テストが終了してから、土曜日のたびに、僕たち市野中学陸上部は学校外へ走りに出向くようになった。競技場を借りてタイムを計る合同記録会や、他の学校との練習会に参加するためだ。このあたりは山に囲まれた田舎で、どこの学校も生徒数が少ない。どの部活も、いくつかの中学校が合同で練習をすることが多かった。

他の学校の先生が集まると、上原先生の頼りなさは一層はっきりした。他校の※1顧問の先生は自分自身も陸上をやっていた人が多く、みんな満田先生並みに威厳がある。そんな中で、上原先生はいつもおろおろして情けない顔をしていた。

「1何だか気の毒だな」

今年度に入って、二度目の合同記録会。僕はスタート地点から上原先生を見やった。上原先生は周回をカウントする担当になったらしく、何度も近くの先生に手順を確認していた。

「何が？」

桝井が僕のほうに振り向いた。

「いや、上原先生…。無理やり顧問にさせられて、なんか、慣れないことばかりで」

「仕事なんだから当然だろ」

「そ、そうだけど」

「誰だってやりたいことだけしてるわけじゃないじゃん。おれらだって、やりたくもないのにやらなきゃいけないことだらけだ」

桝井の言うとおりだ。でも、僕には合同練習会や記録会に来るたびに、上原先生が無意識に時計を何度も見る気持ちがわかってしまう。苦痛な時間ほど長く感じるのだ。どこにいていいのか、何をしていいのかわからず、場違いさにうろたえている。小学校の時、僕はいつだって一日が長くてしかたがなかった。

問一 [Ⅰ]～[Ⅲ] に当てはまる言葉を次のア～エの中から選び、それぞれ記号で答えなさい。

ア だから　イ さて　ウ ところが　エ たとえ

問二 ――線部1「そんなわけで、私は小さいころから、とにかく何にでも触らせられた」とありますが、その理由がわかる部分を本文中から三十五字でぬき出し、初めと終わりの五字を答えなさい。

問三 ――線部2「樹木に触れるとき、私はほとんど本能的にこの姿勢をとってしまう」について、次の各問いに答えなさい。

①「このような姿勢」とは、どのような姿勢ですか。答えなさい。

②なぜ「このような姿勢」をとってしまうのですか。本文中の言葉を用いて説明しなさい。

問四 ――線部3「不思議なことは、その瞬間に起こった」とありますが、「不思議なこと」とはどのようなことですか。答えなさい。

問五 ――線部4「それ」が指すものを十五字以内で答えなさい。

問六 ――線部5「その後、私は少しでも大きな木に出会うと、できるだけその木に体を預けるように心がけてみた」とありますが、筆者がそのようにする中で気づいたことが三つあります。[　　] の段落の中からそれぞれ本文中の言葉を用いて答えなさい。

問七 ――線部6「触れるということ」とありますが、「触れるということ」について筆者はどのように考えていますか。同じ段落の言葉を用いて六十字以内で説明しなさい。

【一】 次の――線部の、カタカナは漢字に、漢字はひらがなに直して書きなさい。

① タスウケツをとる。　② 高いモクヒョウを立てる。　③ 学級委員をツトめる。

④ アメリカ大陸をオウダンする。　⑤ ふすまをヤブる。

⑥ 風の便り。　⑦ 学校の屋上。　⑧ 細部にこだわる。

⑨ 集団を束ねる。　⑩ 修学旅行に行った。

【二】 次の文章を読んで、後の問いに答えなさい。

目が見えないと、とにかく何でも触ってみなければ分からない。だから勢い、触ってもみたいし、触れないとどんなに丁寧に説明してもらっても安心して「分かった」と思えない。実際、博物館の展示物や神社仏閣の建築、宝物なども、差し支えない範囲でなら触らせていただきたいと思う。人の言葉で色彩や色の説明を聞くよりも、［Ⅰ］それらの細かな様子が分からなくても、私には実物の感触を指で確かめたほうがずっと※1リアルでよく分かった感じがするからだ。

[1]そんなわけで、私は小さいころから、とにかく何にでも触らせられた。カエルもヘビも、人の骨格標本も、魚の心臓も牛の肺も、毒でないものなら何でも触ってみなさい、と大人たちから言われ続けて育った。

だが、いや、だからというべきか、私は触るということを、ある時期まであまり大切に考えていなかったかもしれない。分からないことをちょっとだけ分かるために触る。［Ⅱ］安全で上手に触ってさえいればよい。相手がどんなに立派な※2ご神木でも、どんなに貴重

清心中学校　二〇二三年度　入学試験

一次教科型〔二月一日実施〕

国語

（60分）

［注意］＊答えはすべて解答用紙に記入しなさい。
＊字数が決められているものは、「、」や「。」、記号も一字とします。

受験番号	
名前	

K 教英出版

「このグラウンドで十分十秒切れないのはきついね」

競技場のグラウンドは学校とは違い、一周が４００メートルで記録が出やすい。僕のタイムに桝井が言った。

「5ああ、そ、そうだな」

別に手を抜いているわけじゃないのに、結果が出ない。自分のふがいなさに僕は□を落とした。

「えっと、お疲(つか)れ様」

上原先生は僕たちのそばに走りよってきたものの、特にレースに関する感想は述べなかった。

「な、なんかいまいちでした」

僕が正直(しょうじき)に言うと、上原先生は少し笑って、

「大丈夫(だいじょうぶ)だよ。記録会は再来週(さらいしゅう)もあるんだし。その時またがんばれば」

と言ってくれた。行きたくもない記録会にまた次も参加してくれるんだ。6僕はなんだか申し訳(わけ)ない気持ちになった。

（　瀬尾まいこ　『あと少し、もう少し』　新潮文庫刊より　）

※1　顧問　：　部活動を担当する先生のこと

※2　駅伝　：　長い距離をいくつかの区間に分け、数人でリレーして走る競技

問一　――線部1「何だか気の毒だな」とありますが、なぜそう思ったのですか。答えなさい。

問二　――線部2「さっきの厳しい意見」とは、桝井のどの言葉を指しますか。本文中から十字程度で答えなさい。

問三　――線部3「ああ、わかってる」とありますが、どのようなことが「わかって」いるのですか。本文中の言葉を用いて答えなさい。

言葉を見せることがあった。※2駅伝大会が近づく中で、さすがに焦りや不安を感じているのだろうか。

「3ああ、わかってる」

僕はしっかりとうなずくと、気持ちを高めるためにジャンプをした。授業の長距離走では一度も良い記録が出ていない。そろそろきちんとタイムを出さないといけない。

３０００メートルのレースが始まるピストルの音が鳴って、二十名近くの選手が一斉に飛び出した。まだ五月の段階では走り慣れていない選手も多く、すぐに差が開く。ここで先頭集団を走っている選手が、五ヶ月後の駅伝で１区か６区を走ることになるだろう。僕は桝井の背中を追った。桝井はしょっぱなから飛ばしている。今の時点の練習量では３０００メートルを十分切れば上等なのに、九分前半のペースで走っている。こんなペースに付いていくと、走りきれなくなる。僕は桝井の背中を見るのをやめて、先頭集団から離れないことに専念した。先頭集団は五人。去年の駅伝選手がほとんどだ。僕と同じように３区を走っていた選手もいる。この選手となら同じくらいで走れるはずだ。

４００メートル地点付近を通過すると、先生たちの声が聞こえた。どこの学校の先生も、「ペース上げすぎだ。もう少し落とせ」とか、「力を抜いて腕を振れ」とか、的確なアドバイスを大声で選手に送っている。でも、上原先生がかける声はいつもと同じく「ファイト」と「がんばって」だけだ。僕たちのペースが速いのか遅いのかも、わかっていない。

一定のペースで走っていたはずなのに、半分を過ぎたあたりから、僕は遅れ始めた。動きにキレがないのが自分でもわかる。そして、それに気づいたとたん、先頭集団から離れてしまった。これではだめだ。僕は腕を下ろして肩の力を抜いた。ここから１５００メートル走を走るつもりでやろう。そう切り替えたつもりが、4すぐに第二集団に飲みこまれてしまった。先頭集団との距離は開く一方だ。ペースが崩れ、第二集団と第三集団の境目でもがいているうちに３０００メートルのゴールとなった。

桝井は九分二十二秒で二位、僕は十分十八秒もかかってしまった。

くようなうっとりとした感覚になってくる。天にも昇るようとは、こういう気持ちを言うのかもしれない。数百年も生きるような木は、こういう波動を発しながら※6盈々たる命を燃やしているのだろうか。

5 その後、私は少しでも大きな木に出会うと、できるだけその木に体を預けるように心がけてみた。根拠はないが、木の気を感じるには、心臓を幹に当てるとよいようにも思えてきた。

すると不思議なことに、たとえば同じような大きさのサクラの樹でも、発する気の強さが微妙に違っているように思えてきた。心臓を当てたとき、あの大杉で経験したようなうっとりした感じがある樹とない樹があるのだ。しかも、同じ一本の幹でも、触れると特にうっとりする場所というのがあって、反対側に心臓を当ててもだめらしいのだ。さらに驚いたことには、うっとりした場所の幹には、多くの場合うっすらと苔が生えていたりする。苔が木の気を微妙に感じて、生え易い場所を選んでいるのかも、と言ったらちょっと思い込みが過ぎるだろうが、実に不思議な偶然であった。

もちろん、この話には何の根拠もない。科学的にも、おそらく何も証明されていないのではなかろうか。でも、私の体はそれを経験した。事実ではないかもしれないが、私にとって真実ではあるのだ。

6 触れるということは、必ずしも事実を確かめるための行為だけではないように私は思う。触れることを通して何かに驚きや感動を覚えたら、それはその人にとって真実の驚きである。そして、その驚きを素直に楽しめることは、その人の感性を広げ、より豊かな生き方を可能にしてくれるのではないだろうか。

（三宮麻由子『目を閉じて心開いて』岩波ジュニア新書より）

※1　リアル　…　現実的であること
※2　ご神木　…　神社の境内にあって、その神社とゆかりの深い木
※3　醍醐味　…　本当のおもしろさ、深い味わい
※4　根方　…　木の根もと

けたときだった。神社の片隅に立て札と隣り合わせにそびえるその樹は、幹を伝って歩いても十数歩というような太さで、木肌に触れると杉独特のほんわかした暖かさが満ちていた。

私は何の気なしに幹に両手を回し、抱きつくように体を預けてみた。2樹木に触れるとき、私はほとんど本能的にこの姿勢をとってしまう。こうして触ると、幹の太さが分かるからだ。太さが分かれば木の立派さが分かる。よく目の見える方が、「この木の高さはビルの三階くらい」などと説明してくださる。だが全体像としてはその高さを感触で味わうことのできない私にとって、その説明はあまりぴんとこない気がする。むしろ、幹に抱きつくことで木の立派さが分かったほうが、たとえ高さ何メートルという数字の見当がつけられなくても、その木の素晴らしさには十分触れられるのだ。そして、この九州の大杉も、幹を通じてそのずっしりとした存在感を感じさせてくれたのだった。

3不思議なことは、その瞬間に起こった。いつもなら、私は木の立派さを確かめるとすぐに木から体を離し、何事もなかったかのようにすましかえってしまう。木の※4根方にむやみに近づくと土を踏み固めることになって木に悪い。それに第一、木に抱きついているところなんて、あまり人にみられたくない図である。

Ⅲ その大杉のときは、私は幹から体を離さなかった。離すことができなかったのだ。周りに人がいなかったこともあり、私は木の力に吸い込まれるままに、幹に倒れ込むように頭まで預けていた。もちろん、磁石のような力が私を吸いつけたとか、金縛りのように体が動かなくなったといった、お化けめいた現象が起きたのではない。私は、木の発する※5えも言われぬ何かに包まれたのである。木の気だ、と私は思った。

大木の幹は、木肌に微妙な温もりを秘めていた。4それは、日向で暖められたような直接的な暖かさではない。地中からジワジワと漲ってきて、じっと触れているうちに感じられてくる、フツフツとした暖かさなのだ。そして、そこに体を預けると、何かの波動が全身に充ちて、足元の大地がスウッと柔らかくなって、体が波動の中に浮き上がったような気がしてくるのだ。さらにそのままいると、意識が遠退

清心中学校
２０２３年度入学試験問題

１次教科型
〔１２月１１日実施（じっし）〕

理　　科

（40分）

【注　意】

① 試験開始の合図があるまで，この問題冊子の中を見てはいけません。

② 解答用紙と問題冊子に受験番号と名前を記入しなさい。

③ 解答はすべて解答用紙に記入しなさい。

受験番号		名　前	

（問題は次のページから始まります。）

1

おもりを使って図１―１のようなふりこを作り，ふりこの１往復にかかる時間をはかった。次の問いに答えなさい。

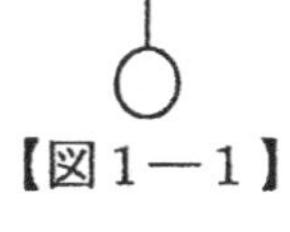

【図１―１】

（１）ふりこの長さとして，正しいものを次の**ア～ウ**から一つ選び，記号で答えなさい。

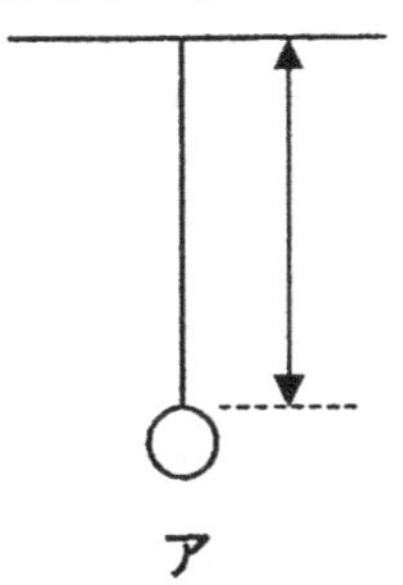

ア

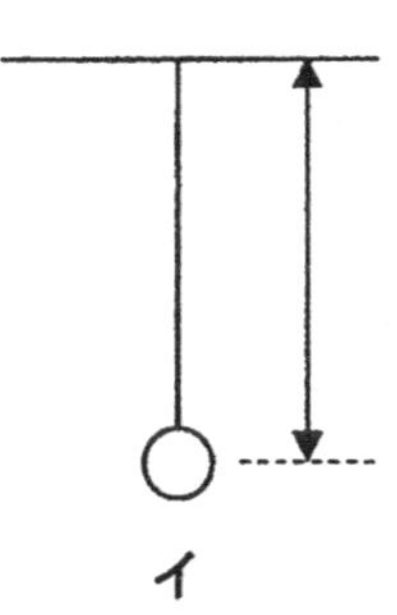

イ

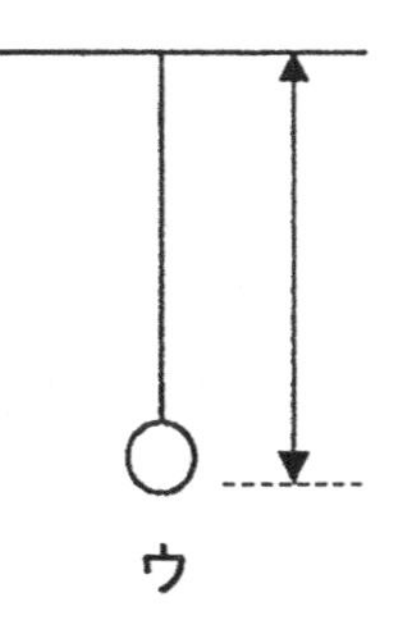

ウ

（２）ふりこの１往復とは，どのように動いたときのことですか。ふりこの１往復の動きを矢印で表したとき，正しいものを次の**ア～ウ**から一つ選び，記号で答えなさい。

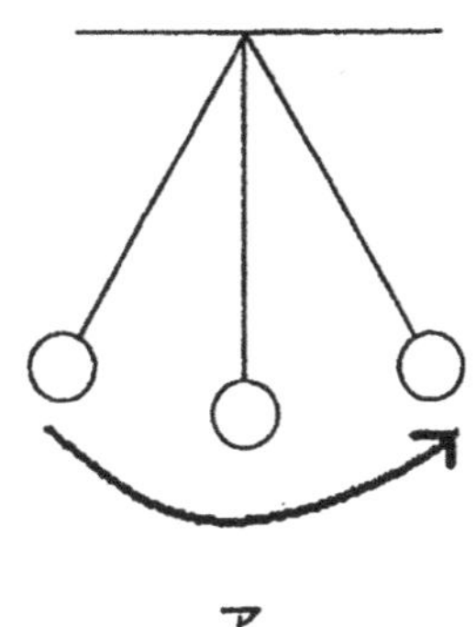

ア

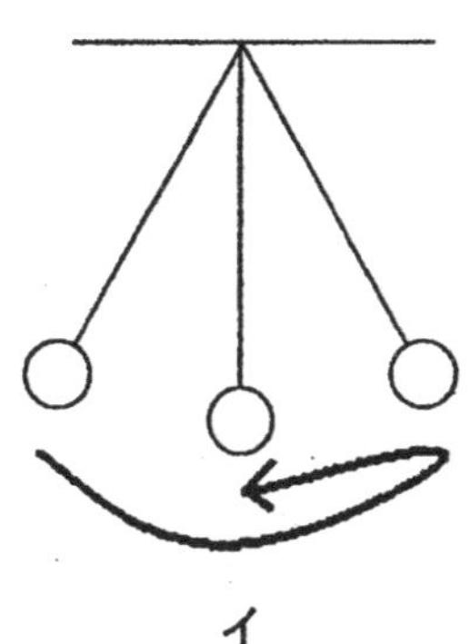

イ

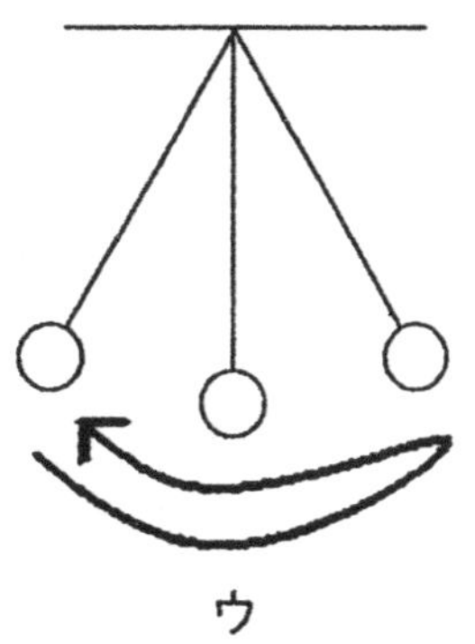

ウ

（３）ふりこが 10 往復する時間を 3 回はかったところ，表１－１のような結果になりました。このとき，ふりこが 1 往復する時間の平均は何秒ですか。小数第２位を四捨五入して答えなさい。

1回目	2回目	3回目
16 秒	17 秒	16 秒

【表１－１】

（４）（３）とは異なるふりこが 1 往復にかかる時間は 1.4 秒でした。このふりこのおもりの重さを２倍にふやしたとき，1 往復に約何秒かかりますか。次のア～エから一つ選び，記号で答えなさい。

ア　0.7 秒　　イ　1.0 秒　　ウ　1.4 秒　　エ　2.8 秒

2 水のじゅんかんについて，次の文を参考にし，以下の問いに答えなさい。

水は（　ア　）によって，固体・液体・気体にすがたを変えます。池や川，海などの水は，太陽の光であたためられ，（　イ　）すると（　ウ　）になり，空気にまざります。空気中の（　ウ　）は，空の高いところまで運ばれると，小さな水や氷のつぶに変わって，雲になります。氷のつぶが大きくなると，やがて（　エ　）になって落ちてきます。①寒い冬の朝は，「きり」が発生することがあります。自然のなかの水は，すがたを変えながら，地上と空との間をめぐっています。

私たちは，（　エ　）として降(ふ)ってきた水や地下水を利用して生活しています。家庭や工場などから排(はい)出される水は，下水処(しょ)理場できれいにしてから，川や海などに流します。しかし，近年，川がきれいになりすぎて栄養不足（貧栄養化）の海になってしまったことが問題になっています。岡山県農林水産総合センター水産研究所では，瀬(せ)戸内海の貧栄養化による「ノリ」の色落ち問題の解決に取り組んでいます。色落ちとは，ノリ本来の色が黄色になる現象です。これは，海水中の栄養塩，主にちっ素の減少によって起こります。色落ちしたノリは価値が低くなり，安く売られます。②現在，研究所では栄養塩管理運転を行っており，基準の範囲内でちっ素を増やして排(はい)水しています。

その他に，岡山県の海ではアマモ場再生活動が行われています。高度経済成長期には，工業排(はい)水，うめ立て，乱かくなどの環(かん)境問題により，魚が激(げき)減，アマモ場が消えていきました。アマモは，水中で育つ植物のため，日光が当たると，水と（　オ　）から養分をつくり，（　カ　）を出します。アマモ場は，カニ類やエビ類などの多くの小動物のすみかだけでなく，ち魚(ぎょ)のかくれ場やイカなどの産卵場にもなるため，「海のゆりかご」と言われています。③多くの魚も生息しており，プランクトンや海藻(そう)の死がいなどを食べるエビ類など小動物を，魚類がえさとして食べています。

（1）文章中の（　ア　）～（　カ　）に当てはまる適切なことばを答えなさい。

（2）下線部①について，「きり」は小さな水のつぶですが，どのように発生したのか，説明しなさい。

（3）下線部②を行うことにより，その地域のノリがどのように変化すると考えられるか，答えなさい。

（4）下線部③のような生物どうしのつながりを何というか答えなさい。

（5）（4）に関して，誤っているものを次のア～エから一つ選び，記号で答えなさい。

ア　陸上や水中ではみられるが，土中ではみられない。

イ　動物は自分で養分をつくることができない。

ウ　実際の自然では，複雑にからみあった，あみのようなつながりになっている。

エ　下線部③の中で養分をつくりだす生き物は海藻(そう)である。

3

空気の出入りのない容器の中に火がついたろうそくを入れると，やがて火は消えてしまいます。そのあと容器に石灰(せっかい)水を入れてふると，気体がとけて白くにごります。この現象に関する次の実験A，Bについての問いに答えなさい。

【実験 A】図３－１のように，ビーカーのようなガラスの容器①～⑤を，火のついた同じ長さのろうそくにかぶせて，火が消えるまでの時間をはかりました。その時間と容器の体積の関係は次の表３－１のようになりました。ただし，容器の中の気体の出入りはないものとします。

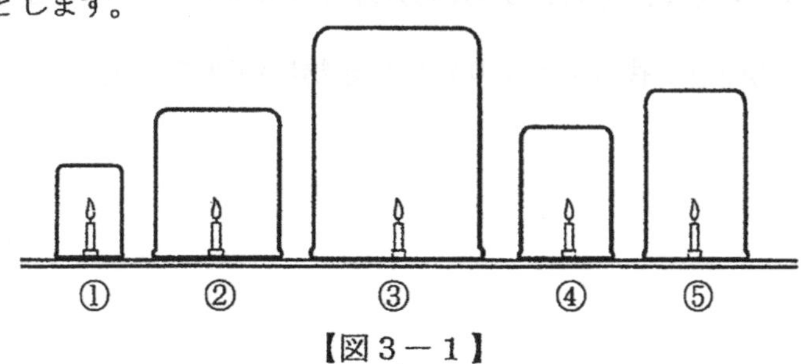

【図３－１】

容器番号	①	②	③	④	⑤
体積［cm^3］	450	1050	1250	650	850
時間［秒］	20	35	40	25	30

【表３－１】

（１）実験結果のグラフをかきなさい。

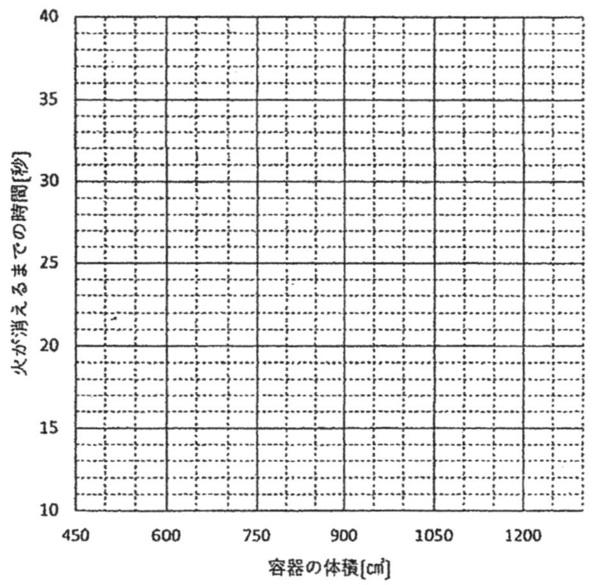

（2）次のア～ウの文章について，この結果から正しいと言えるものは○，まちがっているものは×，どちらともいえないものは△をそれぞれ答えなさい。

ア　容器の体積と消えるまでの時間は反比例している。

イ　細長い容器は火が消えやすい。

ウ　900 cm^3 の空気が入る容器をかぶせると，火が消えるまで 30 秒以上かかる。

（3）底面積が 100 cm^2 で高さが 16.5 cm の直方体の容器をかぶせたとき，火が消えるまでの時間は何秒になりますか。実験結果をもとに求めなさい。

【実験 B】図３－２のように，石灰（せっかい）水の入った水そうに火のついたろうそくを立てて，細長いビーカーを逆（さか）さにかぶせて，ビーカーの中の水面の高さの変化を観察しました。ただし，最初のビーカーの外と中の水面の高さはほぼ同じとします。

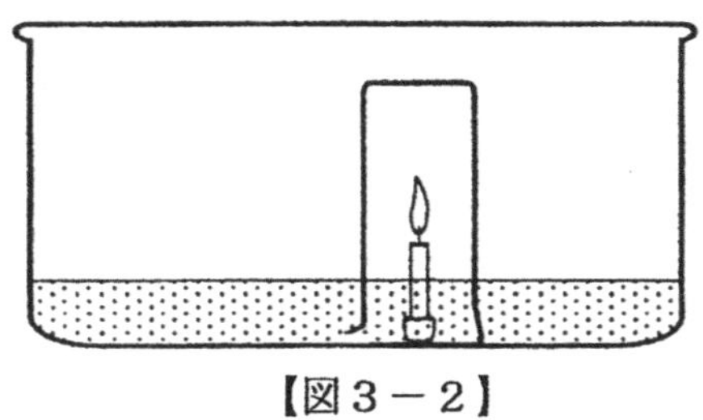

【図３－２】

（4）このときのビーカーの中の水面の高さの変化を説明した次のア～エの文から最も適切なものを選んで記号で答えなさい。ただし，ろうそくの火が水につかることはないものとします。

ア　はじめはあまり変化がなく，火が消えるとどんどん上がってきて，外側の水面より高くなる。

イ　はじめはあまり変化がなく，火が消えるとどんどん下がってきて，外側の水面より低くなる。

ウ　はじめからどんどん上がってきて，火が消えるともとにもどって外側の水面と同じ高さになる。

エ　はじめからどんどん下がってきて，火が消えるともとにもどって外側の水面と同じ高さになる。

4

今年 (2022年) 7月24日に，鹿児島県の桜島が大規模な噴火を起こしました。下の文は，そのことを伝えるニュースの記事です。この記事を参考にして，火山についての問いに答えなさい。

> 今日24日（日）20時50分，桜島の噴火警かいレベルが，レベル3（入山規制）からレベル5（ひ難）に引き上げられました。噴火警かいレベルが設定されてから，桜島でレベル5になるのは初めてです。
>
> 桜島の南岳山頂火口および昭和火口からおおむね 3 km 以内の居住地域（鹿児島市有村町および古里町の一部）では，火山弾と呼ばれるような大きな噴石に厳重な警かい（ひ難等の対応）をしてください。
>
> ■火山活動の状況および予報警報事項
>
> 桜島の南岳山頂火口で，今日24日（日）20時05分にばく発が発生し，弾道をえがいて飛散する大きな噴石が火口から約2.5 km まで達しました。気象庁はこの噴火にともなって，噴火警報を発表しています。桜島の火山活動は非常に活発化しています。南岳山頂火口および昭和火口からおおむね 3 km 以内の居住地域（鹿児島市有村町及び古里町の一部）では，大きな噴石に厳重な警かい（ひ難等の対応）をしてください。

（1） 火山が噴火すると，地下にあるどろどろにとけた岩石が火口から地上に流れ出てきます。この流れ出てきたものを何といいますか。

（2） 火山が噴火すると，火口からは（1）だけではなく火山灰も出てきます。火山灰をけんび鏡で観察しスケッチしたものは，次の図4－1の A，B のどちらと考えられますか。記号で答えなさい。

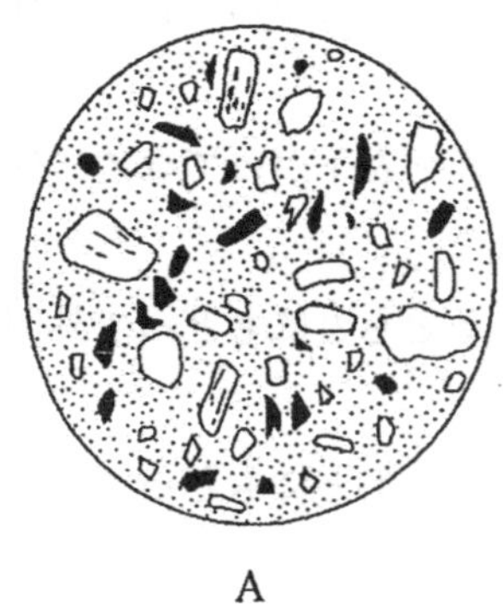
A

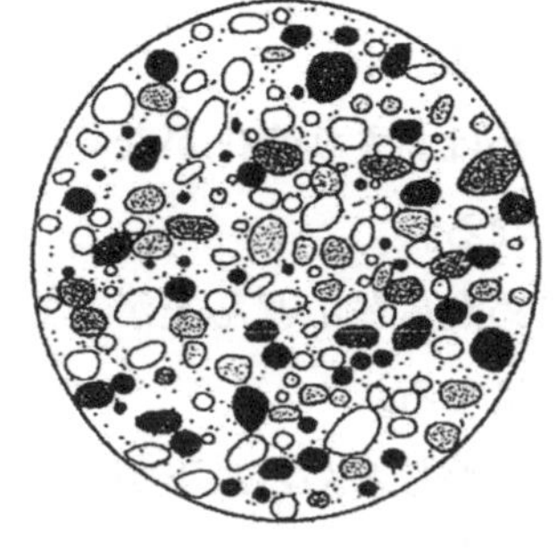
B

【図4－1】

（３）図４－２は，桜島付近の地図です。厳重な警かいが必要な有村溶岩展望所がある有村町や古里温泉郷がある古里町に火山灰が大量に降る危険性があるのは，どの風向きの時ですか。次のア～エから一つ選び記号で答えなさい。ただし，地図は上が北とします。

ア　北よりの風
イ　東よりの風
ウ　南よりの風
エ　西よりの風

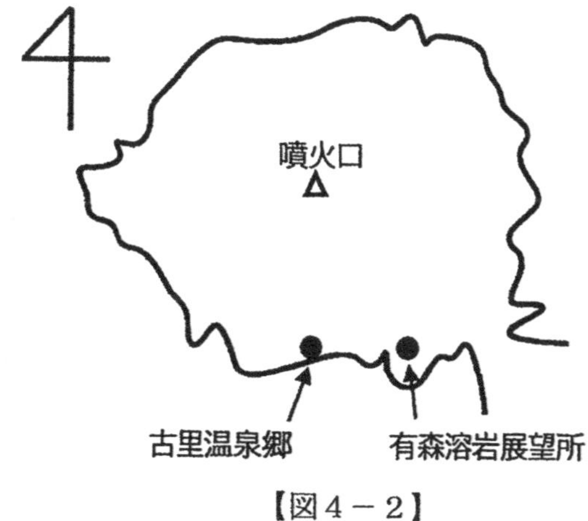

【図４－２】

（４）自分が住んでいる地域に「噴火警かいレベル５」が発令されたとしたら，あなたはどのような行動をするべきだと思いますか。文章で答えなさい。

（５）火山は，災害だけではなく恵みもあたえてくれます。次のア～エのうち，火山の恵みではないものを一つ選び，記号で答えなさい。

ア　温泉
イ　火山灰の土地での野菜さいばい
ウ　地熱発電
エ　火山灰による地球寒冷化

5

図5－1はヒトの内臓の一部を模式図として表したものです。次の各問いに答えなさい。

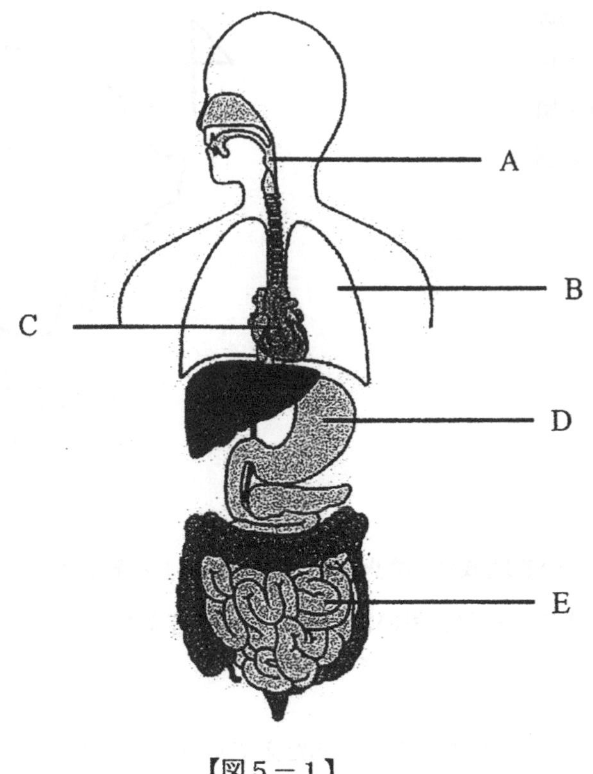

【図5－1】

（1）図5－1のA～Eのうち，ふつう，口から食べた物が通らない場所はどこですか。すべて選び，記号で答えなさい。

（2）食べ物について，口の中の歯とだ液のはたらきについて述べた次の各文のうち，もっともふさわしいものを**ア～エ**から選び，記号で答えなさい。

ア　歯で食べ物をかみくだいて，食べ物を小さくし，だ液は食べ物をとかしている。
イ　歯で食べ物をよくかきまぜて，だ液は食べ物をとかしている。
ウ　歯で食べ物をかみくだいて，食べ物を小さくし，だ液は食べ物を消化されやすい物質に変えている。
エ　歯で食べ物をよくかきまぜて，だ液は食べ物を消化されやすい物質に変えている。

（3）口からこう門までの食べ物の通り道のことを何といいますか。漢字で答えなさい。

（4）図５―２は，（３）にふくまれるある内臓についてかかれたものです。
この内臓は何と呼ばれますか。

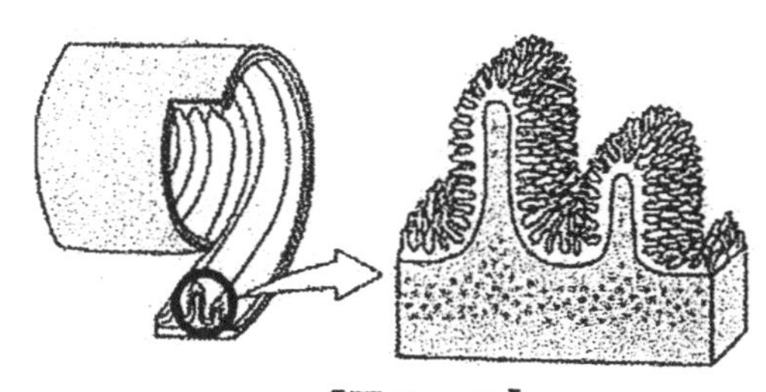

【図５－２】

（5）こう門から出ていく「便」について述べた次の各文のうち，正しいものを**ア〜エ**から　一つ選び，記号で答えなさい。

ア　食べ物として口から取り入れたもののうち，胃で吸収されず残ったものは，小腸でさらに水分を吸収されて，便として体外に出される。

イ　食べ物として口から取り入れたもののうち，胃で吸収されず残ったものは，大腸でさらに水分を吸収されて，便として体外に出される。

ウ　食べ物として口から取り入れたもののうち，小腸で吸収されず残ったものは，大腸でさらに水分を吸収されて，便として体外に出される。

エ　食べ物として口から取り入れたもののうち，胃と小腸で吸収されずに残ったものは，大腸でさらに水分を吸収されて，便として体外に出される。

（6）図５―３はウサギの（３）を模式図として表したものです。かん臓はどれですか。図５―３の**ア〜オ**から選び，記号で答えなさい。

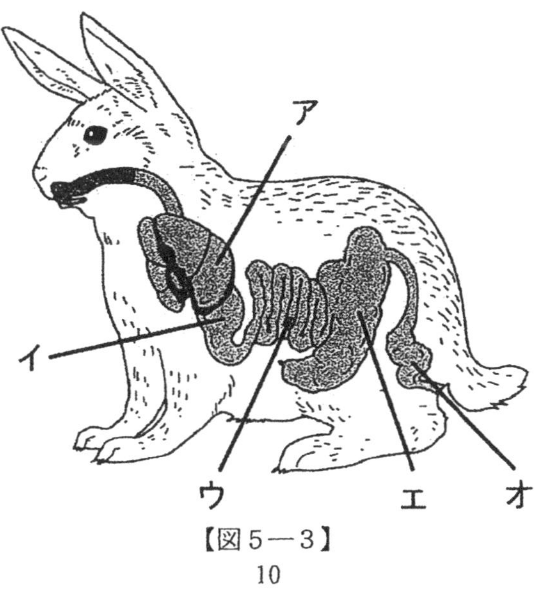

【図５―３】

（問題はここまでです。ここからは白紙のページです。）

清心中学校
２０２３年度入学試験問題

１次教科型
〔１２月１１日実施〕

社　　会

（40分）

【 注 意 】

①試験開始の合図があるまで、この問題冊子の中を見てはいけません。

②解答用紙と問題冊子に受験番号と名前を記入しなさい。

③解答はすべて解答用紙に記入しなさい。

受験番号		名　　前	

1　次の文章A・Bは、それぞれ九州地方と近畿地方にある2つの県について述べたものです。これを読んで、あとの問いに答えなさい。

A　大分県には火山が多く分布しており、そのため（　1　）発電がさかんです。また、①火山が多い自然環境であるため、（　2　）もたくさんあり、国内外から多くの観光客がやってきます。別府湾に面した大分市は大分県の県庁所在地で、製鉄・製油をはじめ各種工業が発達しています。中国・四国・九州地方にかこまれた海に突出する国東（くにさき）半島では、空港近くにIC工場が進出しています。

B　兵庫県では、日本海に面した北部に対して、瀬戸内海に面した南部の経済発展が著しいです。この県と接している大阪府や岡山県とは新幹線や高速道路で結ばれています。山陽新幹線の停車駅がある主な都市は、西から順に、世界遺産の（　3　）城がある（　3　）市、②日本標準時子午線が通る明石市、国際的な貿易港をもつ県庁所在地である（　4　）市などです。瀬戸内海にある淡路島も兵庫県で、花の栽培や観光業が盛んです。

問1　文中の空らん（1）～（4）にあてはまる語句を答えなさい。

問2　下線部①について、大分県における自然災害に関する次の問いに答えなさい。

自然災害に備えて事前に避難するときの経路や危険な場所が書いてある地図を「ハザードマップ」と呼びます。大分県別府市に暮らす人たちが自分の町のハザードマップを作成する場合、どのような自然災害を想定すればよいでしょうか。以下の**資料1・2**から想定される自然災害を次の語群から1つ選びなさい。

［語群］　　山火事　　噴火　　季節風　　大雪

資料1

資料2

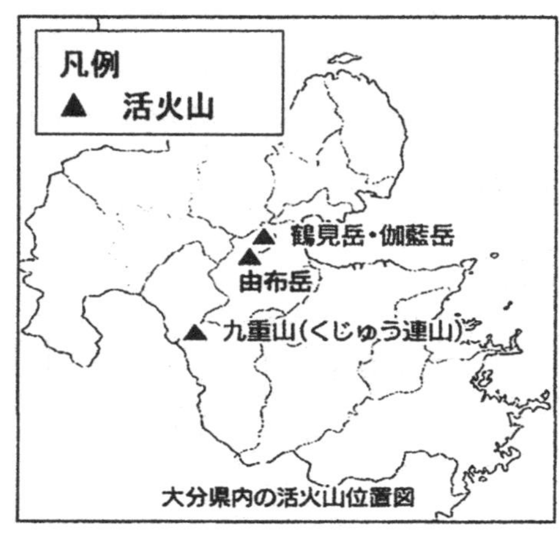

問３　自然災害の被災地支援で活躍する災害ボランティア団体に関する次の文ａ・ｂを読み、その内容の正誤の組み合わせとして正しいものを、次のア～エから１つ選び、記号で答えなさい。

ａ　被災地でのボランティア活動は危険をともなうので、ボランティア団体が行えることは避難所での食事づくりに限られている。

ｂ　災害が起きた時に市民が自主的に助け合うボランティア組織が存在する地域もある。市役所や消防団と協力して防災訓練や災害救助活動に取り組んでいる。

ア　ａ・ｂのどちらも正しい　　イ　ａのみ正しい

ウ　ｂのみ正しい　　エ　ａ・ｂのどちらも誤っている

問４　下線部②について、兵庫県には日本標準時子午線が通る明石市がありますが、以下の**地図１**を見ると兵庫県以外にも複数の府県をまたいでいることが分かります。日本標準時子午線が通過する府県を下のア～エから１つ選び、記号で答えなさい。

地図１

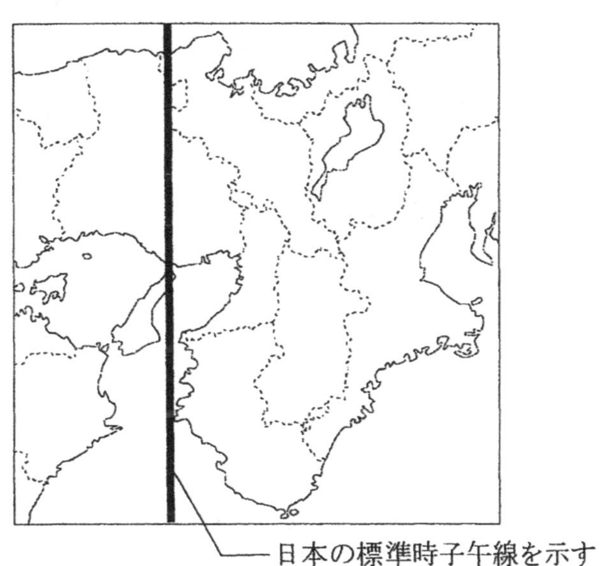

ア　岡山県　　イ　滋賀県　　ウ　京都府　　エ　奈良県

2 社会科の授業で「日本の地理」について地方ごとにまとめたカードを作成しました。このカードの内容を読んで、あとの問いに答えなさい。

東北地方	東海地方	四国地方
【気候】 ①夏には冷害、冬は雪が多い 【産業】 ・②日本海側では米作りがさかん ・太平洋側には水揚げ量の多い③漁港がある	【気候】 夏は蒸し暑く、冬は乾燥する 【産業】 ・自動車産業がさかんで、④世界との貿易の拠点	【気候】 瀬戸内は少雨、太平洋側は多雨 【産業】 高知県では⑤温暖な気候を利用した農業がおこなわれる

問１ 東北地方では、下線部①にまけない強い稲をつくる研究がさかんに行われてきました。同じ種類の作物の性質を変化させて、目的に合わせた新しい性質を作り出すことをなんといいますか。

問２ 下線部②について、山形県の庄内町と宮城県の仙台市に関する**資料１・２・３**にもとづいて、米作りがさかんである理由を考察した文章の空らん（A）～（D）にあてはまる語句の組み合わせとして正しいものを、次のア～エから１つ選び、記号で答えなさい。

資料１ 庄内町と仙台市の位置

資料２ 月別日照時間

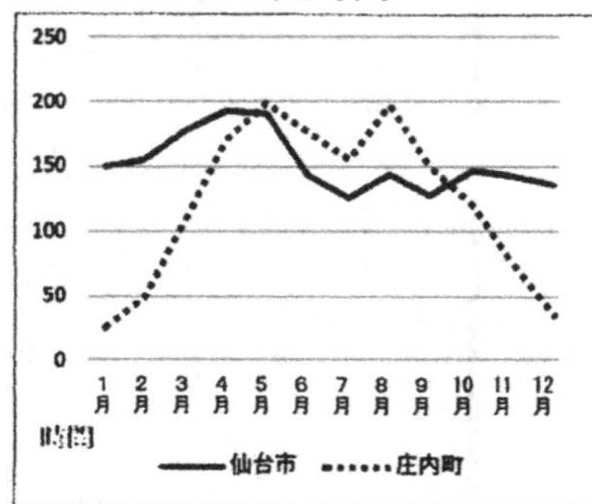

資料３ 月別平均気温

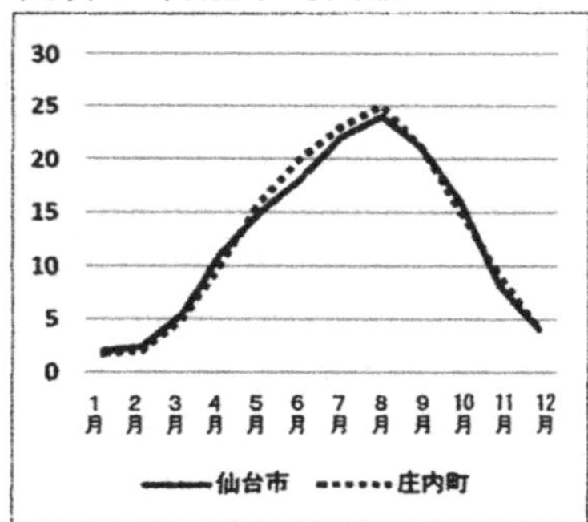

庄内町は仙台市と比べて夏の日照時間が（　A　）、稲に日光が充分にあたる。また、（　B　）からの季節風が山地をこえ、（　C　）空気になって吹いてくる。このため、庄内町は仙台市と比べて気温が（　D　）なる。これらの気象の特徴が、夏に稲をよく育てることに適している。

ア　A　長く　B　日本海側　C　高温で乾いた　D　高く
イ　A　長く　B　太平洋側　C　高温で乾いた　D　高く
ウ　A　短く　B　日本海側　C　低温で湿った　D　低く
エ　A　短く　B　太平洋側　C　低温で湿った　D　低く

問３　下線部③について、**資料４**は日本の漁業別漁かく量の移り変わりを示しています。この資料からは、「日本の漁かく量が全体的に減少している」という事実が読み取れます。このことに関係するデータとして最も適当なものを、次のア～エから１つ選び、選んだ理由を説明しなさい。

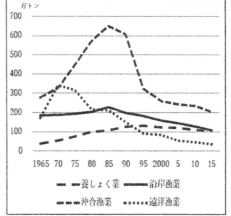

資料４　漁業別漁かく量の移り変わり

万トン
700
600
500
400
300
200
100
0
1965 70 75 80 85 90 95 2000 5 10 15
養しょく業　沿岸漁業
沖合漁業　遠洋漁業

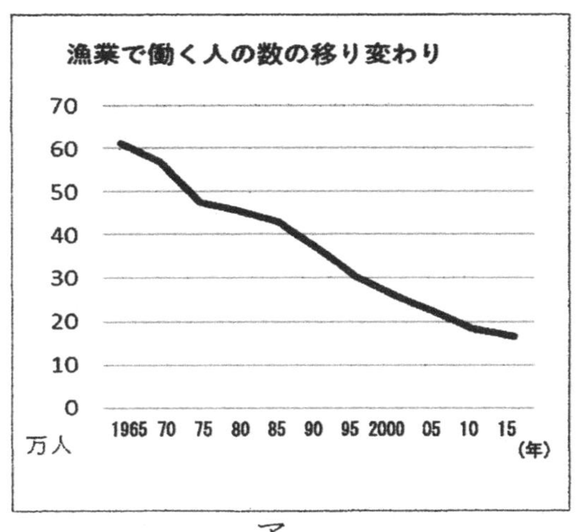

ア

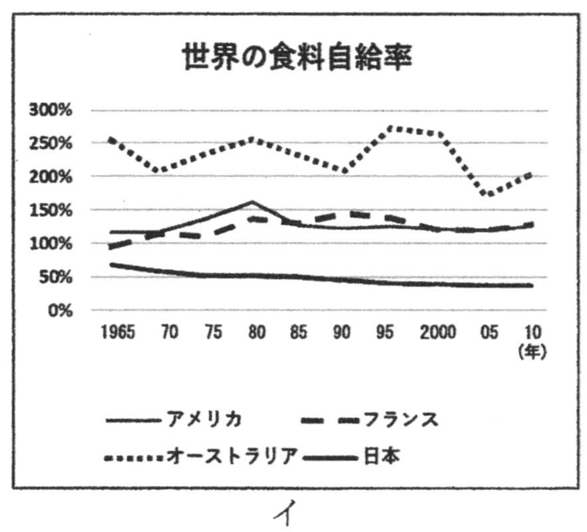

イ

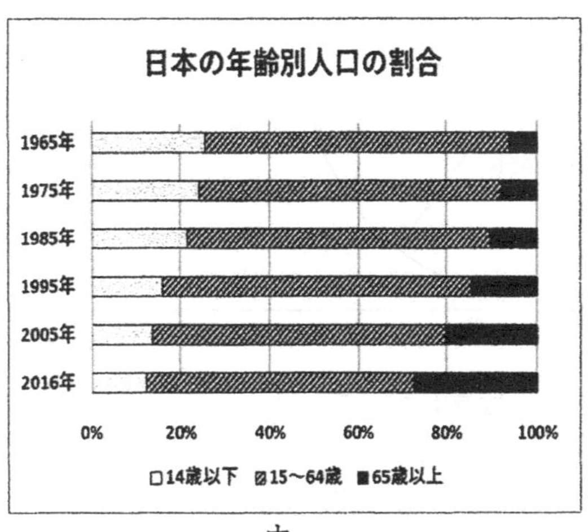

ウ

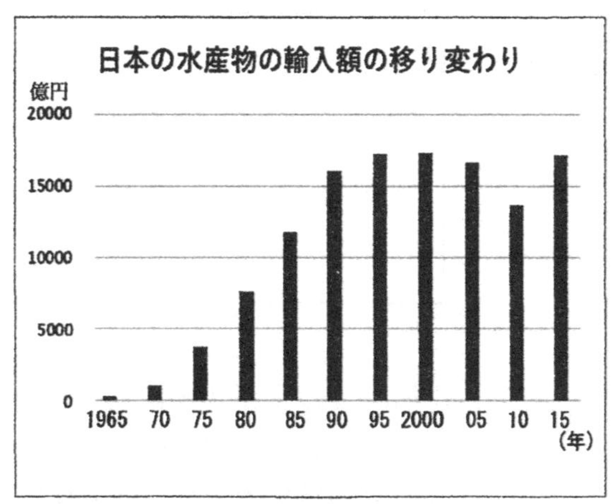

エ

問４　下線部④について、次の(1)・(2)に答えなさい。

(1)　**資料５・６・７**を見て、石油に関して述べた文として**誤っているもの**を、次のア～エから１つ選び、記号で答えなさい。

資料５　日本のおもな貿易相手国と輸出入額(2021 年)

相手国	輸出額(億円)	輸入額(億円)
中国	179,843	203,818
アメリカ合衆国	148,315	89,156
韓国	57,695	35,212
サウジアラビア	4,889	30,193
アラブ首長国連邦	7,716	29,779
インドネシア	14,654	21,569
マレーシア	17,136	21,663
ドイツ	22,790	26,029
カタール	1,011	12,769
………	………	………
合計	830,914	848,750

資料６　日本のおもな輸入品(2021 年)

輸入品	(億円)
石油	90,692
液化ガス類	50,107
衣類	11,113
石炭	29,271
医薬品	42,084
機械類	245,735
鉄鉱石	19,586
………	………
合計	848,750

資料７　石油の輸入先(2021 年)

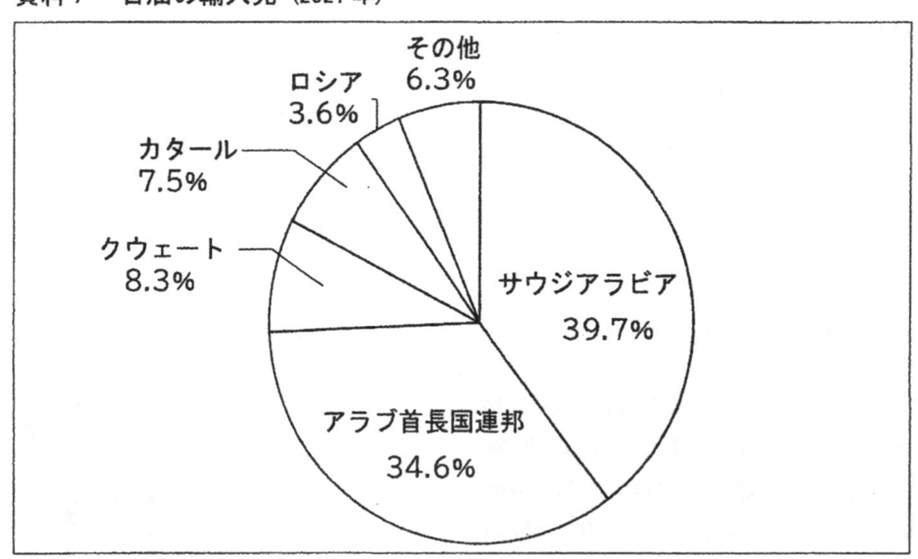

ア　日本は、西アジアの国に 70%以上の石油を依存(いぞん)している。

イ　日本の石油輸入額は、輸入額合計の 10%以上を占(し)めている。

ウ　日本は、石油の輸入先の国に対して、輸入額より輸出額が上回っている。

エ　日本の石油輸入額は、液化ガス類と石炭の輸入額の合計より多い。

清心中学校　二〇二三年度　入学試験（一次教科型）

国語（解答用紙）

受験番号

名前

［注意］※印のところは何も書かないこと。
字数が決められているものは、「、」や「。」、記号も一字とします。

※

※100点満点
（配点非公表）

一

①

②

③ める

④

⑤ る

⑥ り

⑦

⑧

⑨ ねる

⑩

二

問一 Ⅰ Ⅱ Ⅲ

問二 〜

問三 ① ②

問四

問五

問六

※

二〇二三年度 入学試験（一次選考）

国語（解答用紙）

受験番号

問一	問二	問三		問四	問五	問六
		①	②			

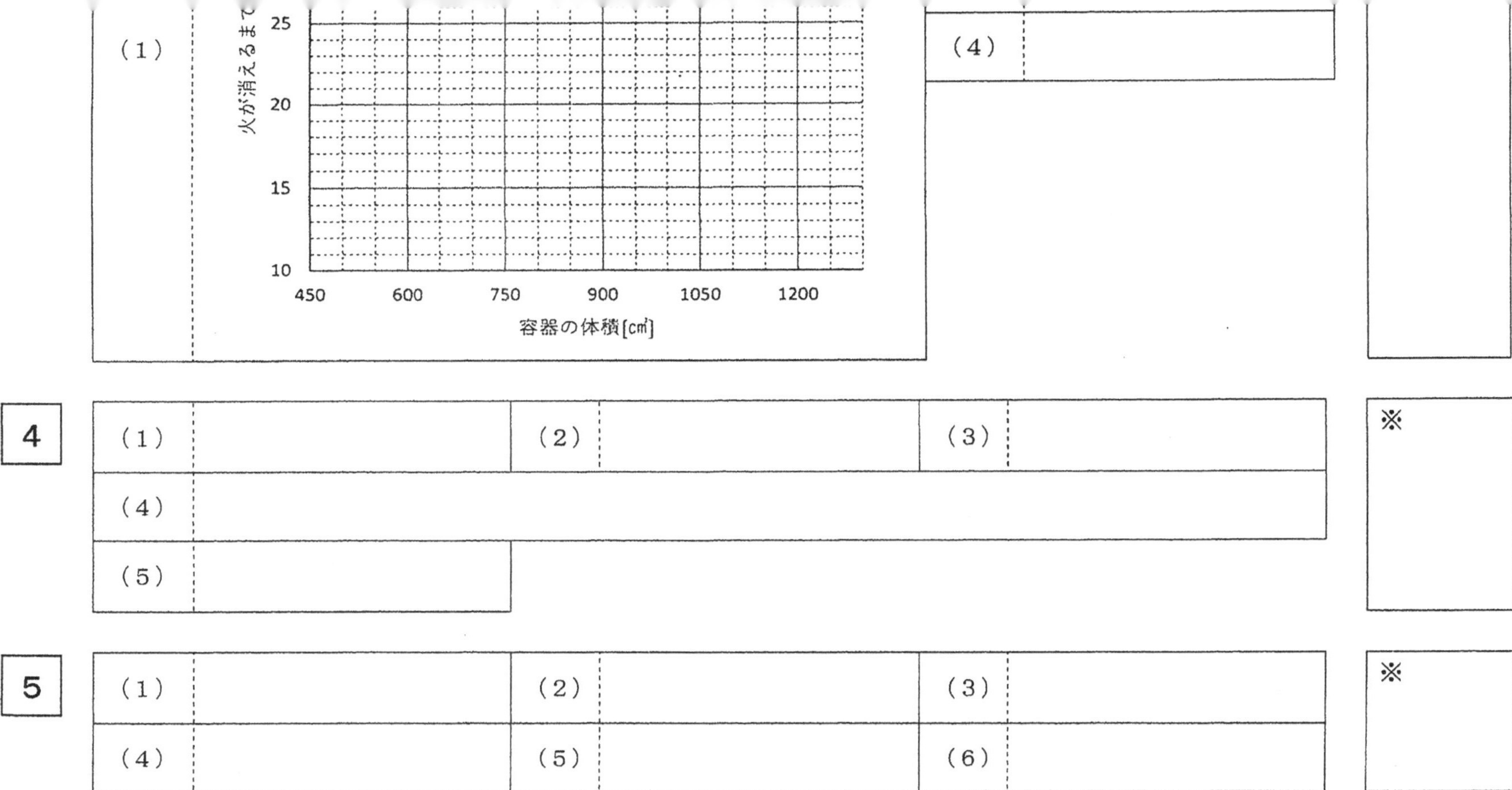
(1)
火が消えるまで
25
20
15
10
450
600
750
900
1050
1200
容器の体積[㎤]
(4)
4
(1)
(2)
(3)
(4)
(5)
※
5
(1)
(2)
(3)
(4)
(5)
(6)
※

問4	氏	問5		問6		問7	

※

4

問1	(1)	(2)	問2		問3	
問4		問5				
問6						

※

検査用紙は，表紙(この用紙)をのぞいて，3枚あります。指示があるまで，中の検査用紙を見てはいけません。

・「始め」の合図があってから，検査用紙の枚数を確かめ，３枚とも指定された場所に受験番号を記入しましょう。

・　検査用紙の枚数が足りなかったり，やぶれていたり，印刷のわるいところがあったりした場合は，手をあげて先生に知らせましょう。

・　検査用紙の［※　　　］には，何もかいてはいけません。

・　この検査の時間は，４５分間です。

・　表紙(この用紙)と検査用紙は，持ち帰ってはいけません。

・　表紙(この用紙)の裏(うら)を，計算用紙として使用してもよろしい。

ように，６個組み合わせた図形を円の中にぴったりとかきました。そしてその周りに，同じ大きさの円を半分にした形の直線部分をぴったりつけて重ならないように，６個組み合わせた図形をかきました。この結果，２人がかいた図形は図２のようになりました。図の色をつけた部分の周りの長さの合計を答えましょう。また，どのようにして求めたのかも説明しましょう。ただし，円周率は 3.14 として答えましょう。

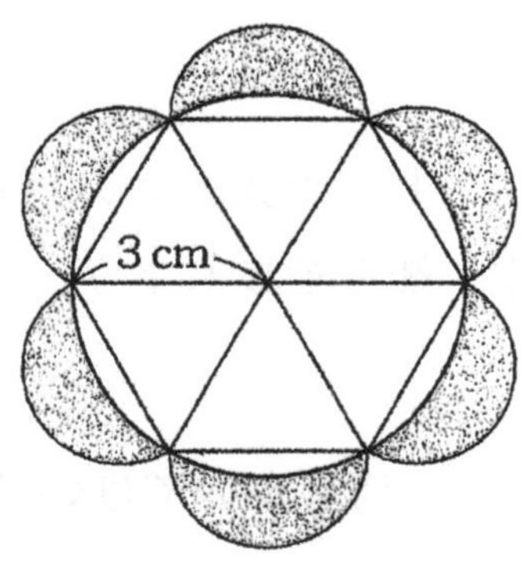

図２

説明

cm

百合子：貯金箱のお金を使って，おかしを買わない？
蘭　子：いいね。500 円のおかしを買おうと思うけれど，500 円玉はできれば使いたくないな。

※

（3）　蘭子さんの貯金箱の中身は表２の通りです。支払（しはら）ったあとに貯金箱に残った硬貨全体の枚数ができるだけ少なくなるように500円を支払うときの硬貨の組み合わせを答えましょう。また，どのようにして求めたのかも説明しましょう。ただし，一度にお店で支払うことができるのは，同じ種類の硬貨は 20 枚までとします。また，使わない硬貨がある場合は，解答欄（らん）に０とかくものとします。

表２　蘭子さんの貯金箱の中身

硬貨の種類	枚数（枚）	硬貨の種類	枚数（枚）
1 円玉	19	50 円玉	4
5 円玉	16	100 円玉	13
10 円玉	35	500 円玉	2

説明

1 円玉　　枚	5 円玉　　枚	10 円玉　　枚	50 円玉　　枚	100 円玉　　枚	500 円玉　　枚

こころさんはさらに，集めた空きかんの形について不思議に思いました。かんコーヒーの空きかんは右図Ａのように，三角形のでこぼこした表面をしているものが多く，オレンジやリンゴのかんジュースの空きかんは右図Ｂのように，つるつるした表面をしているものが多いことに，こころさんは気がつきました。

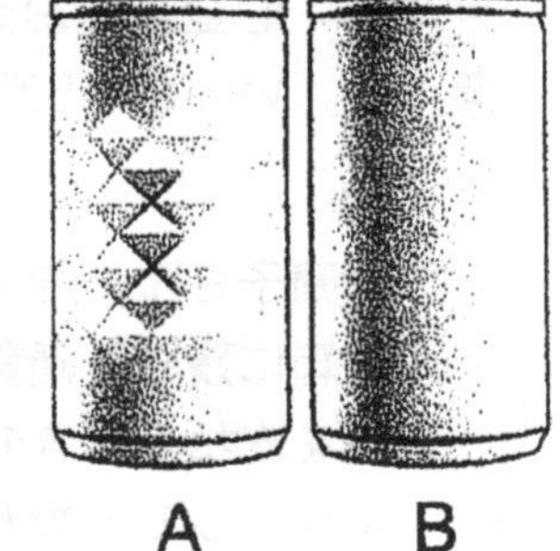

そこでお父さんにこの形のちがいについて質問したところ，お父さんは「コーヒーは他のジュースとちがって，熱い状態でかんにつめたりするから，しょうげきに強くするためにでこぼこした表面をしているんだ。このような形のかんをダイヤカットかんというんだ」と教えてくれました。

※

（３）　下線部について，どうして熱い状態でかんにつめるかんコーヒーは，よりしょうげきに強い加工をする必要があるのですか。考えて説明しなさい。

二〇二三年度

清心中学校　適性検査Ⅱ

【注意】

・この検査は、文章や資料を読んで、太字で書かれた課題に対して、答えやあなたの考えなどを書く検査です。課題ごとに、それぞれ指定された場所に書きましょう。

・検査用紙は、表紙（この用紙）をのぞいて、三枚あります。指示があるまで、下の検査用紙を見てはいけません。

・「始め」の合図があってから、検査用紙の枚数を確かめ、三枚とも指定された場所に受験番号を記入しましょう。

・検査用紙の枚数が足りなかったり、やぶれていたり、印刷のわるいところがあったりした場合は、手をあげて先生に知らせましょう。

・検査用紙の ※ には、何も書いてはいけません。

・この検査の時間は、四十五分間です。

・表紙（この用紙）と検査用紙は、持ち帰ってはいけません。

られていったということを述べています。二〇世紀の半ばからは、その役割をおもにテレビが担うようになりました。子どもから大人まで、全国で同じニュースを同時に見るということが起こり、そこから世論[*8]の形成が始まる。

ところが現在の若い世代のようにスマホだけが情報源になると、自分が好きなタイミングで興味のある話だけを限定して受けとる。まるで単一指向性[*9]のマイクのように、あらかじめ限られた狭い範囲でしか情報を得ようとしない。そこに意見の偏りやフェイク[*10]が生まれるわけです。

（藤原智美『スマホ断食　コロナ禍のネットの功罪』から）

＊1　網羅…全てを集めて取り入れること。　＊2　メディア…情報伝達の仲立ちとなるもの。あとの「媒体」も同じ。
＊3　既存…以前から存在していること。
＊4　SNS…ソーシャル・ネットワーキング・サービスの略。インターネットを通して交流できる場を提供するサービス。
＊5　次元…物事を行ったり考えたりするときのレベル。　＊6　依存…他の人や物にたよって生活や存在が成り立っていること。
＊7　ユーザー…利用者。　＊8　世論…世間の人々がもっている考え。
＊9　単一指向性のマイク…一定方向の音だけを拾うマイク。
＊10　フェイク…にせもの。うそ。

1※	2※

(1) ══a「発展」、b「拡大」、c「直接」、d「重要」とありますが、次の解答らんにそれぞれ漢字一字を当てはめて、══a、dは似た意味の熟語を、══b、cは反対の意味の熟語を作りましょう。

a 発展	b 拡大	c 直接	d 重要
□歩	縮□	□接	大□

※

(2) ──ア「『のみこまれようとしている』というのが正確でしょう」とありますが、これはどのような状況であると言おうとしているのですか。「～状況。」で終わるように三十五字以内で書きましょう。（、や。や「」なども一字に数えます。）

※

35字

受験番号

(3) ――イ「ネット」とありますが、テレビとはちがうインターネットの利点を、次のようにまとめました。［A］、［B］に当てはまる言葉を、それぞれ文中の言葉を用いて書きましょう。

・インターネットにはテレビとはちがって、一方通行ではなく人が［A］ことに加えて、テレビよりも言葉の［B］ことや、映像表現を取りこむことができるという利点がある。

A	
B	

※

(4) ［X］の中には、どのような言葉を書き入れるのがよいですか。本文の中で、［X］の前とあとに書かれていることから判断して、適当だと思われる言葉を考えて書きましょう。

※

(5) ――ウ「テレビに代わって何を見ているかというと、いうまでもなくスマホです」とありますが、多くの人がスマホを見るようになったことで、どのような変化が起きたと筆者は述べていますか。「テレビのように全国民が～ようになったという変化。」という形に合わせて、「世論」「タイミング」「フェイク」という言葉を用いて、八十字以内でまとめて書きましょう。（、や。や「」なども一字に数えます。）

テレビのように全国民が

先生：そうですね。東北地方などの例を見てみるとよいと思いますよ。

② 東北各県で工業出荷額が増加した理由を，資料４を参考にして書きましょう。

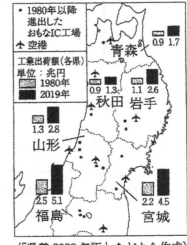

の立地と工業出荷額の推移

・1980年以降進出したおもなIC工場
✈ 空港

工業出荷額（各県）
単位：兆円
1980年
2019年

青森 0.9 1.7
秋田 0.9 1.3
岩手 1.1 2.6
山形 1.3 2.8
宮城 2.2 4.5
福島 2.5 5.1

（「県勢 2022 年版」などから作成）

悠花：身近な輸送といえばインターネット通販ですが，何か問題はないのでしょうか。

先生：宅配業者の人は，大変苦労している点があるようですね。

※

（３） 宅配業者は，配達先に宅配ボックスを設置することや，玄関先に荷物を置く「置き配」をすすめています。その理由を，資料５，資料６からわかることをもとにして書きましょう。なお，宅配業者は，資料６の業種では運輸業・郵便業にあたります。

資料５ 宅配便の取り扱い量と再配達率の推移

資料６ 業種別残業*時間（1か月あたり）（2016 年度）

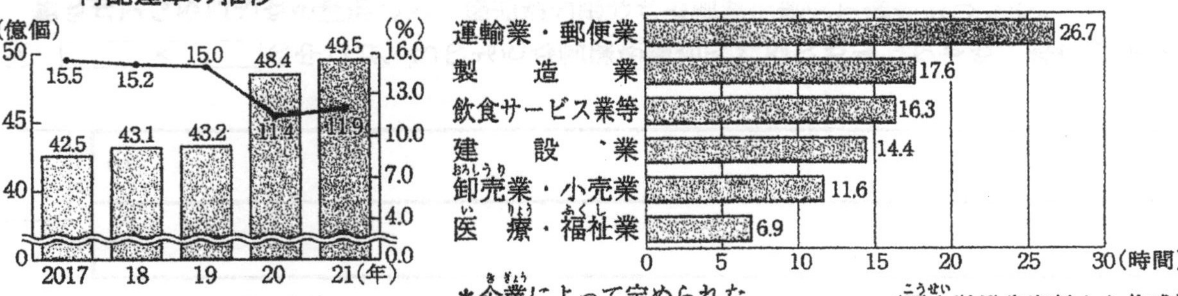

（国土交通省資料から作成）

＊企業によって定められた時間を超えた労働。

（厚生労働省資料から作成）

受験番号	

3※

課題3　悠花（ゆうか）さんと香奈（かな）さんは，日本の運輸・輸送について，先生を交えて話し合いました。あとの(1)～(3)に答えましょう。

先生：移動する手段には鉄道，航空機，自動車などがありますね。自動車を使う利点は何でしょう。

悠花：鉄道や航空機よりも行ける場所が多いと思います。それに，鉄道などよりも便利な気がします。

資料1　乗用車の100世帯あたり保有台数（2020年）

	都道府県	台数
1位	福井県	172.2
2位	富山県	166.7
3位	山形県	166.3
4位	群馬県	161.1
5位	栃木県	159.1
43位	兵庫県	90.6
44位	京都府	82.0
45位	神奈川県	69.3
46位	大阪府	63.9
47位	東京都	42.9

（「県勢 2022年版」から作成）

資料2　鉄道旅客輸送人数の変化（百万人）

	1980年	2019年
福井県	26	16
富山県	61	41
山形県	27	14
群馬県	57	52
栃木県	68	65
兵庫県	933	1101
京都府	366	593
神奈川県	1777	2934
大阪府	2970	2976
東京都	6752	10491

（「県勢 2022年版」から作成）

※

(1)　資料1で乗用車の100世帯あたり保有台数の多い都道府県と少ない都道府県には，それぞれどのような特徴（とくちょう）がありますか。資料2からわかることを書きましょう。

香奈：道路のほかに，海や川も輸送に使われることがあると思います。それらの輸送についても知りたいです。

先生：海上輸送は，日本の貿易に欠かせない輸送手段（しゅだん）ですね。

資料3　海上で輸入する品物の重量（上のグラフ）と金額（下のグラフ）

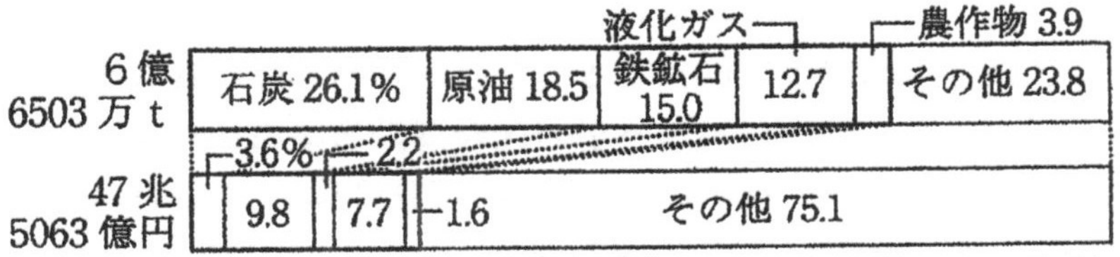

	石炭	原油	鉄鉱石	液化ガス	農作物	その他
6億6503万t	26.1%	18.5	15.0	12.7	3.9	23.8
47兆5063億円	3.6%	9.8	2.2	7.7	1.6	75.1

（「日本のすがた 2022年版」から作成）

※

(2)　①　船を使って輸入されている品物にはどのような特徴がありますか。資料3からわかることを「重量」「金額」の語を用いて書きましょう。

ようになったという変化。

2※

課題2　「『子供・若者総合調査』の実施に向けた調査研究」によると、困難に直面したときにその状況を改善できたきっかけについて、約56％の人が「友だちの助け」と答えました。あなたは、身近に困っている友だちがいたときに、どのように接したいと考えますか。また、そのように考える理由を、あなた自身の経験などをふくめて二百字以内で具体的に書きましょう。（、や。や「　」なども一字に数えます。段落分けはしなくてよろしい。一マス目から書き始めましょう。）

※

200字

受験番号	

※

※100点満点
（配点非公表）

課題1　次の文章を読んで、あとの(1)~(5)に答えましょう。

デジタル技術を基礎にしたインターネットは二〇世紀末から増殖し始め、現在では地球規模で網羅＊1されるグローバル・ネットワークとしてa発展しました。その影響力の大きさはまさに怪物級であり、モンスターメディア＊2と呼んでもさしつかえないでしょう。

言葉を伝える既存＊3のシステムである郵便、電信、新聞、出版、ラジオ、テレビなどは束になっても勝てなくなっている。いや、「勝てない」というのは正しい言い方ではありません。ア「のみこまれようとしている」というのが正確でしょう。郵便は電子メールへ、新聞はネットニュースへ、出版は電子書籍へと移行しつつあります。ラジオ、テレビはスマホやパソコンなどで視聴できますし、音楽や映画もネットを通じて楽しむことが可能となりました。

個人の日記や会話や「つぶやき」声は、ブログやSNS＊4になりました。

おまけにイネットはテレビのように一方通行ではありません。人それぞれが受け手にも、発信者にもなれる双方向性があります。しかも瞬時に！　さらにそこでは動画さえもやりとりできる。

ここからはネット上を流れる文字、音声、画像、動画などをまとめて「ネット言葉」と呼び、話を続けます。

これまで私たちが使ってきた言葉は、大まかに二つに分けることができます。声にだし耳で聞きとる「話し言葉」（音声言語）と、文字にしるして読む「書き言葉」（文字言語）です。この二つは「声」と「紙」という別々の媒体を通して、それぞれ異なった役割を担っています。

しかしネットは違います。そこでは「話し言葉」と「書き言葉」を同時にやりとりすることも可能ですし、さらに画像や動画といった映像表現も取りこむことができる。言葉の使い勝手が既存のメディアとは次元＊5をこえるほど「豊か」になりました。よって現代人はネットのデジタル情報に、紙に書かれた「書き言葉」や、日常的にやりとりされる「話し言葉」以上に、依存＊6するようになってきています。

二一年、新型コロナの感染b拡大でその年二回目の緊急事態宣言が出たのはゴールデンウイークの前でした。しかし観光地や都心の人出が思ったほど減らず、その効果が危ぶまれました。あるテレビニュースでキャスターが「私たちの声が届いていない」と嘆いていましたが、実際に現地を取材した記者の声として、緊急事態宣言が［　X　］が多かったと伝えていました。つまり「届いていない」とは「情報そのものが伝わっていない」ということだったのです。

テレビ、新聞で行われる大々的な報道が、すぐさま全国民に行き渡るという時代はすでに過去のものとなりつつあります。（中略）

かねてから若い世代のテレビ視聴時間が年々減少しているといわれていましたが、中高年にもテレビ離れが始まったのです。ウテレビに代わって何を見ているかというと、いうまでもなくスマホです。スマホは＊7ユーザーの情報の視覚を狭めてしまう傾向にあります。一般

（I－3）

受験番号	

3※

課題３　あとの（１）～（３）に答えましょう。

こころさんはお父さんと町の清そう活動に参加し，道路や空き地に落ちているゴミを集めました。集めたゴミの中にはたくさんの空きかんがふくまれていました。

※

（１）　空きかんには，大きく分けてアルミニウム製のものとスチール製のものがあります。集めた空きかんを，かんに書かれたマークで見分ける以外に，どのような方法で区別できるでしょうか。
区別する方法を２つ，簡単（かんたん）に説明しなさい。なお，学校の理科室等で行う方法でもかまいません。

※

（２）　飲料かんは以前に比べ複雑な加工がされることで，強度が高くなってきています。これによって生じている環境（かんきょう）に対する影響（えいきょう）として最もふさわしいものを，次のア～エの中から１つ選び，記号で答えなさい。

ア　かんがこわれにくいため，飲み終わったかんをそのまま再使用できる。

イ　かんの強度が高まったため，簡単につぶせなくなり再生資源（しげん）として使いにくくなっている。

ウ　少ない原料でじょうぶなかんを作れるため，ゴミの量を減らすことができる。

エ　複雑な加工によって再利用の方法が限られ，種類が増えてしまいゴミも増加してきている。

（Ⅰ－2）

受験番号	

2※

課題2　**百合子さんと蘭子さんは，貯金箱の中身について話しています。あとの（1）～（3）に答えましょう。**

百合子：貯金箱の中身をすべて出してみたら，お札はなくて，硬貨だけだったよ。
蘭　子：1円玉，5円玉，10円玉，50円玉，100円玉，500円玉がそれぞれ1枚以上はあるね。

※

（1）　百合子さんの貯金箱の中身について，資料1のようなことがわかりました。1円玉，5円玉，10円玉，50円玉，100円玉，500円玉のそれぞれの枚数を答えましょう。

・硬貨は全部で99枚あり，その合計金額は4855円である。
・1円玉と5円玉の枚数は合わせて33枚で，5円玉のほうが3枚多い。
・10円玉の枚数は1円玉の枚数の2倍である。
・500円玉の合計金額は，10円玉の合計金額の5倍である。

資料1

1円玉　　枚	5円玉　　枚	10円玉　　枚	50円玉　　枚	100円玉　　枚	500円玉　　枚

百合子：合計金額が同じになる硬貨の組み合わせはいくつか考えられるね。
蘭　子：合計金額が100円になるような組み合わせを考えてみようよ。

※

（2）　百合子さんと蘭子さんは，1円玉，5円玉，10円玉を合計20枚使って，合計金額が100円になる組み合わせを考えました。百合子さんが考えた組み合わせは，表1のようになりました。蘭子さんが考えた組み合わせが，百合子さんが考えた組み合わせと異なるとき，蘭子さんが考えた組み合わせを答えましょう。ただし，硬貨はそれぞれたくさんあるものとし，1円玉，5円玉，10円玉をそれぞれ1枚以上は使うものとします。

表1　百合子さんが考えた組み合わせ

硬貨の種類	枚数（枚）
1円玉	10
5円玉	2
10円玉	8

受験番号	

1※	2※	3※	※ ※100点満点 （配点非公表）

課題1　百合子(ゆりこ)さんと桜(さくら)さんは線対称(せんたいしょう)な図形をかいて遊んでいます。あとの(1)，(2)に答えましょう。

百合子：さまざまな線対称な図形をかいて，どのような図形になったかを見せ合おうよ。
桜　：形と大きさが同じ図形を組み合わせて，線対称な図形をかくのはどうかな。

※

(1)　百合子さんは，図1のような形と大きさが同じひし形の辺どうしをぴったりつけて重ならないように，5個組み合わせた図形をかきました。図1のアの角の大きさを答えましょう。

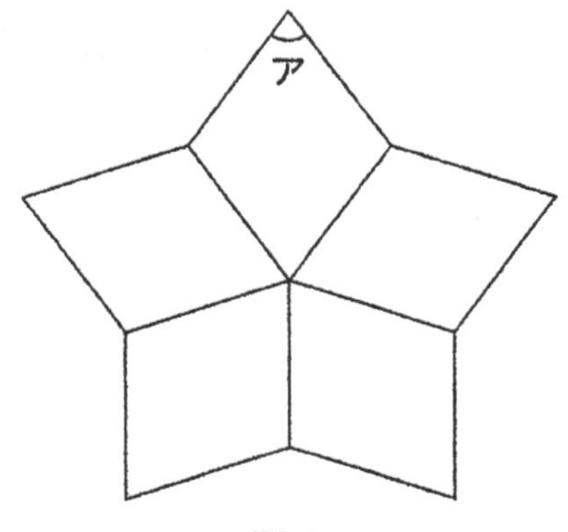

図1

度

百合子：次は，2人でかいてみようよ。
桜　：いいね。コンパスを使って，花のような形にするのはどうかしら。

2023 年度

清心中学校　適性検査 I

【注意】

・　この検査は，文章を読んで，太字で書かれた課題に対して，答えやあなたの考えな

２０２３年度入学試験（１次教科型）　［ １２月１１日実施 ］

清 心 中 学 校

社　会　　解答用紙

受験番号		名　前	

※50点満点
（配点非公表）

注意・・・※印のわく内には何も書かないこと

1

問1	(1)	(2)	(3)	(4)
問2		問3		問4

※

2

問1		問2	
問3	記号	選んだ理由	
問4	(1)	(2)	問5

※

【解答

２０２３年度入学試験（１次教科型）

清心中学校

理科　解答用紙

受験番号		名前	

注意…※印のわく内には何も書かないこと。解答らんのわくの外に書かれたものは採点されません。

※50点満点
（配点非公表）

1

（1）		（2）		（3）	秒	※
（4）						

2

				※
（1）	ア	イ	ウ	
	エ	オ	カ	
（2）				
（3）				
（4）		（5）		

3

		（2）	ア	※
	40 35		イ	

【解答

三						
問七	問六	問五	問四	問三	問二	問一

問七	

【解答

(2)　日本の貿易の特徴について述べた次の文章の空らん(X)にあてはまる語句を答えなさい。

外国から原材料を輸入し、高い技術力で生産した工業製品を輸出する（　X　）が、日本の経済成長を支えてきた。

問５　下線部⑤について、次の**資料８**は、それぞれの農作物の生産量上位５位までの都道府県を示したものです。このうち高知県を示す記号を、**資料８**中のア～オから１つ選び記号で答えなさい。

資料８　農作物別の生産量順位(2021 年)

	玉ねぎ	ピーマン	レタス	なす
1位	北海道	(ウ)	長野	(エ)
2位	佐賀	宮崎	(ウ)	熊本
3位	(ア)	(エ)	(オ)	(オ)
4位	(イ)	鹿児島	(イ)	福岡
5位	愛知	岩手	(ア)	(ウ)

3 愛子さんは夏休みの宿題で時代ごとにどのような建築物がつくられてきたかを調べました。次の文A～Eを読んで、あとの問いに答えなさい。

A 食料が安定して確保できるようになると、人々は定住するようになりました。地面を掘り、その上に屋根をかけた「たて穴住居」がつくられ、5軒ほどの家族が集まって住む集落もできました。①米作りが伝わると、稲をたくわえるための「高床倉庫」が広まり、集落の規模も大きくなっていきました。

B 朝鮮半島から仏教が伝えられると、蘇我氏などの豪族はその勢力を示すために寺院を建てるようになりました。蘇我氏の建てた飛鳥寺や②聖徳太子が建てた法隆寺などが有名です。聖武天皇は国ごとに国分寺をつくらせるなど仏教を中心とした国づくりを目指したため、東大寺や③唐招提寺などの優れた寺院が多く建てられました。

C ④貴族による華やかな文化が生まれ、寝殿造と呼ばれる日本風の建築が見られるようになりました。また、仏教は貴族の間にも広く信仰され、阿弥陀仏を信じることで死後に極楽浄土に生まれることを願う思想が流行しました。京都の平等院鳳凰堂は極楽浄土をこの世に表現したものと言われています。

D 源氏と平氏の争いの中で奈良の寺院が焼失してしまいました。その後中国の技法を参考にして⑤鎌倉時代に再建されました。奈良の東大寺南大門など豪快で力強い印象が特徴です。その後政治の中心地が京都へ移ると、貴族の文化と武士の文化が融合するようになり、室町幕府の3代将軍は北山に金閣を建てました。

E 戦国時代にかけて、防御力を重視した「山城」が多くつくられました。⑥豊臣秀吉により天下が統一され、争いがおさまると平地や小高い丘の上に城をつくることが増えました。大きな天守閣がそびえ、周囲には「ほり」がめぐらされ⑦城下町が整備されました。

問1 下線部①について、米作りと同じ時期に朝鮮半島から優れた技術を持った人々が日本に移り住むようになりました。このような人々が日本に伝えたものについて説明した次の文a・bを読み、その内容の正誤の組み合わせとして正しいものを、次のア～エから1つ選び、記号で答えなさい。

a 青銅器は主に祭りに使用された。

b 子孫の繁栄を祈った土偶が有力者の墓の周りに並べられた。

ア a・bのどちらも正しい　イ aのみ正しい

ウ bのみ正しい　エ a・bのどちらも誤っている

問2　下線部②について、聖徳太子はすすんだ文化を取り入れるために中国へ使いを送りました。この当時の中国の王朝の名を答えなさい。

問3　下線部③について、この寺院は中国出身の僧である鑑真(がんじん)によって建てられました。鑑真が日本にやって来た理由を簡単に説明しなさい。

問4　下線部④について、この時代にむすめを天皇のきさき（妻）として天皇家とのつながりを強めた一族は何氏ですか。

問5　下線部⑤について、鎌倉時代について述べた文として**誤っているもの**を、次のア～エから1つ選び、記号で答えなさい。

ア　将軍と御家人は「御恩と奉公」という関係で結びついていた。

イ　中国を支配したモンゴル民族の元が九州北部に攻め込んできた。

ウ　源氏の将軍が途絶(とだ)えた後は、足利氏が執権(しっけん)として幕府の政治を担当した。

エ　権力を取り戻そうとした朝廷と幕府の間で承久(じょうきゅう)の乱が起こった。

問6　下線部⑥について、豊臣秀吉について述べた文として正しいものを、次のア～エから1つ選び、記号で答えなさい。

ア　生活の苦しい武士のために借金を帳消(ちょうけ)しにする法令を出した。

イ　武士としてはじめて征夷大将軍に就任した。

ウ　全国の田畑の面積や収穫高(しゅうかくだか)、耕作している人などを調べさせた。

エ　オランダ船と中国船の来航を長崎に限定した。

問7　下線部⑦について、それぞれの城下町では身分によって住む場所が決められていました。下の円グラフは江戸時代の身分ごとの人口の割合を表したものです。グラフ中の**あ**にあてはまるものを、次のア～エから1つ選び、記号で答えなさい。

ア　公家や僧侶など　　イ　町人　　ウ　武士　　エ　百姓

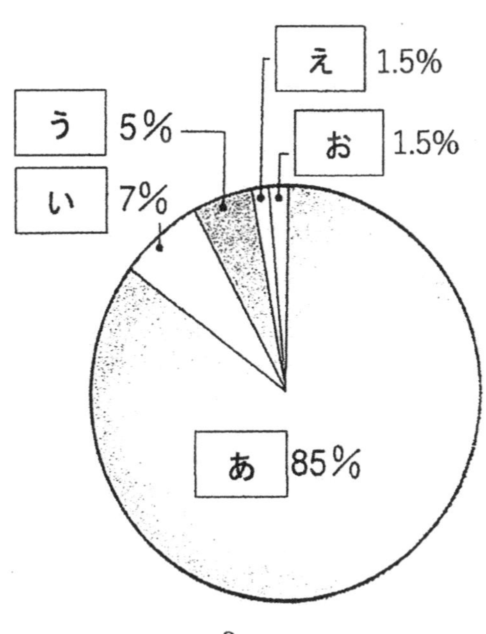

4 次の年表を見て、あとの問いに答えなさい。

年代	おもなできごと
1868	五か条の御誓文(ごせいもん)が出される…あ
	↕ X
1894	日清戦争が起こる……………い
1910	日本が（　1　）を併合(へいごう)して植民地にする
1931	（　2　）事変が起こり、日本軍が中国軍と戦争を始める
1941	太平洋戦争が起こる…………う
1956	日本が Y への加盟を認められる

問１　年表中の空らん（１）・（２）にあてはまる国名・地名をそれぞれ答えなさい。

問２　年表中の**あ**のできごとにより、新しい政治の方針が示されました。次の文ア～ウから五か条の御誓文の要約として正しいものを１つ選び、記号で答えなさい。

ア

一　政治のことは、会議を開き、みんなの意見を聞いて決めよう。
（中略）
一　新しい知識を世界に学び、国を栄えさせよう。

イ

一　大名は、毎年４月に参勤交代すること。近ごろは、参勤交代の人数が多すぎるので、少なくすること。
一　自分の領地の城を修理する場合、届け出ること。

ウ

日本の国が、けっして二度と戦争をしないように、二つのことをきめました。その一つは、兵隊も軍艦(ぐんかん)も飛行機も、およそ戦争をするためのものは、いっさいもたないということです。

問３　年表中の[X]の期間に起きたできごとについて述べた次の文ａ・ｂを読んで、その内容の正誤の組み合わせとして正しいものを、あとのア～エから１つ選び、記号で答えなさい。

ａ　国会を開き憲法をつくることを主張する人々が自由民権運動をおこなった。
ｂ　性別や納税額にかかわらず、20歳以上のすべての人に選挙権が与えられた。

ア　ａ・ｂのどちらも正しい	イ　ａのみ正しい
ウ　ｂのみ正しい	エ　ａ・ｂのどちらも誤っている

問４　次の**資料１**は、年表中の**い**のできごとの直前に描かれたものです。これは当時の国際情勢を絵にしたもので、絵の中のそれぞれの人や魚は国をあらわしています。資料中の**Ａ**の人物はどこの国をあらわしていますか。その国名を答えなさい。

資料１

問５　年表中の**う**のできごとについて、右の地図は戦場となったアジア・太平洋の地域を示したものです。日本が東南アジアの各国にも戦場を拡大した理由を、次の**資料２**と**資料３**をふまえて説明しなさい。

資料２　日本軍によるインドシナの占領体制の方針を示したもの（要約）

第一　方針

日本軍が占領しているフランス領インドシナは、しばらくのあいだ日本軍が統治をおこない治安を回復させる。国防のために重要な資源を獲得する。…（略）…

（「南方占領地行政実施要領」1941年11月20日　より作成）

資料３

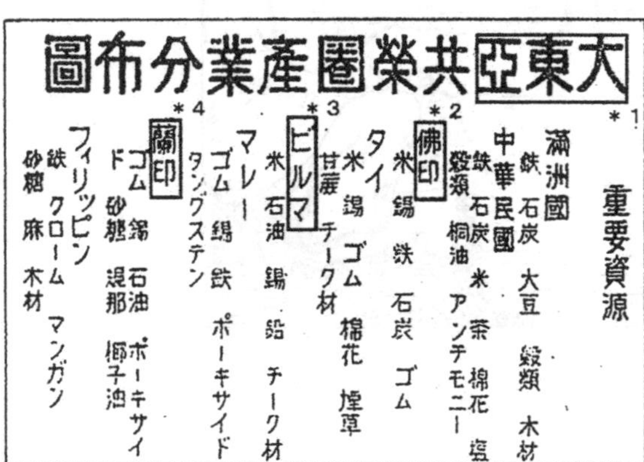

大東亞[*1]共榮圈產業分布圖

重要資源

- 滿洲國：鉄　石炭　大豆　穀類　木材
- 中華民國：鉄　石炭　米　茶　棉花　塩　穀類　桐油　アンチモニー
- 佛印[*2]：米　錫　鉄　石炭　ゴム
- タイ：米　錫　ゴム　棉花　甘蔗　チーク材　煙草
- ビルマ[*3]：米　石油　錫　鉛　チーク材
- マレー：ゴム　錫　鉄　ボーキサイド　タングステン
- 蘭印[*4]：ゴム　錫　石油　ボーキサイド　砂糖　規那　椰子油
- フィリッピン：鉄　クローム　マンガン　砂糖　麻　木材

＊[1] 大東亜…東アジアから東南アジアにかけての一帯

＊[2] 佛印…フランス領インドシナ（現在のベトナム・ラオス・カンボジア）

＊[3] ビルマ…現在のミャンマー

＊[4] 蘭印…オランダ領東インド（現在のインドネシア）

（『歴史寫眞』1942年３月号）

問６　年表中の［　Ｙ　］には、国際社会の平和を守るために第二次世界大戦後につくられた機関名が入ります。あてはまる機関名を漢字四字で答えなさい。

清心中学校　二〇二二年度　入学試験

一次教科型〔十二月十二日実施（じっし）〕

国語

（60分）

［注意］＊解答用紙と問題用紙に受験番号と名前を記入しなさい。
＊答えはすべて解答用紙に記入しなさい。
＊字数が決められているものは、「、」や「。」、記号も一字とします。

受験番号	
名前	

教英出版

【一】次の——線部の、カタカナは漢字に、漢字はひらがなに直して書きなさい。

①スイエイ教室に通う。　②宿題をテイシュツする。　③集団をヒキいる。　④動物をシイクする。　⑤くらしをササえる。

⑥相手と比べる。　⑦積雪三十センチ。　⑧屋根より高い。　⑨急に停電した。　⑩チームに所属する。

【二】次の文章を読んで、後の問いに答えなさい。なお、問題文の一部を変更・省略しています。

[1] 踏まれても踏まれてもたくましく生きる雑草。その代表格は間違いなくオオバコだろう。オオバコは人に踏まれやすい道やグラウンドなどによく生えている。

[2] 実はこのオオバコには、1踏まれに強い秘密が隠されている。

[3] オオバコの葉は見た目にとてもやわらかい。もし※1頑強なかたい葉だったらどうだろう。踏まれに耐えているうちはいいが、限界を超えると折れたり、破れたりしてしまう。「※2柳に風」ではないが、むしろやわらかい葉のほうが踏まれに対して抵抗が少なく、強さを発揮するのである。しかし、ただやわらかいだけではちぎれてしまう。[I]、オオバコは葉のなかに五本の丈夫な筋を通している。葉をちぎってそっと引っ張ると、この筋を抜き出すことができる。やわらかさの中に、かたさを合わせ持っているからオオバコの大きな葉は丈夫なのである。柔軟なだけでも、頑固なだけでも、どちらか一方ではダメだということなのだろう。

※9　願かけ　・・・・・・・・・　神や仏に願い事をすること。
※10　棋道　・・・・・・・・・　囲碁・将棋の道。
※11　けもの道　・・・・・・・　山や林の中にある、動物たちの通る道。
※12　逆手　・・・・・・・・・　不利な物事をあえて利用して、成功に結び付けること。
※13　学名　・・・・・・・・・　学問の上での、動物・植物の名称。
※14　膨張　・・・・・・・・・　ふくらむこと。
※15　散布する　・・・・・・・　まきちらすこと。

問一　Ⅰ～Ⅲに当てはまる語句としてふさわしいものを、次のア～エの中から一つずつ選び、記号で答えなさい。

ア　しかも　　イ　もし　　ウ　つまり　　エ　だから

問二　――線部1「踏まれに強い秘密」とありますが、オオバコはどのような「秘密」によって踏まれに強くなっているのですか。第2段落～第5段落の中から、〈例〉以外のものを三つ答えなさい。また、その「秘密」によってなぜ踏まれに強くなっているのか、〈例〉を参考に、理由とともにそれぞれ答えなさい。

〈例〉・秘密………葉を地面に伏している。
・理由………茎や葉を低くかまえることで、踏まれることへの対策になるから。

問三　――線部2「ありがた迷惑な話」とありますが、なぜ「ありがた迷惑」と言っているのですか。その理由を、次の文の［　　］に当てはまるように、同じ段落の言葉を用いて答えなさい。

「かわいそうだから、踏みつけないようにしよう」と同情する人がいることで、［　　　　　　］から。

問四　――線部3「そうなると」とありますが、ここではどうなることを指して言っていますか。本文中の言葉を用いて、二十五字以内で答えなさい。

問五　――線部4「戦略」とありますが、どのような戦略ですか。七十字以内で説明しなさい。

【三】次の文章を読んで、後の問いに答えなさい。なお、問題文の一部を変更・省略しています。

〔母親が東京の専門学校で一年間勉強することになったため、「私」は※1芦屋にある従姉妹の「ミーナ」の家で暮らしている。〕

開森橋から乗ったバスは、散ってしまった桜並木の脇を通り、踏み切りを渡り、いくつも停留所に止まりながら住宅街の中を走った。正直に言えば、川端康成の小説を知らないで恥ずかしい思いをすることよりも、1図書館へ行くという仕事を任された喜びの方が、

「あっ、それはもう読んだんです」

「ほう」

とっくりさんは心から感心している様子だった。ますますこの人をがっかりさせる訳にはいかないという気分になってきた。

「あとは※13『雪国』と、※14『古都』も……」

私は心の中で、嘘をついているのじゃない、ただ主語を省略しているだけだ、と自分に言い聞かせた。

「すごいやないか」

本を読んでいるだけで、こんなにも人からほめてもらえるということに戸惑って、私はうつむいた。もちろん本当にほめてもらうべきなのはミーナだと、よく分かっていた。

「そんなら、※15『眠れる美女』、はどうやろ」

とっくりさんはカウンターに手をつき、首を傾け、私に顔を寄せるようにして言った。

「……美女……」

その一言が6頭の中でこだましていた。まるで目の前の感じのよい図書館司書から、君は美女だと告白されたかのように、動揺してしまった。

「それは、まだ読んでません」

「そやったら、薦めますね。君にぴったりの小説やと思うんだ」

確かにそうだ。『眠れる美女』なんて、ミーナにぴったりの題名だ。もしかしたらこの人は、すべてお見通しなのかもしれない。私はただのお使いにすぎず、川端康成の本を求める※16正真正銘の美女は、山の上の洋館で待っているに違いないと、ちゃんと見破っているのではないだろうか。そうでなければ私に、美女の本など薦めるはずがない。そんな思いが一度に浮かんできて渦を巻き、7ますます私を動揺させた。

「さあ、これが君の貸出カードだ。大事に使うんよ」

とっくりさんは出来上がったばかりのカードを私に手渡した。お手本を見せるように、大事に手渡した。触れた指先がひんやりとしていた。

「　Ⅲ　」

と、私は答えた。

（小川洋子『ミーナの行進』より）

注　※1　芦屋　・・・・・・・・・・・　兵庫県にある市。

※2　発作　・・・・・・・・・・・　ある症状が急に起きること。ミーナは喘息という、空気の通り道である気管が狭くなり、呼吸が苦しくなる病気をもっている。

※3　重厚　・・・・・・・・・・・　どっしりと落ち着いて、厚みのある様子。

問八　――線部７「ますます私を動揺させた」とありますが、なぜますます動揺したのですか。本文中の言葉を用いてくわしく説明しなさい。

るのである。[D]さらに頻繁に踏まれる場所では、花茎を斜めに伸ばす。まっすぐに伸びていると踏まれたときにつぶされてしまうが、斜めに伸びていれば自然と倒れて衝撃が少ないのだ。このようにオオバコはさまざまな工夫を凝らして踏まれることに耐えている。

5 踏まれに強い秘密はほかにもある。ふつうの植物は茎に葉がついているが、オオバコの葉は地面に伏している。これは茎がごくごく短く、地面に近いところに葉を重ねて出しているためだ。茎が長いと折れたり倒れたりしてしまう。茎や葉を低くかまえていることも踏まれることへの重要な対策だ。柔道や相撲でも※4重心は低いほうが投げられにくい。テニスやバレーボールの※5レシーブも腰を落とす。背伸びせず、低く構えることは守りの基本なのだ。

6 こんなにも苦労して踏みつけに耐えているオオバコ。しかし、「かわいそうだから、踏みつけないようにしよう」と同情する人がいたら、それはオオバコにとっては2ありがた迷惑な話である。なぜならオオバコは踏まれ続けなければ生存することができない※6宿命にあるのだ。

7 [III]、人々が踏みつけることをやめてしまったらどうなるだろう。踏みつけられることによって生存できなかったほかのさまざまな植物たちが、生活の場を求めてその場所へ侵入してくるだろう。オオバコは踏まれには強いが、ほかの植物との生存競争には弱い。だから3そうなると、やがてはほかの植物に追いやられてしまうのである。

8 ほかの植物との争いを避け、※7苦境に身を置いて自らを鍛え上げていく。それがオオバコの生き方である。「我に※8七難八苦を与えたまえ」と月に※9願かけしたのは戦国時代の武将・山中鹿之助であった。オオバコもきっとこれと同じ心境なのではなかろうか。

9 茶道、華道、柔道、※10棋道など究めるべき道は多いが、オオバコもまた苦難の道を選んだのである。道に沿って、オオバコはどこにでも生えている。中国では「車前草」、ドイツでは「道の見張り」と呼ばれているのもそのためである。「オオバコの山登り」ということばもあって、登山道に沿って高山地帯にまで生えていることさえある。山深い※11けもの道にも生えている。道がある限り、オオバコの生えない場所はないとさえいわれているくらいだ。まさに道を究めりである。

10 そこまで道に沿って生えているのには理由がある。オオバコはただ踏みつけに耐えているわけではない。逆境を※12逆手にとって踏まれることを利用して4戦略を展開している。オオバコの※13学名である「プランターゴ」は、足の裏で運ぶという意味である。オオバコの種子には紙おむつに使われるものとよく似た化学構造のゼリー状の物質があって、水に濡れると※14膨張して粘着する。そのため靴や動物の足に踏まれると、くっついて運ばれていくのである。最近では、自動車のタイヤについて広がっていく。こうして踏まれることによって種子を※15散布するオオバコは、ふたたび踏まれやすい場所に芽生え、自らの領域を広げていくのである。

（稲垣栄洋『身近な雑草の愉快な生きかた』ちくま文庫より）

注
※1 頑強・・・・・・・・ねばり強く、くじけない様子。
※2 柳に風・・・・・・・柳が風になびくように、逆らわないものは災いを受けないということ。
※3 花茎・・・・・・・・花だけが出てくる茎。
※4 重心・・・・・・・・物体の中心となる点。つり合いがとれる点。
※5 レシーブ・・・・・・相手の打った球を受け返すこと。

打出天神社の向かいにある図書館は、石造りの※3重厚な建物だった。立派な樹木に囲まれ、蔓草が壁面を這い、古めかしい両開きの扉には中国風の飾りがはめ込まれていた。中は石の冷たさがこもったようにひんやりとし、規則正しく並ぶ背の高い本棚が、通路の隅に薄ぼんやりとした影を作っていた。そこは私が知っている岡山の小学校の図書室とも、児童館の図書コーナーとも違っていた。もっと大人びていて、※4威厳があった。

「あのう、貸出カードを作りたいんですけれど」

カウンターにいる男性に向かって私は言った。

「初めてですか？」

その人は他の※5司書たちとは違い、一人だけ※6カジュアルな装いで、白い※7とっくりのセーターを着ていた。

「はい」

「 I 」

「はい、これです」

私は学校でもらったばかりの手帳を出して見せた。

「よろしいです。そしたらこの用紙に鉛筆で、必要事項を記入して下さい」

その人は痩せて背が高く、うつむくたび、長く伸ばした髪がさらさらと額に垂れてきた。まだ若くて大学生のように見えるのに、仕事ぶりは落ち着いていて、3きっと長く図書館に勤めている人なのだろうという感じがした。本を扱う手つきは丁寧でありながら無駄がなく、図書館の※8静寂に溶け込む穏やかな声を持っていた。

「川端康成の本はありますか？」

私は尋ねた。

「もちろん」

とっくりのセーターさんは、顔を上げて答えた。

「8番の本棚の脇に、※9追悼コーナーを設けてあるからね。4そこで探したらいい。しかし、それにしても残念な出来事でしたね」

「はい」

私たちは一緒に8番の本棚の方向を見やった。

「例えば、どんな小説が面白いでしょうか」

「中学生で川端を読むなんか、偉いね、君」

とっくりさんは※10善良そうな微笑を浮かべた。

「［　Ⅱ　］」

慌てて私は首を横に振ったが、偉いのは私ではないという説明をすると、かえって彼の※11善意を踏みにじるような気がして、5本

※7　とっくりのセーター　……　タートルネック（首全体を包むえり）のセーター。
※8　静寂　…………　物音もせず、静かなこと。
※9　追悼　…………　人の死を嘆（なげ）き、悲しむこと。
※10　善良そうな　……　おだやかそうな様子。
※11　善意　…………　他人に対してもつ良い感情。
※12　『伊豆の踊子』……
※13　『雪国』　………　いずれも川端康成の作品。
※14　『古都』　………
※15　『眠れる美女』……
※16　正真正銘　………　偽（いつわ）りのない本物の。

問一　――線部1「図書館へ行くという仕事」とありますが、「私」は図書館へ行って何をする「仕事」を任されているのですか。本文中の言葉を用いて答えなさい。

問二　――線部2「私」と同じ人物を表している本文中の言葉を、次のア～オの中からすべて選び、記号で答えなさい。

ア　とっくりさん　　イ　朋子　　ウ　ミーナ　　エ　君　　オ　その人

問三 [Ⅰ]～[Ⅲ]にあてはまる言葉としてもっともふさわしいものを、次のア～ウの中から一つずつ選び、それぞれ記号で答えなさい。

ア はい、もちろんです　イ 生徒手帳は持ってますか？　ウ いいえ

問四 ――線部3「きっと……という感じがした」とありますが、「私」はなぜこのように感じたのですか。本文中の言葉を用いて答えなさい。

問五 ――線部4「そこで」とは、どこのことですか。本文中の言葉を用いて二十字以内で答えなさい。

問六 ――線部5「本当のところ」とありますが、具体的にはどのようなことですか。本文中の言葉を用いて答えなさい。

問七 ――線部6「頭の中でこだましていた」とありますが、これはどのような状態ですか。あてはまるものとしてもっともふさわしいものを次のア～エの中から一つ選び、記号で答えなさい。

ア 司書が『眠れる美女』という本のタイトルを言っただけなのに、まるで朋子が「美女」であると言われたように感じて、驚いている状態。

イ 朋子が読みたい本のタイトルを言っただけなのに、川端の作品を読むことを、司書からほめてもらえることに戸惑いを感じている状態。

ウ 司書の朋子に対する感心や期待に応えるために、川端の作品をいくつも読んだことがあると嘘をついたことに、罪悪感を抱いている状態。

清心中学校
２０２２年度入学試験問題

１次教科型

〔１２月１２日実施(じっし)〕

理　　科

(40分)

【注　意】

① 試験開始の合図があるまで，この問題冊子の中を見てはいけません。

① 解答用紙と問題冊子に受験番号と名前を記入しなさい。

② 解答はすべて解答用紙に記入しなさい。

受験番号		名　　前	

1 次の問いに答えなさい。

（１）**ア～カ**から磁石に引き付けられるものと，電気を通すものをすべて選びそれぞれ記号で答えなさい。

　　ア　鉄製のくぎ　　**イ**　紙コップ　　**ウ**　アルミニウムはく　　**エ**　消しゴム
　　オ　鉄製のフライパン　　**カ**　プラスチック製の下じき

（２）ジュリさんのクラスでは電磁石のはたらきを調べるために，太さが同じ導線を同じ向きに巻いて、５０回巻きと１００回巻きのコイルを作りました。このコイルに鉄くぎを入れ電磁石を作りました。
ア～オのように，コイルにかん電池をつないで，電磁石のはたらきが変化するか調べました。**ア**に比べて電磁石のはたらきが大きくなったものを**イ～オ**からすべて選び，記号で答えなさい。

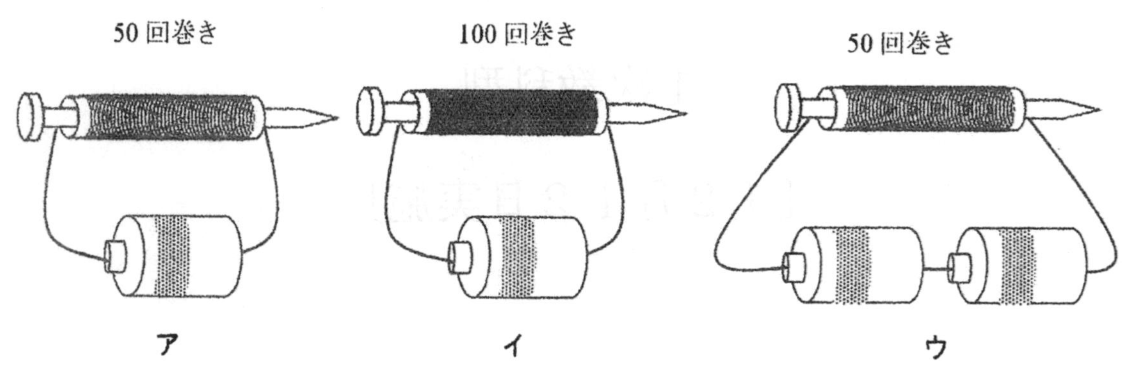

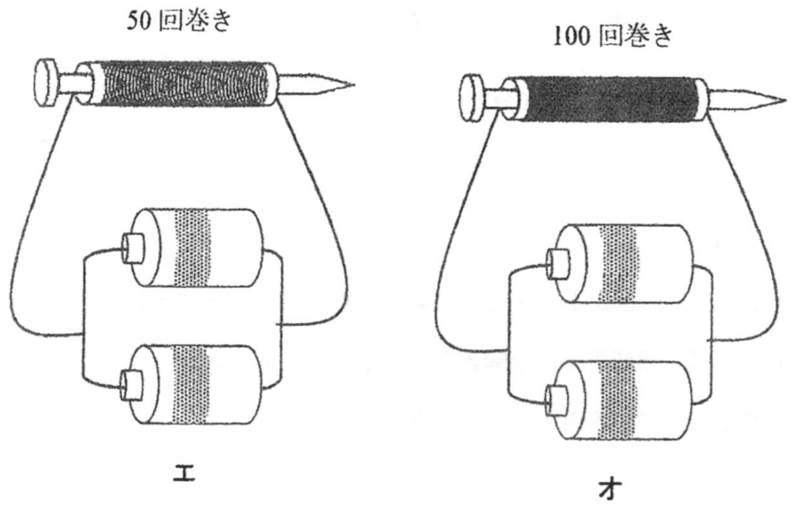

2022(R4) 清心中　一次教科型
K 教英出版

（3）ジュリさんと先生が電磁石と棒(ぼう)磁石について話しています。

ジュリさん：電磁石にも棒磁石にもS極，N極がありますね。

先生：電磁石は棒磁石と似ているところもあるけど，ちがうところもあるよね。例えば，電磁石は（　　　　　）の向きを変えるとS極，N極が入れかわるね。

ジュリさん：ほかにも電磁石と棒磁石でちがうところはあるんですか。

先生：電磁石ははたらきの大きさを変えることができるけど，棒磁石ははたらきの大きさは変えられないよ。この電磁石の特ちょうを利用して，ごみしょ理場では大きな鉄のかたまりを，電磁石を使って運んでいるところがあるんだよ。棒磁石を使わずに電磁石を使うのは何でだろう。

①（　　　）に当てはまることばを答えなさい。

②下線部について，電磁石を使うことで便利なことは何ですか。説明しなさい。

2

チョウの育ち方やからだのつくりについて，次の問いに答えなさい。

（1）モンシロチョウはどのようにすがたを変えて育ちますか。①・②に当てはまる語句を答えなさい。

卵　→（　①　）→（　②　）→　成体

（2）卵からかえった直後のモンシロチョウが，はじめにたべるものを答えなさい。

（3）チョウのあしは，何本あり，からだのどの部分にありますか。解答らんの図に，正しい本数であしを書き入れなさい。

（4）（3）のようなからだのつくりをもつ生物を，次の**ア**～**エ**からすべて選び，記号で答えなさい。

ア　ダンゴムシ　　**イ**　カブトムシ　　**ウ**　クモ　　**エ**　ミミズ

3

わたしたちが夜，天気のよい日に空を見上げて月を見ると，日によって月はいろいろな形に見え，一晩の間にまわりの星といっしょに移動していきます。月はまわりの星よりもひときわ明るいですが，太陽のように自身が光っているわけではなく，地球のまわりを回っている月が太陽の光に照らされることによって，わたしたちの目に月が見えています。この月について，次の問いに答えなさい。

（1）**図３－１**はある日，倉敷(しき)市のある山の上から南の方角を見たときの月のようすです。そのとき月は真南に見えました。この１時間後に見たとき，月が移動している向きを図中の**ア～エ**のうちから一つ選び，記号で答えなさい。

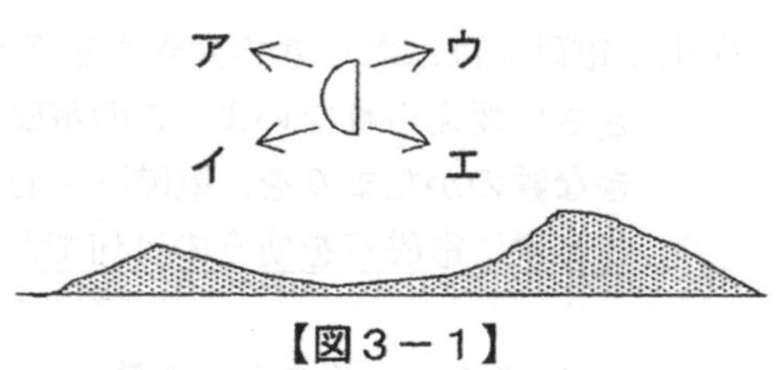

【図３－１】

（2）**図３－２**は，北極側の宇宙からみた太陽と地球と月の位置関係を示しています。月は約１か月かけて地球のまわりを矢印の方向に回っています。**図３－１**のような形の月が見えたときの月の位置として最も適当なものを，**図３－２**の A～H のうちから一つ選び，記号で答えなさい。

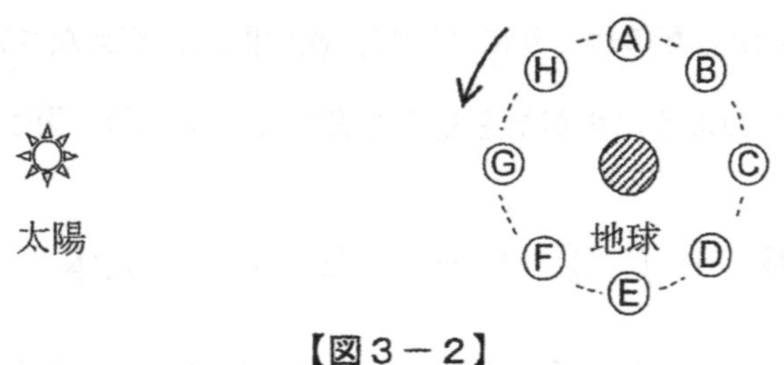

【図３－２】

（3）地球が太陽と月の間に入り，地球のかげが月にかかることによって月がかけて見える現象を月食といいますが，この現象は，太陽の反対側に円すい状にのびた地球のかげに月が入ったときに起きます。月全体が地球のかげに入ってしまうことがありえる月の位置を，**図３－２**の A～H のうちから一つ選び，記号で答えなさい。

2022(R4) 清心中　一次教科型
教英出版

（4）ある満月の夜，月食が起きたので，そのときの月のかけぐあいを一定時間ごとにスケッチしました。かげになった部分をしゃ線でぬっています。最初にスケッチしたと思われるものを**図3－3**の**ア～オ**から一つ選び，記号で答えなさい。

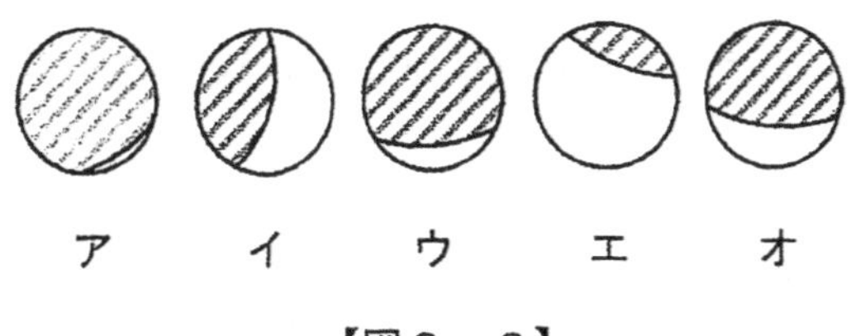

【図3－3】

（5）地球上から見た満月の大きさは，硬貨（こうか）を手に持ってまっすぐうでをのばして見た時，どの硬貨の大きさに一番近いでしょうか。次の**ア～ウ**から一つ選び，記号で答えなさい。ただし，地球から月のきょりは38万km，月の直径は3500 km，目からうでの先の長さは0.5 mとします。

ア　500円玉（約2.7 cm）

イ　1円玉（約2 cm）

ウ　5円玉の穴（約5 mm）

4

清子さんは，水溶液のこさのちがいによる研究に取り組みました。以下は，清子さんの研究レポートです。あとの問いに答えなさい。

<レポート>

目的：食塩水のこさのちがいによって，蒸発のしかたにちがいがあるのではないかと考え実験をした。

実験１：200 cm^3 ビーカーに「こい食塩水」と「うすい食塩水」と「水」をそれぞれ 20 cm^3 入れて，天気の良い日に外に置いておいた。その結果，「水」が一番早くすべて蒸発した。次に「うすい食塩水」の水が完全に蒸発，最後に「こい食塩水」の水が完全に蒸発した。

実験２：図４－１のように 200 cm^3 ビーカーに「こい食塩水」と「うすい食塩水」をそれぞれ 50 cm^3 入れて，２つともすきまのない箱の中に入れて１ヶ月間そのままにした。その結果，「こい食塩水」の液面が上がっていて，「うすい食塩水」の液面は下がっていた。それぞれのこさを確認したら，同じこさになっていた。

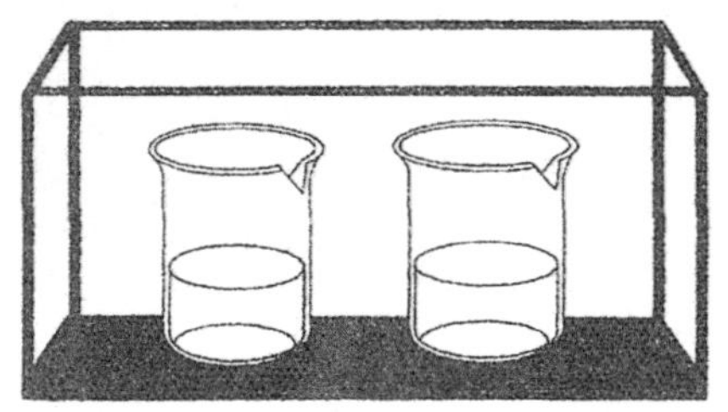

【図４－１】

実験結果から考えたこと：食塩水はこい方が，水が蒸発する勢いが弱くなる。また，箱の中に入れておくとうすい方から勢いよく蒸発した水が，箱のかべではね返って，勢いの弱いこい方に吸収される。こさが同じなると蒸発する勢いが同じになるので，そこで変化が止まる。

2022(R4) 清心中　一次教科型
K 教英出版

【図４－２】

（１）図４－２のように，はかりの上にビーカー，水，薬包紙に乗った食塩を準備して，重さをはかりました。次に，食塩をビーカーの水にとかし，薬包紙をはかりの上に戻して重さをはかりました。どのような結果になるか，次の**ア～ウ**から選んで記号で答えなさい。

ア　とかす前と変化しない。
イ　とかした後の方が重くなる。
ウ　とかした後の方が軽くなる。

（２）実験１で３つのビーカーの水が完全に蒸発した後に重さをはかるとどうなっていますか。次の**ア～ウ**から選んで記号で答えなさい。ただし，ビーカー自身の重さをどれも同じである。

ア　３つとも同じ重さになった。
イ　「水」＜「うすい食塩水」＜「こい食塩水」が入っていた順に重くなった。
ウ　「水」＞「うすい食塩水」＞「こい食塩水」が入っていた順に軽くなった。

（３）実験２と同じ方法で，「こい食塩水」と「水」を箱の中に入れて十分な時間放置するとどのような結果になっていると考えられますか。清子さんのレポートの内容が正しいとして，考えられる結果を，次の**ア～オ**から選んで記号で答えなさい。

ア　実験前の状態と全く変化しない。
イ　「こい食塩水」のビーカーも「水」のビーカーも空になる。
ウ　「こい食塩水」のビーカーの液面が上がり，「水」の液面が下がり同じこさになっている。
エ　「こい食塩水」のビーカーの液面が下がり，「水」の液面が上がり同じこさになっている。
オ　「こい食塩水」のビーカーの液面が上がり，「水」のビーカーは空になる。

5

ヒトの体のつくりについて，以下の問いに答えなさい。

（1）図**5－1**はうでを曲げた時の筋肉の模式図です。うでをのばしたとき，図中の筋肉①，②はどのように変化しますか。次の**ア**～**エ**から選んで記号で答えなさい。

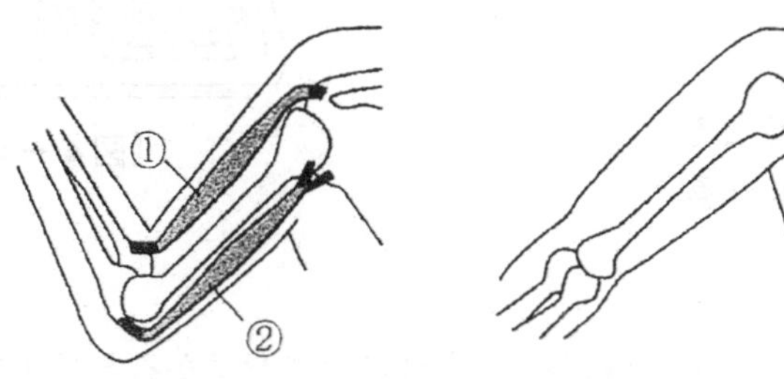

【図5－1】

ア　①の筋肉はゆるみ，②の筋肉はちぢむ。
イ　①の筋肉はちぢみ，②の筋肉はゆるむ。
ウ　①の筋肉はゆるみ，②の筋肉もゆるむ。
エ　①の筋肉はちぢみ，②の筋肉もちぢむ。

（2）骨と骨のつなぎ目を何といいますか。漢字二文字で答えなさい。

（3）図**5－2**の臓器（ぞうき）②・④・⑤の名前を答えなさい。

（4）次の文章は，図**5－2**の①・③のはたらきについて述べたものです。**ア**～**ウ**に当てはまる語句を答えなさい。

①　血液中に（　**ア**　）を取り入れ，血液中から（　**イ**　）を出す。

③　食べ物を（　**ウ**　）する。

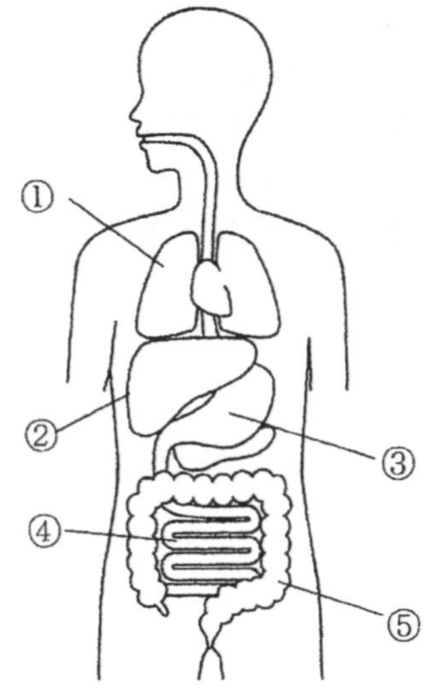

【図5－2】

2022(R4) 清心中　一次教科型
教英出版

6

石灰(かい)石にうすい塩酸を加えたときの変化について，以下の問いに答えなさい。

50 g のうすい塩酸に 1 個 0.5 g の石灰石を 1 個ずつ加え，そのたびに発生した気体の体積を調べました。下の表はその結果を表しています。

加えた石灰石	1 個目	2 個目	3 個目	4 個目	5 個目	6 個目
発生した気体の体積 [cm^3]	100	100	50	0	0	0

（1）このときに発生する気体の名前を答えなさい。

（2）表の結果を用い，50g のうすい塩酸に加える石灰石の重さを 0 g から 3 g まで変化させたとき，発生する気体の体積がどのように変化するかをグラフに表しなさい。

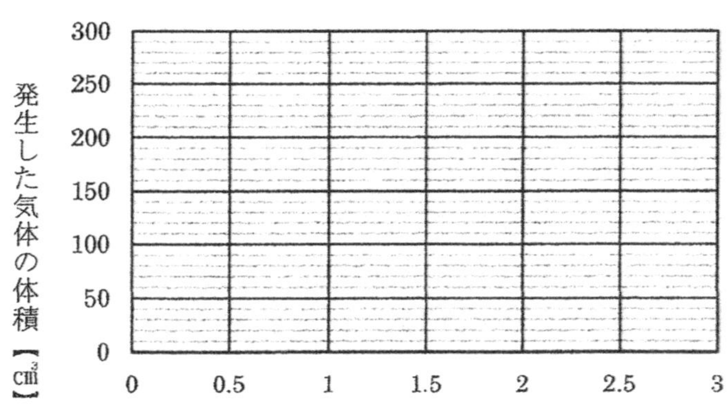

（3）500 cm^3 の気体を発生させるにはうすい塩酸と石灰石は，少なくともそれぞれ何 g 必要ですか。

（問題はここまでです。ここからは白紙のページです。）

清心中学校
２０２２年度入学試験問題

１次教科型
〔１２月１２日実施(じっし)〕

社　　会

（40分）

【 注 意 】

①試験開始の合図があるまで、この問題冊子(さっし)の中を見てはいけません。

②解答用紙と問題冊子に受験番号と名前を記入しなさい。

③解答はすべて解答用紙に記入しなさい。

受験番号		名　　前	

1 日本の自然や生活の工夫などについて、あとの問いに答えなさい。

問1 次の文は日本の自然について述べたものです。読んであとの問いに答えなさい。

「日本は平地よりも山地の部分が多く、特に①日本の中央部にはたくさんの山地が連なっています。平野は海に面して広がっていて、広い平野には必ず大きな川が流れています。日本の川は外国の川と比べると、短くて流れがたいへん急です。山地が海岸までせまっているため、川の水は山地から海へいっきに流れてしまいます。春先の②雪どけのときや大雨がふると、急に水量がふえ土砂くずれやこう水をおこすこともあります。」

(1) 下線部①について、**図1**のア～ウは**地図1**中の**A～C**のいずれかの断面図です。**地図1**中**B**の断面図をア～ウから1つ選び、記号で答えなさい。

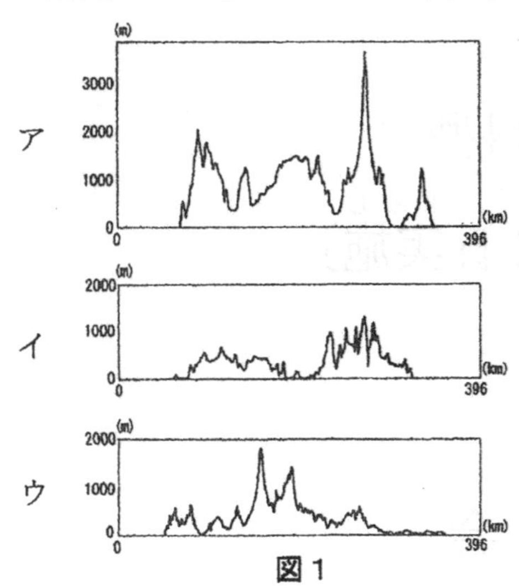

図1

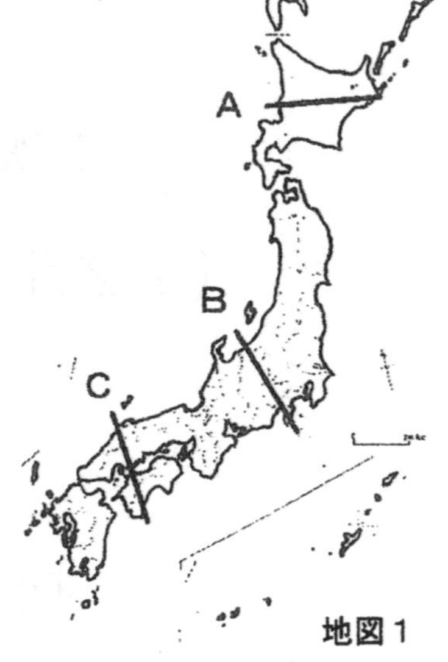

地図1

(2) 下線部②について、下の**図2**中**A・B**は**地図2**中の河川**あ**か**い**の月別の平均流量を示しています。**地図2**中の河川**あ**の流量を示しているものを、**図2**中**A・B**から選び、記号で答えなさい。(流量とは単位時間に流れる水の量のことで、**図2**では1秒当たりに流れる水の量が示されています。)

地図2

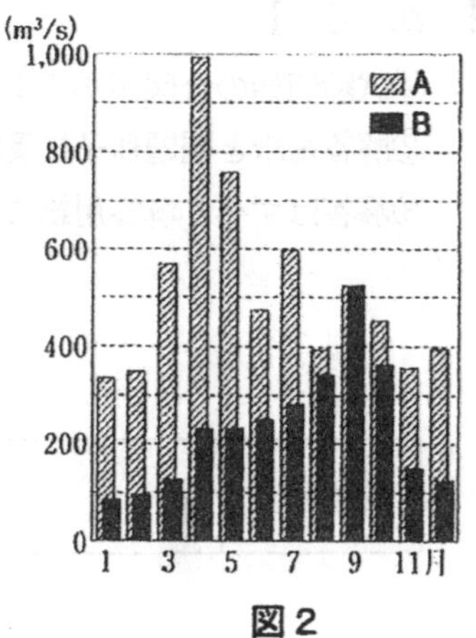

図2

問２　日本の気候について、下の**地図３**を参考にしてあとの問いに答えなさい。

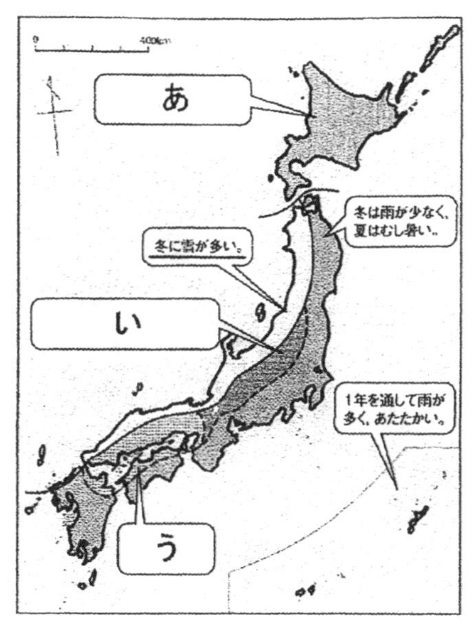
0
400km
あ
冬は雨が少なく、夏はむし暑い。
冬に雪が多い。
い
1年を通して雨が多く、あたたかい。
う
地図３

(1)　次の文ア～ウは**地図３**中の**あ～う**に入る文を示しています。**い**に入る文を、ア～ウから１つ選び、記号で答えなさい。

ア　１年を通して雨が少なく、晴れの日が多い。

イ　１年を通して雨が少なく、冬の寒さが厳しい。

ウ　１年を通して雨が少なく、夏と冬の気温差が大きい。

(2)　**地図３**中の下線部について、日本海側に雪を降らせるユーラシア大陸から吹く風を何といいますか。

問３　**写真１**は揖斐(いび)川・長良(ながら)川・木曽(きそ)川という川に囲まれた地域で見られるものです。この建物について説明している文として正しいものを、次のア～ウから１つ選び、記号で答えなさい。

ア　日当たりが良くなるよう石垣を高く積んで建てられました。

イ　大水の時の避難(ひなん)場所として石垣を高く積んで建てられました。

ウ　戦国時代に防御(ぼうぎょ)しやすいように石垣を高く積んで建てられました。

写真１

問４　**写真２**の施設(しせつ)は大きな都市の地下に作られたものです。この施設について説明した文として正しいものを、次のア～ウから１つ選び、記号で答えなさい。

ア　地下に作られた大きな倉庫で、災害が起きたときに利用する物が収められるようになっています。

イ　災害が起きた時に、たくさんの人々が避難することができるようになっています。

ウ　地下に作られた大きな放水路で、大雨の時雨水をためられるようになっています。

写真２

2　日本の産業について、あとの問いに答えなさい。

問１　日本の農業や林業について、あとの問いに答えなさい。

(1)　**地図１**は何を表していますか。ア～ウから１つ選び、記号で答えなさい。

ア　農業に従事する人の中で３０歳～５９歳の人が占める割合

イ　耕地の中で水田の面積が占める割合

ウ　農業産出額の中で畜産物が占める割合

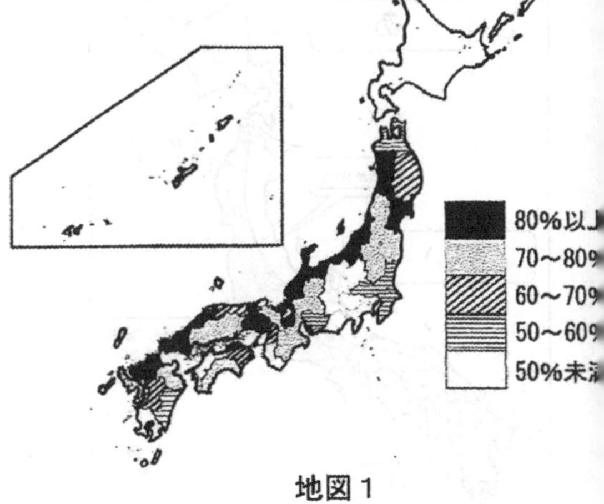

地図１

(2)　下の円グラフは、都道府県別のきゅうりの出荷量の割合を示しています。グラフ中の①～③に当てはまる都道府県を、ア～ウからそれぞれ１つずつ選び、記号で答えなさい。

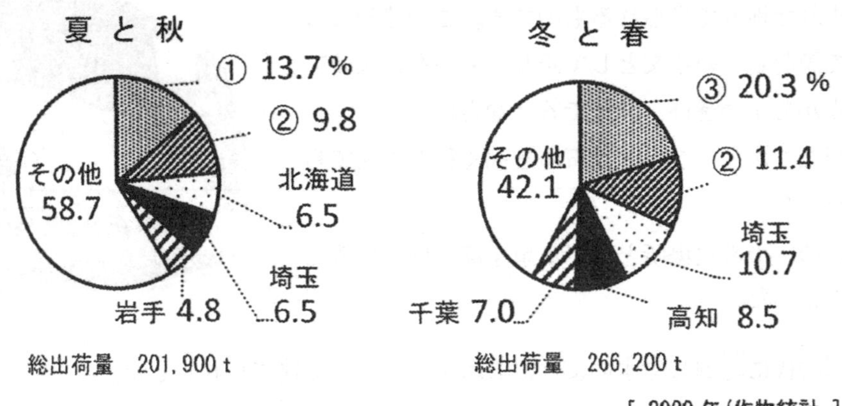

［ 2020 年/作物統計 ］

ア　宮崎　　イ　福島　　ウ　群馬

(3)　**写真１**は海岸に設けられた人工的な森林の写真です。写真奥には海が、手前には畑が見られます。森林が設けられた目的を簡単に説明しなさい。

写真１

問２　下の円グラフ中の①～③は日本での石油の使われ方のうちわけを表しています。グループ**Ａ・Ｂ・Ｃ**はその①～③の使われ方と関係の深いものや施設などを示しています。グラフ中③の使われ方に関係の深いものはグループ**Ｃ**です。残りの①・②のうち、②に関係するグループを**Ａ・Ｂ**のうちから選び、記号で答えなさい。

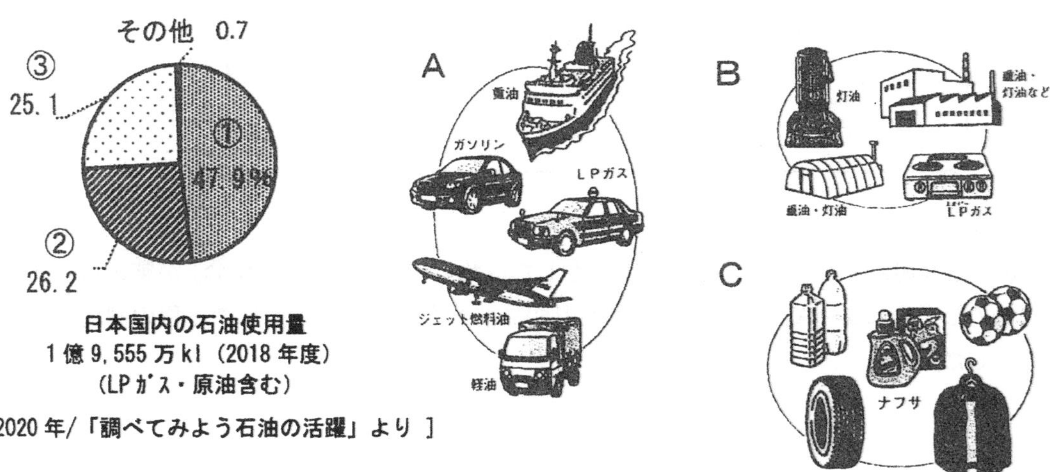

問３　次のア～エの文は、日本の産業について述べたものです。文中の下線部が**誤っているもの**を、ア～エから１つ選び、記号で答えなさい。

ア　日本の機械工業の生産額の内訳をみると<u>輸送用機械の割合が最も多く</u>、約45%（2018年）にもなります。

イ　日本の鉄鉱石の輸入先は<u>オーストラリアが最も多く</u>、約57%（2019年）になります。

ウ　日本の食料品製造業の出荷額をみると<u>北海道が最も多く</u>、約7%（2017年）になります。

エ　日本の国内貨物輸送の輸送量をみると<u>鉄道が最も多く</u>、約53%（2019年）になります。

問４　次の説明は四大公害病といわれる病気の一つを説明したものです。読んであとの問いに答えなさい。

化学工場から出された有機水銀（ゆうきすいぎん）が原因で、手足がしびれ、目や耳が不自由となり、死ぬこともあります。1953年（昭和28年）ごろから病気が出始めました。1964年頃から同様の病気が別の地域でも出始めました。

(1)　この病気を何と言いますか。

(2)　この病気が最初に発生した地域を、**地図２**中の**あ～え**から１つ選び、記号で答えなさい。

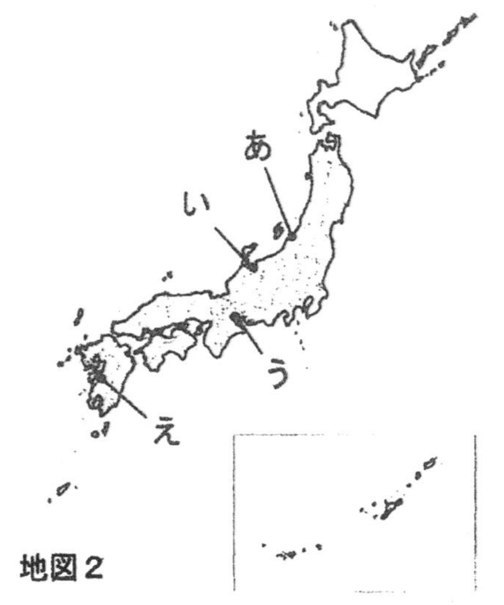

地図２

3　日本の歴史における法律やしくみに関係する次の文を読んで、あとの問いに答えなさい。

A　十七条の憲法

飛鳥時代に聖徳太子がつくったきまりで、役人の心がまえを示すものでした。

・和を最もたいせつにし、争いをやめなさい。
・①仏教をあつく信仰しなさい。
・天皇の命令は、必ず守りなさい。

B　律令

8世紀の初めごろには、②中国を手本とした政治のしくみである「律令」が整えられました。このしくみによって天皇中心の国づくりがすすめられ、農民が負担する税の制度も統一されました。

C　御成敗式目

源頼朝は12世紀末に③鎌倉に幕府を開きました。頼朝の死後は、その妻である北条政子の一族が（　あ　）という役職について幕府の実権をにぎり、武士の裁判の基準となる御成敗式目が制定されるなど、武士中心の世の中が始まりました。

D　楽市・楽座

安土（滋賀県）に城を築いた織田信長は、（　い　）を使った新しい戦法で他の大名を打ち負かしました。それだけでなく、誰でも商売ができる「楽市・楽座」のしくみを整えました。

E　武家諸法度

江戸幕府は各地の大名を支配するために武家諸法度を定めました。徳川家光が将軍になると武家諸法度を改め、④大名に自分の領地と江戸の間を行き来させる制度を定めました。いっぽう社会が安定したことで、武士だけでなく⑤町人中心の文化が生まれました。

問1　文中の（　あ　）（　い　）にあてはまる語句をそれぞれ答えなさい。

問2　下線部①について述べた文X・Yの正誤の組み合わせとして正しいものを、次のア～エから1つ選び、記号で答えなさい。

X：世界最古の木造建築である法隆寺は、聖徳太子によって建てられた。

Y：中大兄皇子は、戦乱や伝染病によって乱れた世の中をおさめるために、奈良の大仏づくりを始めた。

ア　どちらも正しい　　イ　Xのみ正しい　　ウ　Yのみ正しい　　エ　どちらも誤り

二〇二二年度　入学試験　一次教科型　〔十二月十二日実施〕

清心中学校

国語（解答用紙）

受験番号

名前

〔注意〕※印のところは何も書かないこと。
字数が決められているものは、「、」や「。」、記号も一字とします。

※

※100点満点
（配点非公表）

一

①	②	③	④	⑤
		いる		える

⑥	⑦	⑧	⑨	⑩
べる				

二

問一

Ⅰ	Ⅱ	Ⅲ

問二

	秘密	理由
例	葉を地面に伏している。	茎や葉を低くかまえることで、踏まれることへの対策になるから。
・		
・		
・		

※

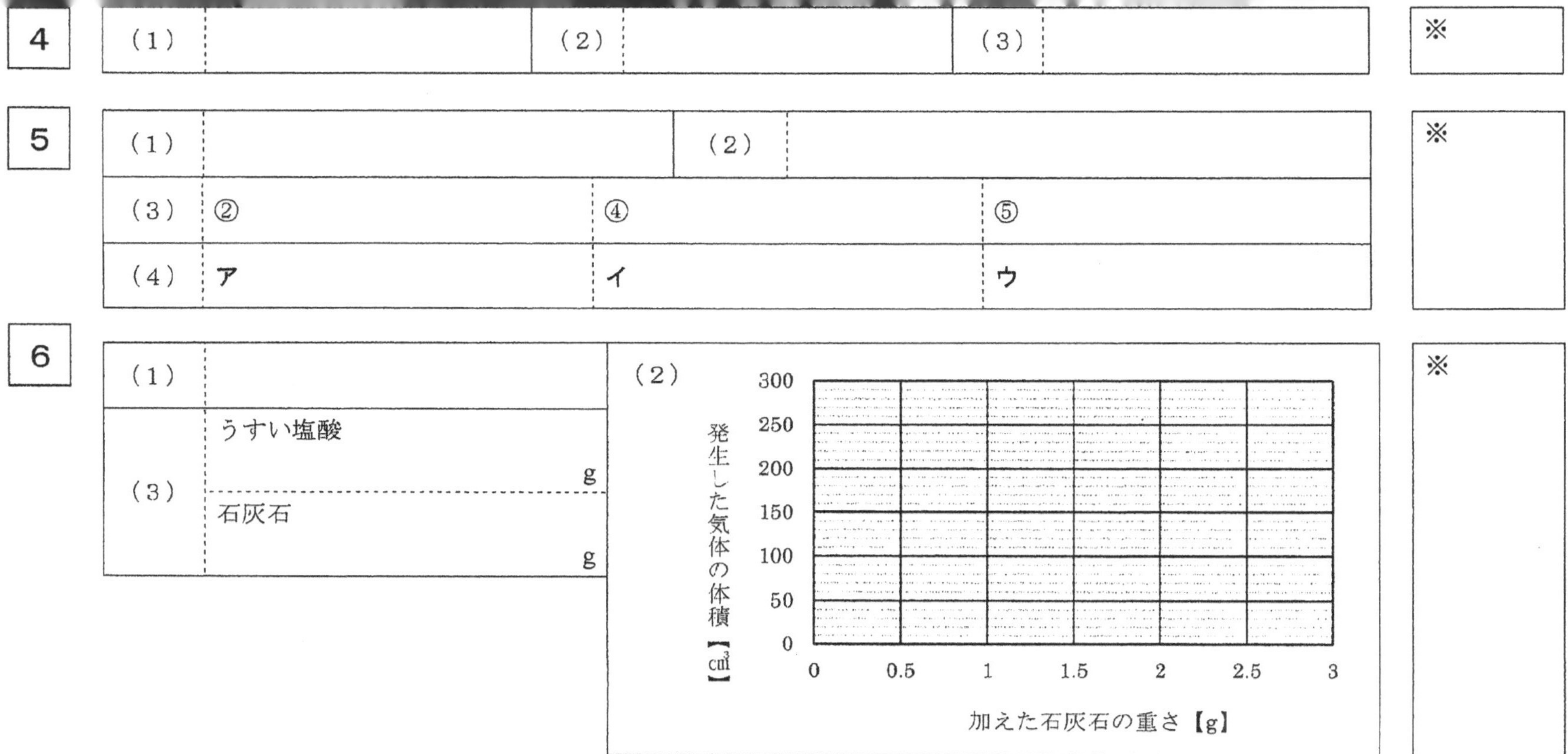

4

(1)		(2)		(3)		※

5

						※
(1)			(2)			
(3)	②		④		⑤	
(4)	ア		イ		ウ	

6

(1)		
(3)	うすい塩酸 g	
	石灰石 g	

(2)

※

問1	(あ)	(い)	問2	

問3	a　b　c	問4		問5	

問6	

※

4

問1		問2		問3		問4	
問5		問6		問7	(1)	(2)	(3)	(4)

※

- 検査用紙は，表紙（この用紙）をのぞいて，５枚あります。指示があるまで，下の検査用紙を見てはいけません。

- 「始め」の合図があってから，検査用紙の枚数を確かめ，５枚とも指定された場所に受験番号を記入しましょう。

- 検査用紙の枚数が足りなかったり，やぶれていたり，印刷のわるいところがあったりした場合は，手をあげて先生に知らせましょう。

- 検査用紙の［※　　］には，何も書いてはいけません。

- この検査の時間は，４５分間です。

- 表紙（この用紙）と検査用紙は，持ち帰ってはいけません。

- 表紙（この用紙）の裏を，計算用紙として使用してもよろしい。

	円

百合子：文ぼう具屋はレジを待つ列にお客さんがたくさん並(なら)んでいるね。

桜　：私たちの順番がくるまで時間がかかりそうだね。

※

（2）　百合子さんの前には，８人の客がレジを待つ列に並んでおり，百合子さんのうしろに桜さんが並んでいます。表はレジを待つ列に並んでいる１人目から３人目までの客が会計にかかった時間をまとめたものです。この３人が会計にかかった時間の平均を１人あたりの会計にかかる時間とするとき，次の問いに答えなさい。ただし，百合子さんと桜さんは別々に会計するものとします。

表　会計にかかった時間

	時間（秒）
１人目	42
２人目	35
３人目	43

①　レジを待つ列に並んでいる１人目の客が会計を開始してから，百合子さんの順番がくるのは何分何秒後か答えましょう。

分　　秒後

百合子：レジを担当している店員さんはいそがしくて大変そうだね。

桜　：レジを待つ列にお客さんがいなくなるまでどのくらいかかるのかな。

②　２人目の客が会計を終えると同時に，新たに１人の客がレジを待つ列の最後に加わりました。さらに，４人目の客が会計を終えると同時に，新たに１人の客がレジを待つ列の最後に加わりました。このペースでレジを待つ列に客が並ぶとすると，１人目の客が会計を開始してから，レジを待つ列に並んでいる客と会計中の客がいなくなるのは何分何秒後か答えましょう。

分　　秒後

えましょう。

度

2段目
3段目
105°
水平な台

図３　トランプを使ったタワーを真正面から見た図

百合子：トランプを使ったタワーの段をもっと増やしてみたいな。
蘭　子：１セットのトランプで何段までのタワーがつくれるだろう。

② 図４のように，１セットのトランプを上から，かかれたマークがスペード，ダイヤ，クラブ，ハートの順に，それぞれ書かれた数字が１～13の順になるように重ねて１つの束にしました。この束の上から１枚ずつトランプをとってタワーをつくります。できるだけ段を増やして，タワーをつくるとき，最後に使ったトランプのマークと数字を答えましょう。また，どのようにして求めたかも説明しましょう。ただし，トランプの数字について，Ａは１，Ｊは11，Ｑは12，Ｋは13とし，トランプは52枚全部を使わなくてもよいものとします。

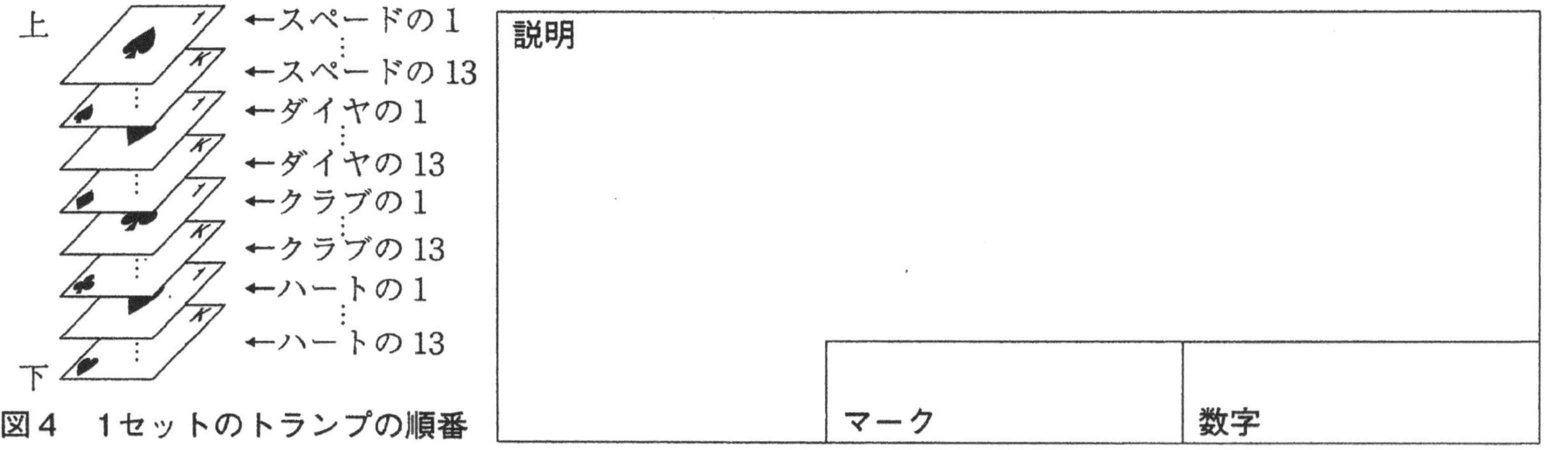

図４　１セットのトランプの順番

実が大きくなったもの

理由：

図３

実験方法①
実験方法②

ア　明け方ごろ　　イ　正午　　ウ　夕方ごろ　　エ　真夜中

二〇二三年度

清心中学校　適性検査Ⅱ

【注意】

・この検査は、文章や資料を読んで、太字で書かれた課題に対して、答えやあなたの考えなどを書く検査です。課題ごとに、それぞれ指定された場所に書きましょう。解答欄外に書いたものは採点の対象になりません。

・検査用紙は、表紙(この用紙)をのぞいて、四枚あります。指示があるまで、下の検査用紙を見てはいけません。

・「始め」の合図があってから、検査用紙の枚数を確かめ、四枚とも指定された場所に受験番号を記入しましょう。

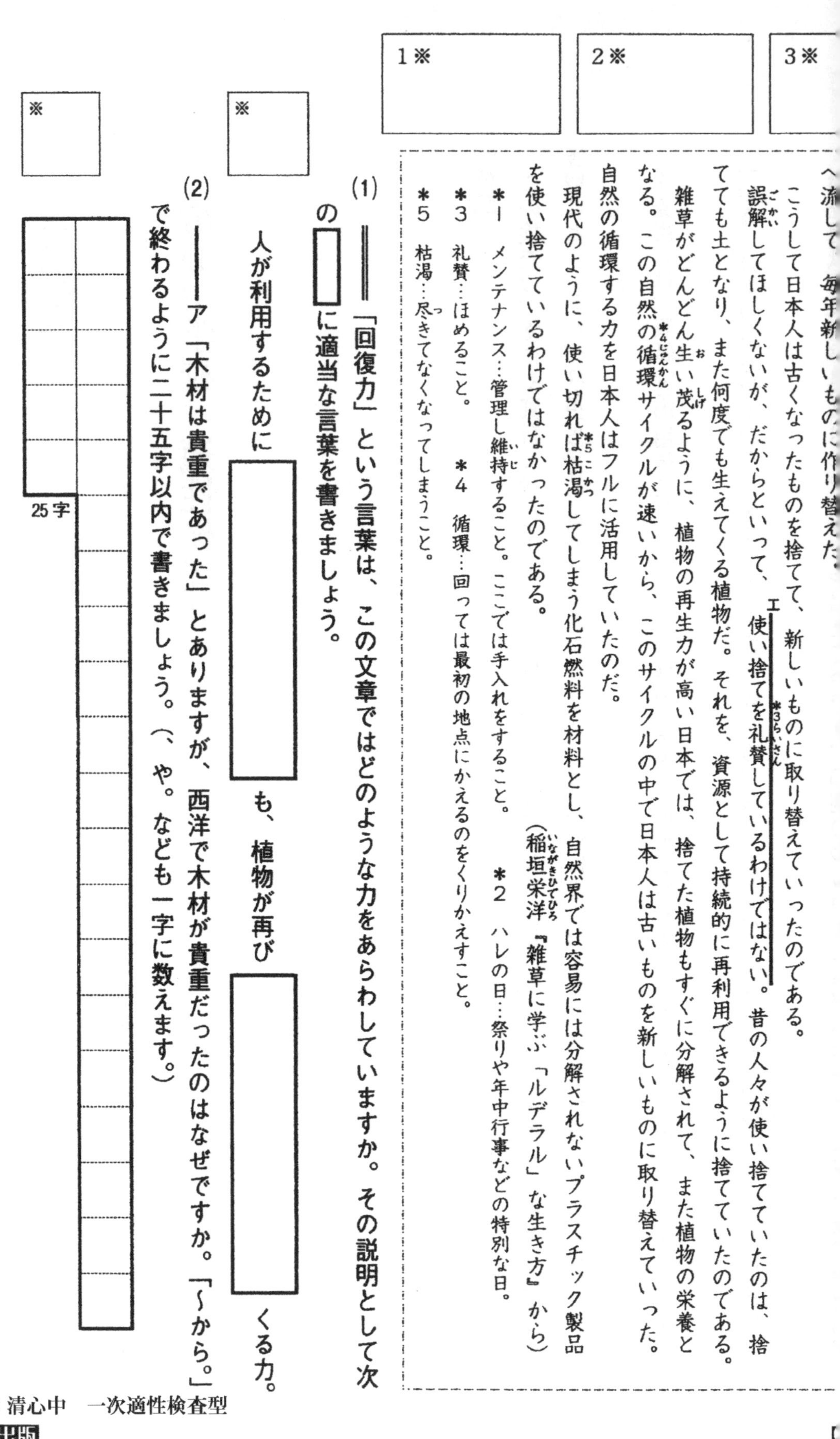

1※　2※　3※

へ流して　毎年新しいものに作り替えた。

こうして日本人は古くなったものを捨てて、新しいものに取り替えていったのである。

誤解してほしくないが、だからといって、エ使い捨てを礼賛しているわけではない。昔の人々が使い捨てていたのは、捨てても土となり、また何度でも生えてくる植物だ。それを、資源として持続的に再利用できるように捨てていたのである。

雑草がどんどん生い茂るように、植物の再生力が高い日本では、捨てた植物もすぐに分解されて、また植物の栄養となる。この自然の循環サイクルが速いから、このサイクルの中で日本人は古いものを新しいものに取り替えていった。自然の循環する力を日本人はフルに活用していたのだ。

現代のように、使い切れば枯渇してしまう化石燃料を材料とし、自然界では容易には分解されないプラスチック製品を使い捨てているわけではなかったのである。

（稲垣栄洋『雑草に学ぶ「ルデラル」な生き方』から）

＊１　メンテナンス…管理し維持すること。ここでは手入れをすること。　＊２　ハレの日…祭りや年中行事などの特別な日。
＊３　礼賛…ほめること。　＊４　循環…回っては最初の地点にかえるのをくりかえすこと。
＊５　枯渇…尽きてなくなってしまうこと。

※

(1)　═══「回復力」という言葉は、この文章ではどのような力をあらわしていますか。その説明として次の□に適当な言葉を書きましょう。

人が利用するために［　　　］も、植物が再び［　　　］くる力。

※

(2)　───ア「木材は貴重であった」とありますが、西洋で木材が貴重だったのはなぜですか。「～から。」で終わるように二十五字以内で書きましょう。（、や。なども一字に数えます。）

25字

受験番号

(3) ――イ「靴」、――ウ「わらじ」とありますが、ヨーロッパの「靴」と日本の「わらじ」では、あつかい方にどのようなちがいがありますか。「〜というちがい。」で終わるように五十字以内で書きましょう。（、や。なども一字に数えます。）

※

50字

(4) ［X］の中には、どのような言葉を書き入れるのがよいですか。本文の中で、［X］の前と後に書かれていることから判断して、適当だと思われる言葉を考えて書きましょう。

※

(5) ――エ「使い捨てを礼賛しているわけではない」とありますが、筆者は昔の日本人のどのような点をほめているのですか。「循環」「植物」「資源」という言葉を用いて、八十字以内の一文で書きましょう。（、や。なども一字に数えます。）

字

	富山市	岡山市	東京
1月	259.0	36.2	59.7
7月	245.6	177.4	156.2
年	2374.2	1143.1	1598.2

（気象庁資料から作成）

資料５　富山県の砺波(となみ)平野の地形図

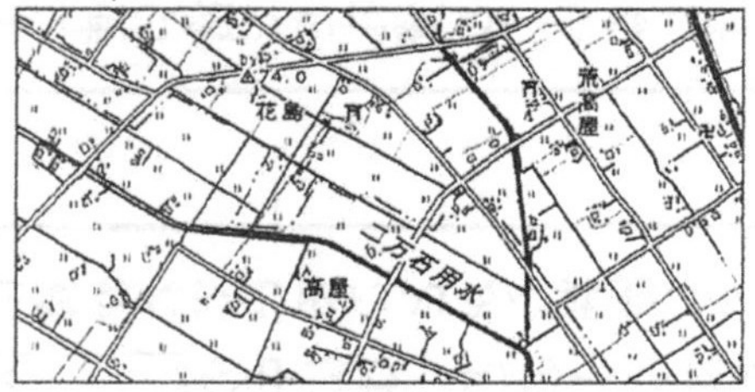

（国土地理院地図から作成）

資料６　富山県を流れる川と日本の他の川の比較(ひかく)

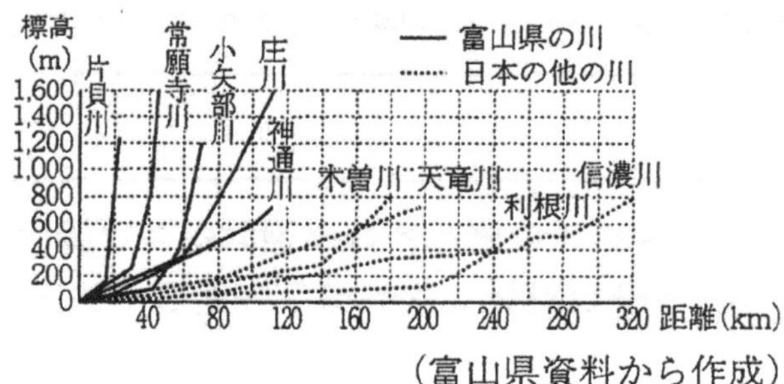

（富山県資料から作成）

※

（２）　資料３～資料６から，富山県に水車などを使った小水力発電が多い理由を書きましょう。

受験番号	

詩織：現在，太陽光や風力，地熱など，自然の力を利用した発電方法が注目されているようです。

先生：再生可能エネルギーによる発電ですね。資源（しげん）の面から見ても，環境（かんきょう）の面から見ても，再生可能エネルギーによる発電が広く行われることが望ましいのだと思います。

資料７　火力発電と再生可能エネルギーによる発電の特長と課題

発電方法	特長	課題
火力	発電量を調整できる	二酸化炭素を出す
太陽光	二酸化炭素を出さない	発電量が不安定
風力	二酸化炭素を出さない	発電量が不安定
地熱	二酸化炭素を出さない	調査にお金がかかる

資料８　温室効果ガスとは

人間の活動によって増加したおもな温室効果ガスには，二酸化炭素，メタン，一酸化二窒素（ちっそ），フロンガスがあります。二酸化炭素は地球温暖化に及（およ）ぼす影響（えいきょう）がもっとも大きな温室効果ガスです。……（後略）……

（気象庁資料から作成）

※

（３）　先生が下線のような発言をした根拠（こんきょ）は何でしょうか。資源の面からの根拠と環境の面からの根拠を，これまでの会話文や資料からわかることをもとにして書きましょう。

資源の面	
環境の面	

受験番号	

3※

課題３　詩織(しおり)さんと怜子(れいこ)さんは，日本の発電やエネルギーについて，先生を交えて話し合いました。会話文を読んで，あとの(１)～(３)に答えましょう。

先生：電力を得るには，いろいろな方法がありますね。日本は，おもにどんな発電方法で電力を得ていますか。

詩織：水力発電などもありますが，ほとんどの電力を火力発電によって得ています。火力発電所は，**資料１**の●の場所に分布しています。

資料１　火力発電所の立地

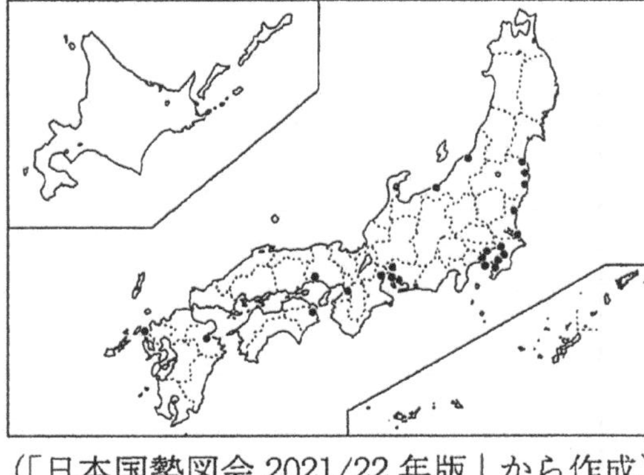

(「日本国勢図会 2021/22 年版」から作成)

資料２　火力発電の原料の自給率(2018 年)

	自給率（%）
石炭	0.6
原油	0.3
天然ガス	2.3

(「日本国勢図会 2021/22 年版」から作成)

※

(１)　資料１・資料２を見て，火力発電所の立地にはどのような特徴(とくちょう)があることがわかりますか。理由もふくめて書きましょう。

怜子：水力発電では，ダムによる大規模(きぼ)な発電のほかに，小規模な水力発電も行われているようですね。

先生：用水路などの身近なところに設置できる「小水力発電」と呼(よ)ばれるものがあります。水車などを使って，川の水が流れる勢いを利用して発電する方法です。富山県などに多く見られます。

2※

課題２　「国語に関する世論調査」によると、意見の交流や議論などで、「人に話をするときにはどちらを心がけるか」という質問に対し、約41％の人が「筋道（すじみち）を立てて分かりやすく話すことを心がける」と答え、約48％の人が「相手の気持ちになじむように、やわらかく話すことを心がける」と答えました。あなたは自分の意見を伝えるとき、「分かりやすい話し方」と「相手の気持ちを思いやった話し方」のどちらを心がけますか。あなたの立場を明らかにしたうえで、その理由を、あなた自身の経験などをふくめて二百字以内で具体的に書きましょう。（、や。や「　」なども一字に数えます。段落（だんらく）分けはしなくてよろしい。一マス目から書き始めましょう。）

※

200字

※

※100点満点
（配点非公表）

受験番号	

課題１　次の文章を読んで、あとの⑴～⑸に答えましょう。

雨が多く高温多湿な日本では、放っておけばすぐに雑草が生えてくる。それだけ自然の回復力があるのだ。茅葺き屋根を葺くための茅や、畳や紙の原料となる草も、刈っても刈っても翌年にはすぐに生えてくる。そして草が生えた後には、次々に強い植物が入り込んできてやがて森になる。そのため、木をたくさん切っても、森に戻すことが可能だったのだ。だからこそ、木や草をふんだんに使った「木と紙でできた家」を作ることができたのである。

一方、雨が少なく冷涼なヨーロッパでは、雑草もなかなか生えないくらいだから、森の木を切るとなかなか元には戻らない。そして、長い歴史の中で森の木が切られ続けると、その森は失われ、不毛の地と化していったのである。

また、日本では江戸時代にも盛んに植林がされたが、ヨーロッパでは近代まで植林はあまり行われなかった。日本では植林すれば数十年で木が大きく育つが、気温が低いヨーロッパでは木の成長が遅く森ができるのに百年以上かかる。森を育てることは大変だったのである。

つまり、森の少ない西洋の人々にとって、ア木材は貴重であった。だから石で建物を作ったのである。現在でも欧米の人たちが日本を旅行すると、一番驚くのは森の多さと木々の豊かさである。

ちなみにヨーロッパの農村風景が統一されていて美しいのは、その土地によって切りだされる石の色が限られているからである。

植物で作ったものは傷む。ましてや、日本は高温多湿だから、傷むのも速い。その代わり、豊富な植物資源を使って常に新しいものに更新することができる。

そのため、日本では古くなったものを新しいものと取り替える。

ヨーロッパでは、イ靴は家畜の皮で作った。そのため、靴磨きをしてメンテナンス※１をしながら長く履き続けたのである。

一方、日本のウわらじは、イネの茎である藁でできている。茎でできたわらじはすぐに擦り切れてしまう。そのため、街道を旅する旅人は、一日に何足もわらじを履き替えたという。そして、古いわらじは捨てていったのだ。

もっとも、古いわらじも藁なので、捨てられたわらじは、近隣の農家が持ち帰って肥料として再利用した。植物は捨てられても資源である。ゴミではなかったのだ。

割り箸も日本人の新しいもの好き文化を象徴する品物である。割って初めて使うことのできる箸は、その箸が新しい

・検査用紙の［※］には、何も書いてはいけません。

・この検査の時間は、四十五分間です。

・表紙（この用紙）と検査用紙は、持ち帰ってはいけません。

（Ⅰ－5）

受験番号	

※

（3） 図4は月が地球のまわりを回る様子を北極側から見たものです。ある日の倉敷（くらしき）市で，空の低い位置に図5のような月が見えました。見えたのはいつごろですか。あとのア～エの中から1つ選びなさい。

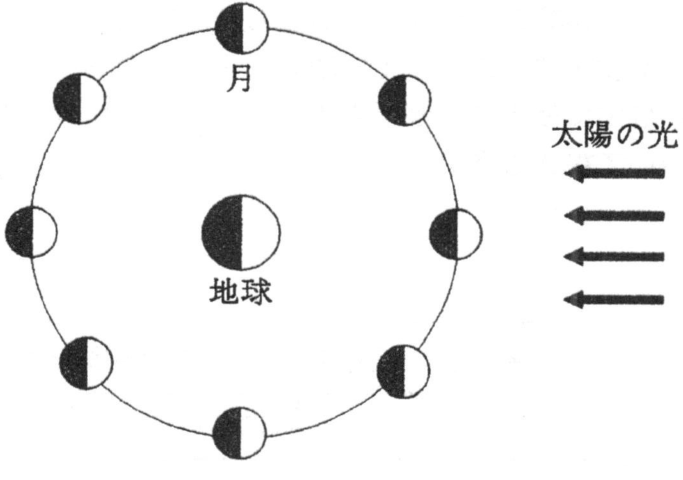

図4

受験番号	

※

（2） 図1のように，見た目が無色とう明で，ほとんどちがいが分からない4種類の液体があります。この液体は食塩水，うすいアンモニア水，うすい塩酸，炭酸水のどれかであることが分かっています。そこで図2のような複数の実験を行い，4種類の液体を区別しました。図2の中に書かれている，実験方法①と実験方法②について説明しなさい。なお，実験では図3の中にある器具を自由に使うことができます。解答らんには，区別する方法とその結果について書きなさい。

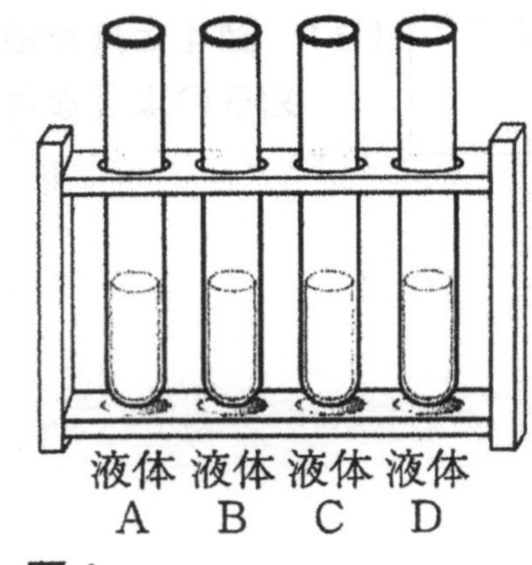

図1

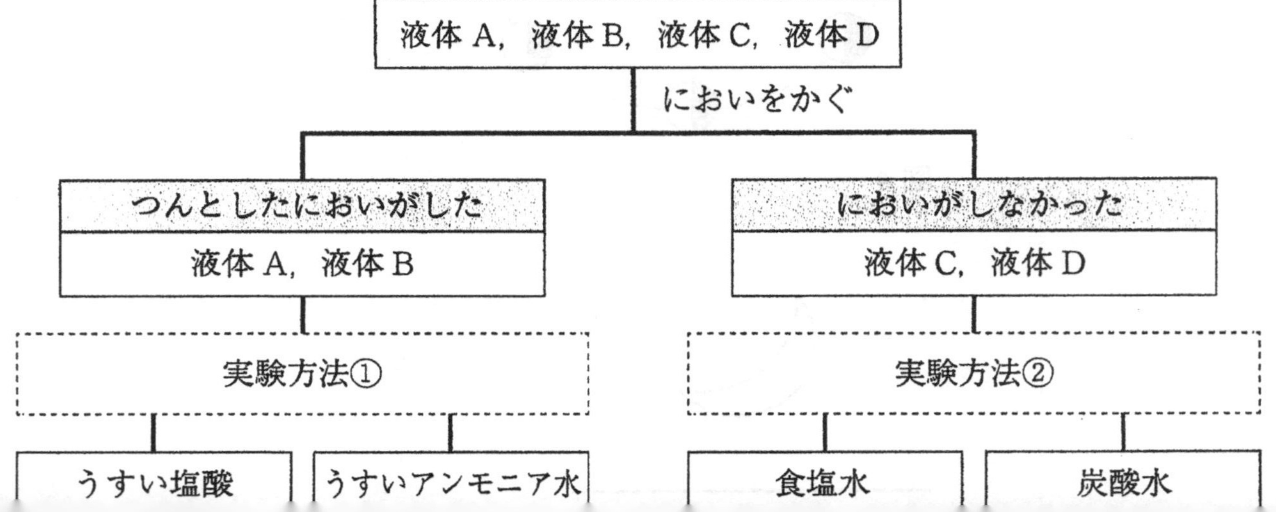

(Ⅰ－3)

受験番号	

3※

課題３　次の(１)～(３)に答えましょう。

※

ひかりさんの学校では，畑で毎年かぼちゃを育てています。ある日の早朝，ひかりさんが畑を観察すると，前日の夕方にはつぼみだった花がさいていました。さいた花には，Ａのような特ちょうをもった花と，Ｂのような特ちょうをもった花がありました。その朝のうちに，ひかりさんは受粉の実験を行いました。実験のくわしい説明は下の①～④の通りです。

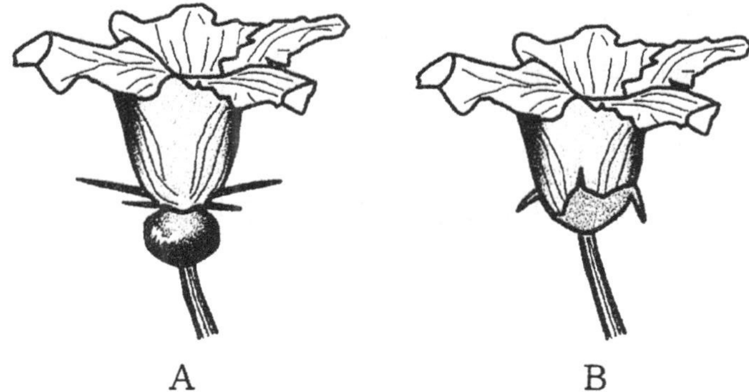

① Ａの特ちょうをもった花(＝Ａ１)の中心部を筆でなで，その筆でＢの特ちょうをもった花(＝Ｂ１)の中心部をなでる。

② Ｂの特ちょうをもった花(＝Ｂ２)の中心部を筆でなで，その筆でＡの特ちょうをもった花(＝Ａ２)の中心部をなでる。

③ Ａの特ちょうをもった花(＝Ａ３)の中心部を筆でなで，その筆でＢの特ちょうをもった花(＝Ｂ３)の中心部をなでる。その後，Ａ３とＢ３の花それぞれにとう明なふくろをかぶせる。

④ Ｂの特ちょうをもった花(＝Ｂ４)の中心部を筆でなで，その筆でＡの特ちょうをもった花(＝Ａ４)の中心部をなでる。その後，Ｂ４とＡ４の花それぞれにとう明なふくろをかぶせる。

(１)　３週間後，実が大きくなった花と実が大きくならなかった花に分かれました。このとき実が大きくなっ

（Ⅰ－２）

受験番号	

２※

課題２　百合子さんと蘭子さんは，１セット52枚のトランプで遊んでいます。あとの(1)，(2)に答えましょう。

百合子：トランプを持ってきたよ。１枚の大きさはどのくらいかな。
蘭　子：測ってみると，縦の長さは９cmで横の長さは６cmだったわ。

※

(1)　このトランプをすき間なく並べて正方形をつくります。つくることができる正方形のうち，最も小さい正方形の面積を答えましょう。ただし，トランプは52枚全部を使わなくてもよいものとします。

cm^2

百合子：トランプを使ったタワーをつくってみたいな。
蘭　子：図１のような３段のタワーならつくったことがあるわ。

※

(2)　図１は15枚のトランプを使ったタワーで，図２のようにトランプを６cmの長さの辺どうしがぴったりと重なるように組み立てたものを，３段に積み上げたものです。この図２のトランプを組み立てたものが１個ある段を１段目，２個ある段を２段目，３個ある段を３段目とします。また，トランプを使ったタワーをつくるとき，トランプを１段目と２段目の間には１枚，２段目と３段目の間には２枚，…とそれぞれ水平に置き，このトランプの上には図２のトランプを組み立てたものを置きます。ただし，いちばん下の段の下にはトランプを置かないものとします。次の問いに答えなさい。

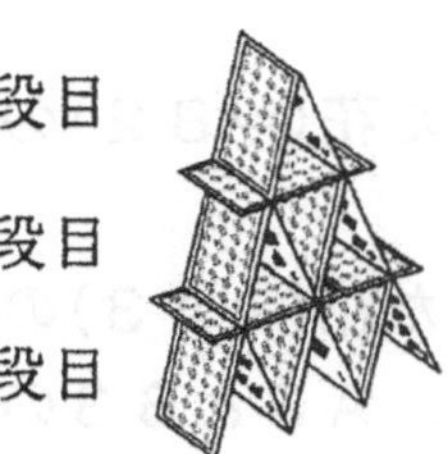

図１　トランプを使ったタワー

図２　トランプを組み立てたもの

（Ⅰ－1）

受験番号	

※100点満点
（配点非公表）

1※	2※	3※	※

課題1　百合子(ゆりこ)さんと桜(さくら)さんは本屋と文ぼう具屋で買い物をしています。あとの(1)，(2)に答えましょう。

百合子：本屋で買うものが決まったね。２人分をまとめてレジで会計してもらおうよ。
　桜　：それがいいね。百合子さんに商品とお金をわたすから，私(わたし)の分もまとめて会計してね。

※

(1)　百合子さんが２人分をまとめて会計しました。レジを担当(たんとう)している店員さんに5000円札を１枚(まい)わたしたところ，おつりは3240円でした。下の条件のア～ウをもとに，百合子さんと桜さんが正しい金額をはらうためには，百合子さんは桜さんにおつりからいくらわたせばよいか答えましょう。また，どのようにして求めたかも説明しましょう。ただし，消費税は考えないものとします。

条件
ア　百合子さんと桜さんはそれぞれ同じ本を１冊(さつ)ずつ買う。
イ　会計をする前に，桜さんは百合子さんに，手に持っていた本１冊と1000円札を１枚わたした。
ウ　桜さんは百合子さんに，本屋に入る前にジュース代の100円を立てかえてもらっているので，おつりからジュース代を引く。

説明

２０２２年度

清心中学校　適性検査Ⅰ

【注意】

・　この検査は、文章を読んで、太字で書かれた課題に対して、答えやあなたの考えなどを書く検査です。

２０２２年度入学試験（１次教科型）　［１２月１２日実施］

清心中学校

社会　解答用紙

受験番号		名前	

注意・・・※印のわく内には何も書かないこと

※50点満点
（配点非公表）

1

問1	(1)	(2)	問2	(1)	(2)	※
問3		問4				

2

問1	(1)	(2) ①　②　③				※
	(3)					
問2		問3		問4	(1)	(2)

【解

２０２２年度入学試験（１次教科型）

清心中学校

理科　解答用紙

受験番号		名前	

注意…※印のわく内には何も書かないこと。解答らんのわくの外に書かれたものは採点されません。

※50点満点
（配点非公表）

1

			※
(1)	磁石に引きつけられるもの		
	電気を通すもの		
(2)			
(3)	①		
	②		

2

		(3)	
(1)	①		
	②		
(2)			
(4)			

3

(1)		(2)		(3)		※

問四

問五

三

問一

問二

問三

I

II

III

問四

問五

問六

問七

問八

問３　下線部②と日本の関係について述べた次のa～cの文を読み、もっとも関連する人物を下のア～カから１つずつ選び、記号で答えなさい。

a　中国の古い歴史書には「女性を王にたてた国」について書かれている。

b　勘合(かんごう)をもちいた日明(にちみん)貿易をはじめた。

c　中国を征服(せいふく)しようと考え、２度にわたって朝鮮に大軍を送り込んだ。

［語群］

ア　雪舟(せっしゅう)　　イ　足利義満(あしかがよしみつ)　　ウ　小野妹子(おののいもこ)

エ　豊臣秀吉(とよとみひでよし)　　オ　卑弥呼(ひみこ)　　カ　鑑真(がんじん)

問４　下線部③の都市を示しているものを、次のア～ウから１つ選び、記号で答えなさい。

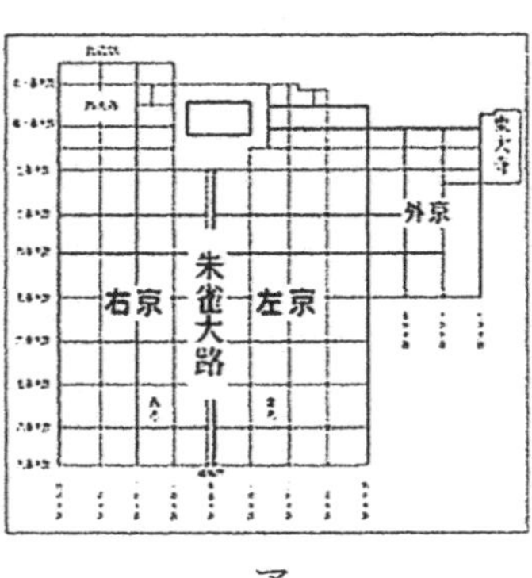

ア

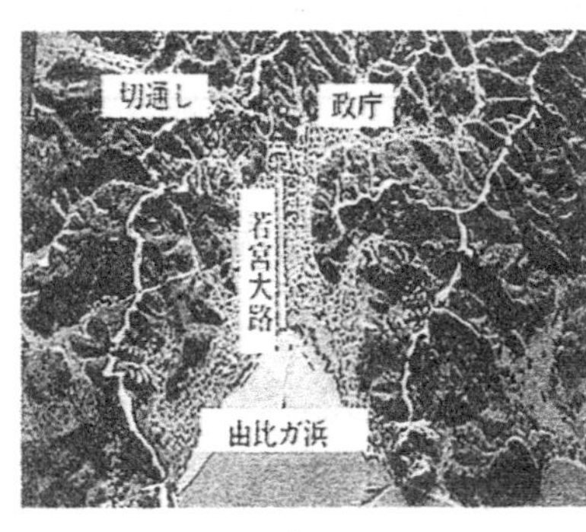

イ

ウ

問５　下線部④について、この制度を何といいますか。

問６　下線部⑤について、この文化に関係するものを、次のア～エから１つ選び、記号で答えなさい。

ア

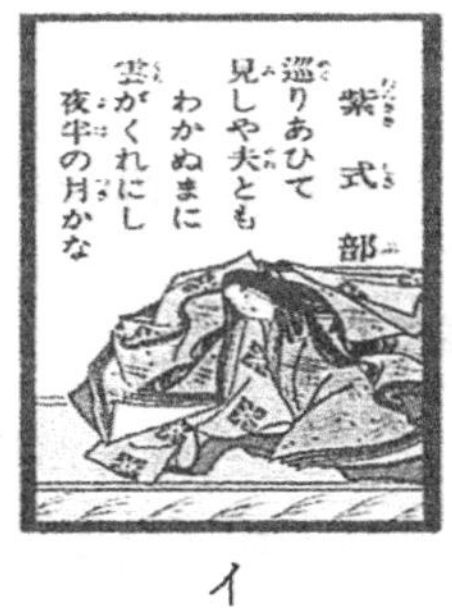

イ

ウ

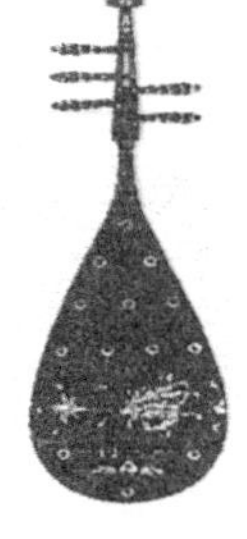
エ

4 りょうこさんは、社会の授業で明治時代以降に活躍した女性について学習して年表にまとめました。次の文と年表を見て、あとの問いに答えなさい。

津田梅子(つだうめこ)

私は満６歳のとき岩倉使節団とともにアメリカにわたりました。帰国後は、日本の新しい女子教育に一生をささげました。

与謝野晶子(よさのあきこ)

私は「君死にたまふことなかれ」という戦争に行った弟をおもう詩を発表し、戦争に反対する気持ちを表しました。

平塚らいてう(ひらつか(ちょう))

私は、女性の地位向上をめざす運動を行いました。選挙権獲得や母親の権利を守るよう訴えました。

時代	年代	できごと
江戸	1853	アメリカのペリーが浦賀に来航する……………………A
		↕ B
	1867	江戸幕府がほろぶ
明治	1871	岩倉使節団が日本を出発する
	1889	大日本帝国憲法が発布される…………………………C
	1894	日清戦争がはじまる
	1900	津田梅子が女子英学塾をはじめる
	1901	八幡製鉄所での生産がはじまる
	1904	与謝野晶子が「君死にたまふことなかれ」を発表する
大正	1920	平塚らいてうらが新婦人協会を設立する……………D
昭和	1931	満州事変がおこる
	1945	広島・（　E　）に原子爆弾が投下される
	1953	平塚らいてうが日本婦人団体連合会の初代会長となる
	1964	東京オリンピック・パラリンピックが行われる……F

問１　年表中のAについて、この次の年に江戸幕府はアメリカとある条約を結んで開国しました。この条約を何といいますか。

問２　年表中のＢの時期のできごととして正しいものを、次のア～エから１つ選び、記号で答えなさい。

ア　江戸幕府の大老だった井伊直弼（いいなおすけ）が暗殺された。
イ　九州でキリシタンによる一揆がおこった。
ウ　西郷隆盛（さいごうたかもり）を中心として西南戦争がおこった。
エ　国際連盟ができ、日本もこれに参加した。

問３　年表中のＣについて、大日本帝国憲法はどこの国の憲法を参考にして作られましたか。次のア～エから１つ選び、記号で答えなさい。

ア　イギリス　　イ　フランス　　ウ　アメリカ　　エ　ドイツ

問４　年表中のＤについて、このころ民主主義への意識が高まり、社会的に弱い立場の人々の権利を求める運動が高まりました。大正時代におこったできごととして誤っているものを、次のア～エのうちから１つ選び、記号で答えなさい。

ア　労働者の生活を守るための労働運動がおこった。
イ　小作料の引き下げを求める農民運動がおこった。
ウ　子どもが自由に意見を言える権利を守る運動がおこった。
エ　差別に苦しんできた人々による差別をなくす運動がおこった。

問５　年表中の空欄（くうらん）Ｅに入る都市名を答えなさい。

問６　年表中のＦについて、この時期の国民生活や社会の様子をあらわす写真を、次のア～エのうちから１つ選び、記号で答えなさい。

ア　ラジオ放送がはじまる

イ　東海道新幹線が開通する

ウ　食料の配給が行われる

エ　東京スカイツリーが完成する

問７　年表を参考にして次の(1)～(4)の文章を読み、その内容が正しければ○を、間違っていれば×と答えなさい。

(1)　津田梅子は江戸時代に生まれている。

(2)　大日本帝国憲法で女性の参政権が認められた。

(3)　与謝野晶子の弟が参加した戦争は日清戦争である。

(4)　平塚らいてうは第二次世界大戦後も活躍(かつやく)している。

2022(R4) 清心中　一次教科型
K 教英出版

清心中学校
２０２２年度入学試験問題

１次教科型
〔１２月１２日実施(じっし)〕

算　　数

（60分）

【注　意】

① すべての問題用紙に受験番号と名前を記入しなさい。

② 答えは指定された所に書きなさい。

考える途中で書いたメモ，図，計算式などは残しておきなさい。

③ 必要ならば，円周率は３．１４を使いなさい。

２０２２年度入学試験（１次教科型）　※100点満点（配点非公表）

清心中学校

算数（その１）

受験番号		名前	

1　次の各問いに答えなさい。

（１）次の計算をしなさい。

① $987-789$

② $76-6\times8$

③ $23\times107-23\times7$

④ $5-3.27$

⑤ $21\div1.4$

⑥ $3\frac{1}{3}-1\frac{1}{6}$

⑦ $0.28\div\frac{3}{5}$

⑧ $\frac{2}{3}\div\frac{4}{27}\times\frac{4}{9}$

⑨ $12\div\frac{2}{3}\div\frac{6}{5}$

⑩ $\left(\frac{3}{2}-\frac{5}{6}+\frac{1}{4}\right)\div\frac{1}{12}$

①
②
③
④
⑤
⑥
⑦
⑧
⑨
⑩

（２）面積が２５６ｃm^2 の正方形の１辺の長さを求めなさい。

答　　　　　ｃｍ

２０２２年度入学試験（1次教科型）

清心中学校

算数（その2）

受験番号		名前	

2　1から１００までの整数について，次の各問いに答えなさい。

（1）６の倍数は何個ありますか。

[求め方]

答　　　　　　個

（2）６の倍数であって，８の倍数ではないものは何個ありますか。

[求め方]

答　　　　　　個

１辺の長さが３ｃｍの正三角形Aがあります。その周りを１辺３ｃｍの正三角形Bをすべらないように回転させて，もとの位置まで動かそうと思います。このとき，次の各問いに答えなさい。
ただし，円周率は３．１４で計算しなさい。

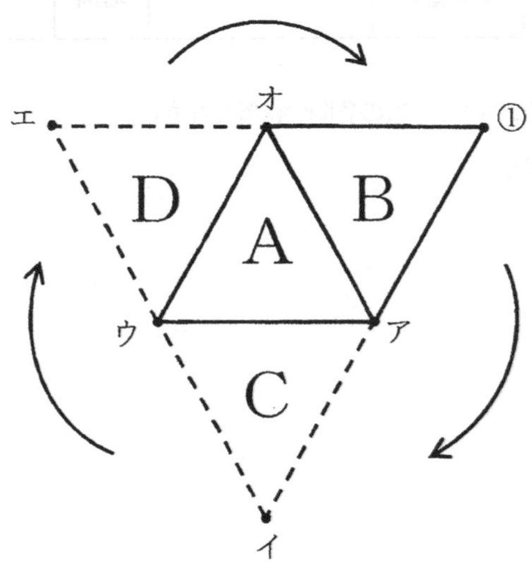

正三角形Bを矢印の方向へ回転させて正三角形Cの位置まで動かしました。このとき，正三角形Bの頂点①は上の図のア，イ，ウのどの位置にきますか。

答

（1）のあと，矢印の方向へ回転させて正三角形Dの位置まで動かしました。このとき，正三角形Bの頂点①は上の図のウ，エ，オのどの位置にきますか。

答

正三角形Bの頂点①が始めからもとの位置に戻るまでに動いた長さを求めなさい。

求め方]

答　　　　　　　　ｃｍ

次の各問いに答えなさい。

６．４ｍのひもがあります。これを半分に切ると３．２ｍのひもが２本できます。さらにこれら２本のひもを重ねて半分に切ると，１．６ｍのひもが４本できます。このような作業を最初の状態から５回行ったとき，何ｃｍのひもが何本できますか。

う方]

答　　　　　　ｃｍのひもが　　　　　　本できる

下の図の三角形ＡＢＣは角Ｃが９０°の直角二等辺三角形です。コンパスと定規を利用して，角Ａを９０°とする直角二等辺三角形ＡＢＤの頂点Ｄを図示しなさい。

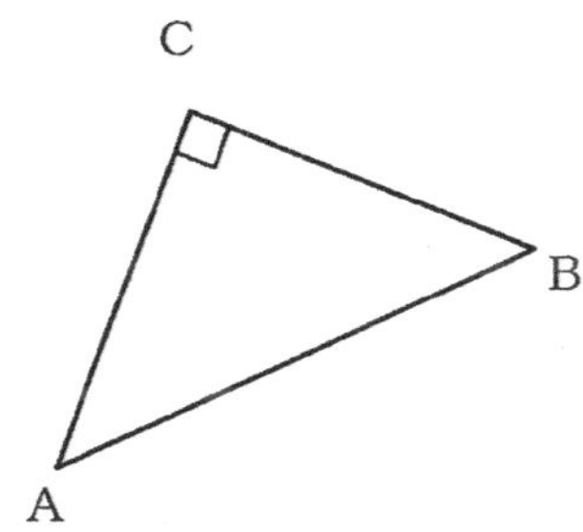

答　　上記の図に記入

２０２２年度入学試験（１次教科型）

清心中学校

算数（その３）

受験番号		名前	

4 絵理さんは家から２０００m はなれた駅まで分速６０m で歩いて行きます。ある日，絵理さんが出発して１０分後に忘れ物に気が付いたお兄さんが分速３００m の速さで自転車で追いかけました。また，絵理さんが出発して３分後にお姉さんは駅から家に向かって歩き始めました。お姉さんが家に向かって歩いていると，家から１０２０m のところで絵理さんに出会いました。

このとき，次の問いに答えなさい。

（1）絵理さんは出発して何分何秒後に駅に到着（とうちゃく）しますか。

［求め方］

答　　分　　秒後

（2）お兄さんが絵理さんに追いつくのは絵理さんが出発して何分何秒後ですか。

［求め方］

答　　分　　秒後

（3）お姉さんの歩く速さは分速何mですか。

［求め方］

答　分速　　m

定価２８００円のマスカットがあります。賞味期限が切れそうなので４割引で売りました。このときマスカットの売り値はいくらですか。

答　　　　　　　円

１Ｌ入りの牛乳１パックを毎日１８０ｍＬずつ飲むと何日目で牛乳はなくなりますか。

答　　　　　　　日目

カステラ８個を箱につめてもらったら，箱代をふくめて１４１０円でした。同じ箱でカステラを１２個にすると２０５０円になります。このとき，カステラ１個の値段はいくらですか。

答　　　　　　　円

１．６ｍの重さが５．６ｋｇの鉄のぼうがあります。この鉄のぼう１ｍの重さは何ｇですか。

答　　　　　　　ｇ

下の図の㋐の角の大きさを求めなさい。

８５°
１５°
２５°
㋐

答　　　　　　　°

清心中学校　二〇二一年度　入学試験

一次教科型〔一月一三日実施〕

国　語

（60分）

〔注意〕＊答えはすべて解答用紙に記入しなさい。
＊字数が決められているものは、「、」や「。」、記号も一字とします。

受験番号	
名前	

【一】　次の――線部の、カタカナは漢字に、漢字はひらがなに直して書きなさい。

① ジュンジョを守ってならぶ。　② 海外の友人をマネく。　③ テチョウにメモをとる。

④ 高いギジュツを身につける。　⑤ リボンをムスぶ。

⑥ 今朝飲んだ薬が効いた。　⑦ 山でくりを拾う。　⑧ 彼女の口調はとてもやさしい。

⑨ 往来のはげしい道。　⑩ 自分の意見を述べる。

【二】　次の文章を読んで、後の問いに答えなさい。なお、問題文の一部を変更（へんこう）・省略しています。

みなさんは、プラスチックということばを知っていると思います。ボールペンやシャープペン、ふでばこ、ペットボトル、そのほか身の回りにあるさまざまなものがプラスチックでできています。木や紙、金属、ガラスなど以外のほとんどのものがプラスチックでできているといってもよいくらいです。

［Ⅰ］、プラスチックとは、いったいどのような物質なのでしょうか。

「プラスチック」は、もとは英語で「いろいろな形にできる」という意味です。パンを作るとき小麦粉に水を加えてこねれば、こねるたびに形が変わります。粘土（ねんど）で、人形や乗り物など好きな形を作ったこともあるでしょう。[1]これらも「プラスチック」の性質をもっていることになります。

［Ⅱ］、いまプラスチックといえば、おもに石油から作られている［　　］的な物質を指します。小麦粉や粘土のよう

かを切り開いて調べてみたところ、こんなにたくさんの袋がみつかったというのです。重さにして約8キログラムにもなったといいます。

クジラは、これらの袋をえさとまちがえて飲みこんだ可能性があります。プラスチックの袋をたくさん飲みこんでしまったために、ほんとうに必要な栄養をえさからとることができなくなって死んだらしいのです。

じつは、これはクジラだけの話ではありません。ウミガメも、えさのクラゲとまちがえてプラスチックの袋を食べてしまうことが、むかしから問題になっていました。

（保坂直紀『クジラのおなかからプラスチック』より）

【三】　次の文章を読んで、後の問いに答えなさい。

〔「ぼく」（ヒコ）は、親がはち屋（＝ハチミツなどを採るために、全国を移動しながらミツバチを飼育する仕事）をしている関係で、毎年北海道の同じ学校に、夏限定で転校してきている。だから、クラスメイトともすっかり顔なじみなのだが、今年はいつもとちがって、「ぼく」以外に「ヒメ」という女の子も転校生としてやってきていた。〕

著作権に関係する弊社の都合により
本文は省略いたします。

教英出版編集部

著作権に関係する弊社の都合により
本文は省略いたします。

教英出版編集部

※1　マサ先生　…………　「ぼく」と「ヒメ」たちのクラス担任。

※2　しっぺ返し　…………　ある行いに対する仕返し。

※3　仁王立ち　…………　絶対動かないぞという姿勢を見せて立つこと。

※4　しゃにむに　…………　前後のことを考えないで強引に物事をする様子。がむしゃらに。

問一　――線部1「ぼくは勝手に何となく一歩リードしているような気分がしていた」とありますが、それはなぜですか。答えなさい。

問二　――線部2「距離が近すぎる、なんて考える余裕は、吹っ飛んでいた」とありますが、それはなぜですか。答えなさい。

問三　――線部3の意味が、「あらゆる方面から」となるように解答欄の□にあてはまる漢数字をそれぞれ答えなさい。

問四　――線部4「みんなが、ちょっと遠慮しながら、笑った」とありますが、それはなぜですか。次の文の［A］・［B］にそれぞれ当てはまる言葉を答えなさい。

○ヒメが［A］にもかかわらず、［B］から。

問五　――線部5「教室中にほっとした気配があふれた」とありますが、この時のみんなの気持ちとして最もふさわしいものを次の中から一つ選び、記号で答えなさい。

ア　期待　　イ　あせり　　ウ　いかり　　エ　安心　　オ　不満

問六　――線部6「ぼくだけまだ笑えなかった」とありますが、それはなぜですか。四十字以内で答えなさい。

プラスチックは「合成樹脂」とよばれることもあります。ここでいう「合成」は、自然にはないものを人間が作ったという意味です。「樹脂」というのは、木のあぶらのことです。

プロ野球を見ていると、ピッチャー※1がときどき地面に置いた小さな袋をつまみあげて、中に入った白い粉を、ボールを投げる手につけています。この袋は「ロジンバッグ」といって、この白い粉には「松やに」がふくまれています。

松やには、松の幹からとれる、木のあぶらです。松の幹をよく見ると、傷ついた部分から茶色いねばり気のある液体のようなものが流れでていることがあります。[2]これが松やにです。わたしたちの身の回りの温度では、固まっていることもあります。この松やにが、代表的な樹脂です。

松やにには、ものをすべりにくくするはたらきがあります。だから、ロジンバッグに使われるのです。このほか、[3]バイオリンなどの弦楽器※2をひくとき、弓の毛※3にも松やにをぬります。弓の毛は馬のしっぽの毛でできているのですが、そのままだと、弦の上をつるつるすべって、音が出ません。弓の毛に専用の松やにをぬるとすべりにくくなって、きちんと弦を振動させて音が出るようになるのです。

カブトムシやクワガタは、クヌギやコナラなどの木からにじみでる樹液に集まってきます。この樹液も樹脂の一種です。これらは自然に生まれた樹脂なので、「天然樹脂」とよばれています。最初に作られたプラスチックは透明で茶色っぽく、松やにに似ていました。［Ⅲ］、プラスチックは、人間が作った松やにのような樹脂という意味で、合成樹脂とよばれるようになったのです。

（保坂直紀『クジラのおなかからプラスチック』より）

※1　ピッチャー　………　野球の投手。打者に対して球を投げる人。

※2　弦楽器　……………　弦を振動させて音を出す楽器のこと。バイオリン、ギター、琴など。

※3　弓　………………　バイオリンなどの弦をこすって音を出すための弓状のもの。

問一　Ⅰ～Ⅲに当てはまる言葉を次のア～エの中から選び、それぞれ記号で答えなさい。

ア　そのため　　イ　ですが　　ウ　では　　エ　また

問二　――線部1「これらも『プラスチック』の性質をもっていることになります」について、次の各問いに答えなさい。

①「『プラスチック』の性質」とはどのようなものですか。本文中の言葉を用いて答えなさい。

②「これら」も①の性質をもっているとありますが、それは具体的にどのようなことですか。「これら」が指す内容をそれぞれ明らかにして、本文中の言葉を用いて答えなさい。

問三　［　　］にあてはまる「自然」という言葉の反対語を、漢字二字で答えなさい。

問四　――線部2「これ」が指すものを、本文中の言葉を用いて四十字以内で答えなさい。

問五　――線部3「バイオリンなどの弦楽器をひくとき、弓の毛にも松やにをぬります」とありますが、それはなぜですか。本文中の言葉を用いて七十五字以内で説明しなさい。

問六　══線部「身の回りにあるさまざまなものがプラスチックでできています」とありますが、「プラスチックででき」たものが原因でどのような問題が起きていますか。そのことについて書かれた次の文章を読んで、七十字以内でまとめなさい。

著作権に関係する弊社の都合により
本文は省略いたします。

教英出版編集部

著作権に関係する弊社の都合により
本文は省略いたします。

教英出版編集部

清心中学校
２０２１年度入学試験問題

１次教科型
〔１２月１３日実施(じっし)〕

理　　科

（40分）

【注　意】

① 試験開始の合図があるまで、この問題冊子の中を見てはいけません。

① 解答用紙と問題冊子に受験番号と名前を記入しなさい。

② 解答はすべて解答用紙に記入しなさい。

受験番号		名　前	

1

図１－１のように丸底フラスコに空気を閉じこめました。丸底フラスコにつながっているガラス管には、途中に色水が入っています。図１－２はさらにフラスコ内に水を入れたものです。この装置（そうち）を使って実験１～３を行いました。以下の問いに答えなさい。

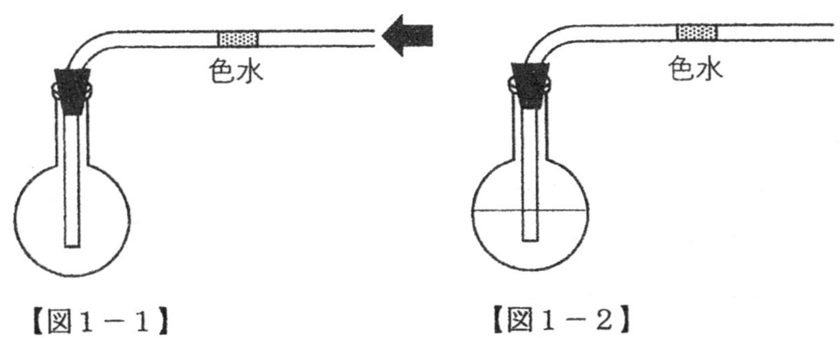

【図１－１】　【図１－２】

実験１　図１－１の装置の丸底フラスコの部分を８０℃のお湯の入った水そうにひたしました。

（１）色水は図１－１の位置と比べて、左右のどちら側へ移動しますか。

（２）（１）のように答えた理由を説明しなさい。

実験２　図１－１のガラス管の矢印（⬅）の部分から、空気をふきこみました。

（３）色水は図１－１の位置と比べて、左右のどちら側へ移動しますか。

（４）ふきこむのをやめると、色水の位置は（３）の位置と比べてどのように変化しますか。次の**ア**～**ウ**から１つ選んで記号で答えなさい。

ア　左へ移動する　　**イ**　右へ移動する　　**ウ**　変化しない

（５）（４）のように答えた理由を「空気をふきこむことをやめることによって・・」から続くように説明しなさい。

実験３　図１－２の装置の丸底部分を加熱器具で加熱して中の水をふっとうさせました。

（６）ガラス管の右側から、色水を先頭にして続いて出てくるものを以下のようにまとめたとき、②に当てはまるものを下の**ア**～**ウ**から選んで記号で答えなさい。

色水　→　（　①　）　→　（　②　）　→　（　③　）

ア　フラスコ内の水　　**イ**　ガラス管内の空気

ウ　水蒸気（すいじょうき）を含んだフラスコ内の空気

2

メダカの誕生についての**せい子**と**まさお**の会話を読み、問いに答えなさい。

せい子：メダカのたんじょうを観察するための準備には、何が必要かしら。

まさお：メダカのたんじょうを観察するには、水草をいれた水そうにおすとめすのメダカをそれぞれ数匹ずつ入れるよ。

せい子：(a) おすとめすのメダカはひれの形で見分けることができるのよね。いつごろに卵をうむのかしら。

まさお：初夏になり水温が高くなると、めすは卵をうみ、うみ出された卵は水草にからみつくよ。その後、うみ出された卵はおすの（①）と結びついて（②）し、(b)（②）した卵は変化しながら数週間かけて子どものメダカになるんだよ。

せい子：子どものメダカを見るのが今から楽しみね。

（１）下線部（a）についてメダカのおすとめすを見分けることができるひれの部分を正しく囲んである図を次の**ア**～**エ**から選びなさい。

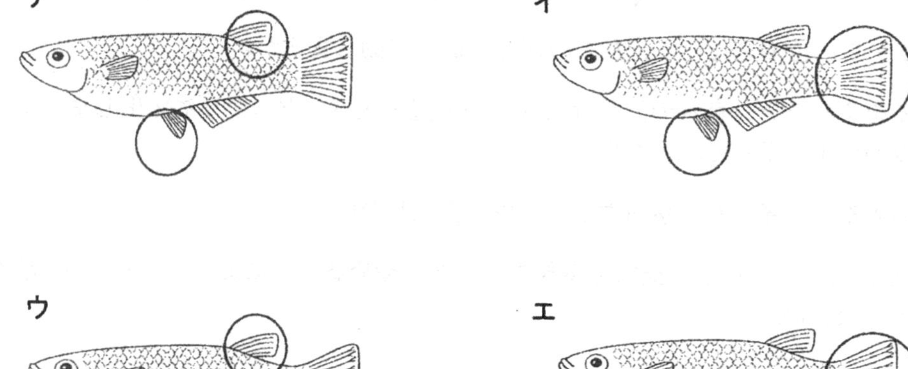

（２）文中の①・②にあてはまる言葉を漢字で答えなさい。

（3）下線部（b）について、次の図は、メダカの卵が変化する様子を観察してスケッチしたものです。

①図のア～オを卵が変化する順番に並(なら)べかえて、記号で答えなさい。

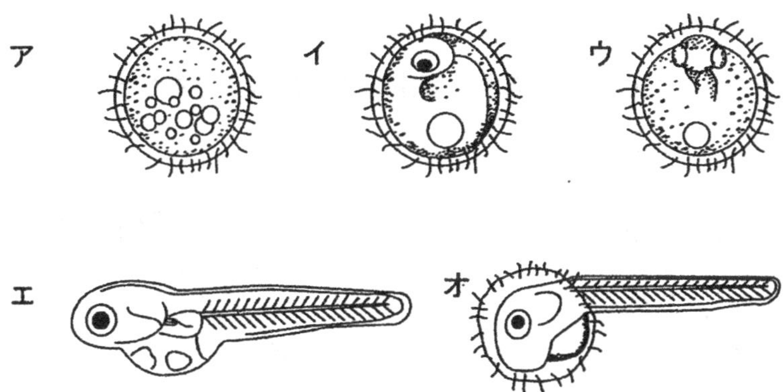

②卵からかえったばかりのメダカは、2～3日間えさをとらなくてもよいのはなぜですか。説明しなさい。

3

かん電池と豆電球をつないで図3－1のような回路を作りました。次の問いに答えなさい。

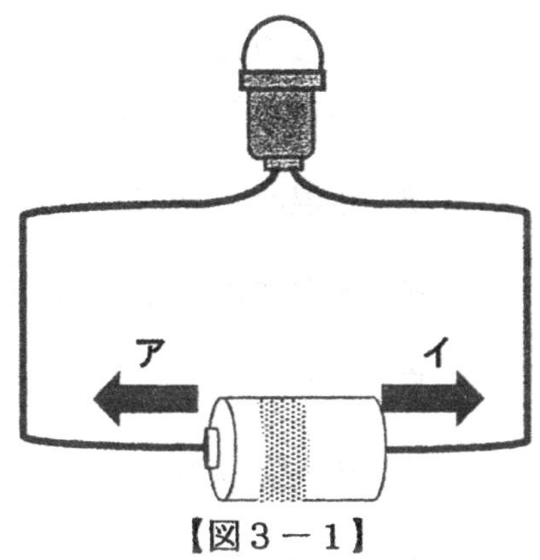

【図3－1】

（1）回路ができると、電気が流れます。この電気の流れを何といいますか。

（2）電気の流れる向きは図3－1中のア、イのどちらですか。記号で答えなさい。

（3）かん電池を2個に増やしたとき、豆電球の明るさが図3－1とほとんど同じ明るさになるつなぎかたはどのようになりますか。解答らんの図に導線を書きこみなさい。

（4）かん電池の向きを変えると電気の流れる向きが変わることを確かめるとき、かん電池とどの道具を使って回路を作れば良いですか。ア～ウから1つ選び記号で答えなさい。複数解答があっても、答えるのは1つでよろしい。

ア　プロペラのついたモーター　　イ　電子オルゴール　　ウ　検流計

（5）（4）で選んだ道具は、かん電池の向きを変えるとどのように反応が変化するか文章で説明しなさい。

4

ものをあたためる２つの実験について、問いに答えなさい。

〔実験１〕試験管に水を入れたものを図４－１のような向きで固定して、加熱器具であたためた。

〔実験２〕鉄の棒(ぼう)を図４－２のような向きで固定して加熱器具であたためた。

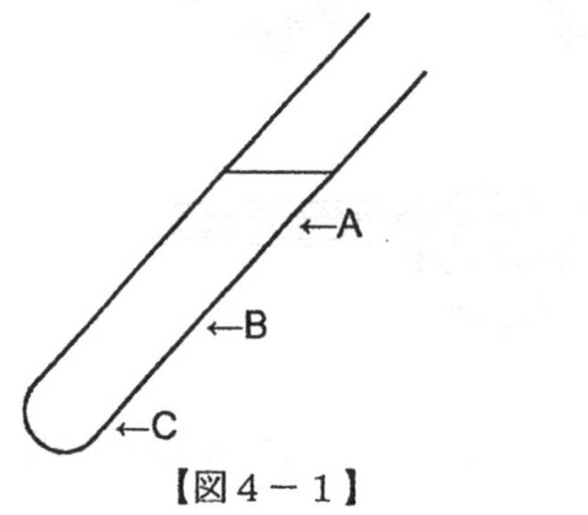

【図４－１】

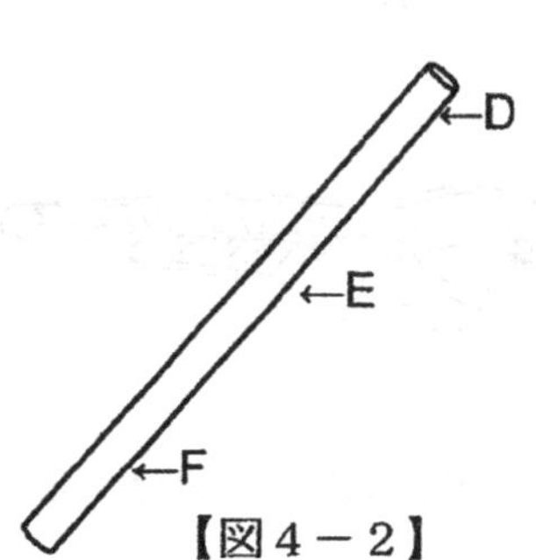

【図４－２】

（１）図のＢとＤの位置をそれぞれおよそ１分間あたためたあとの温度について述べた次の**ア**～**カ**の文のうち、正しいものをすべて選び、記号で答えなさい。ただし、加熱器具によるあたため方はどちらも同じようにし、水はふっとうしていないものとします。

ア　水温はＡの位置がＣの位置よりも高い。

イ　水温はＡの位置がＣの位置よりも低い。

ウ　ＡとＢとＣの位置の水温は、どこもほぼ同じになっている。

エ　Ｂの位置の水温とＤの位置の棒の温度はほぼ同じになっている。

オ　棒の温度は、Ｄの位置が一番高く、Ｆの位置が一番低い。

カ　棒の温度は、Ｄの位置もＦの位置もほぼ同じになっている。

（２）図４－１の試験管の水全体および図４－２の鉄の棒全体の温度をできるだけはやく上げるためには、それぞれどの位置を熱するのが最もよいと考えられますか。図４－１と図４－２のＡ～Ｆから選び、それぞれ記号で答えなさい。

2021(R3) 清心中　一次教科型
教英出版

（3）１５℃の水に、全体をあたためた鉄の棒（ぼう）を入れてしばらく待つと水温が２５℃まで上がり、それ以上は上がらなくなりました。このときの水温の変化を表すグラフとして最も適したものを次の**ア〜オ**から一つ選び、記号で答えなさい。ただし、鉄の棒の熱は水だけに伝わっていき、水はふっとうしていないものとします。また、点線のグラフは鉄の棒の予想温度を表し、実線のグラフは水温を表しています。

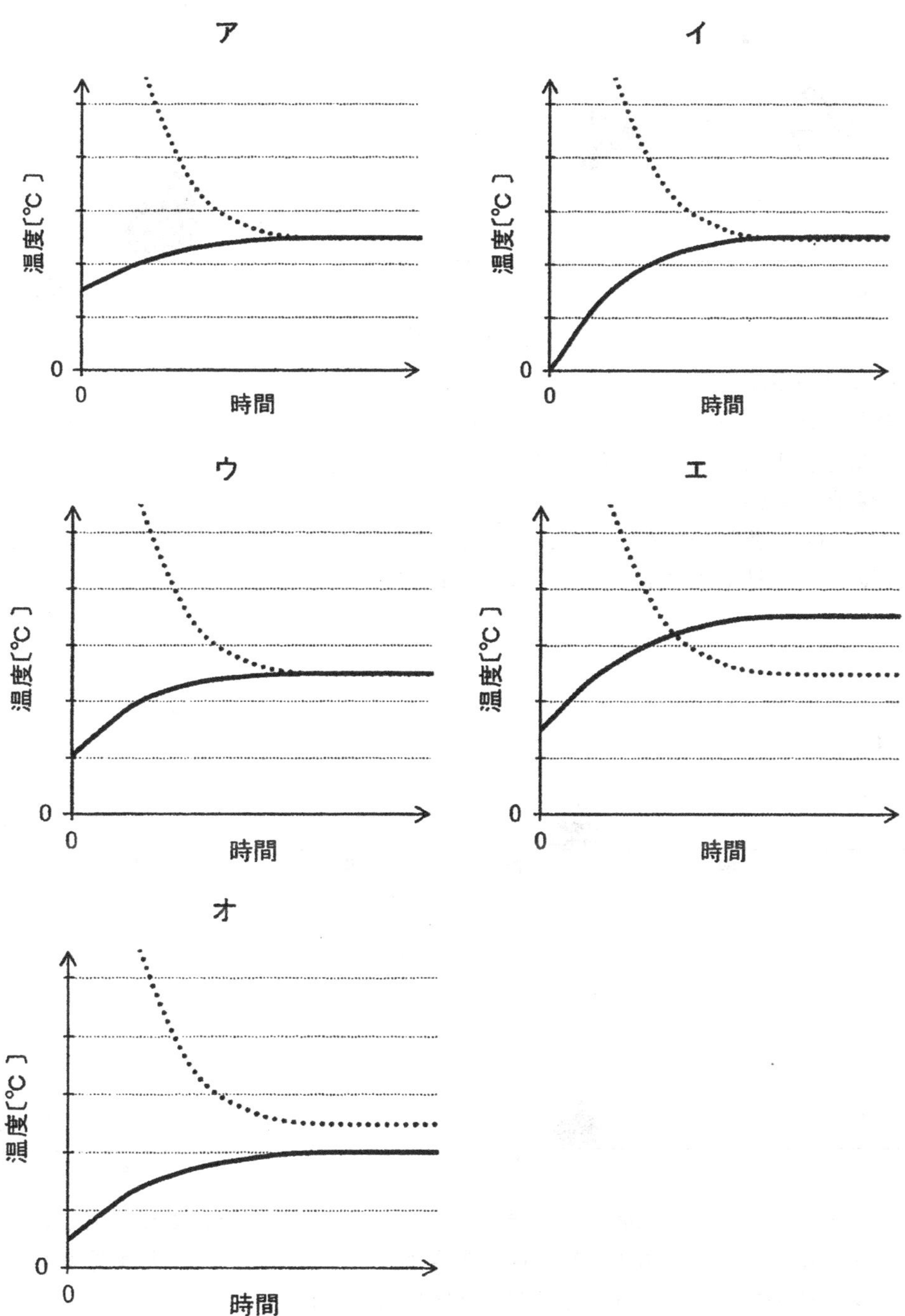

5

ある日の午後７時に南の空を見ると、ある星座と月を見つけました。

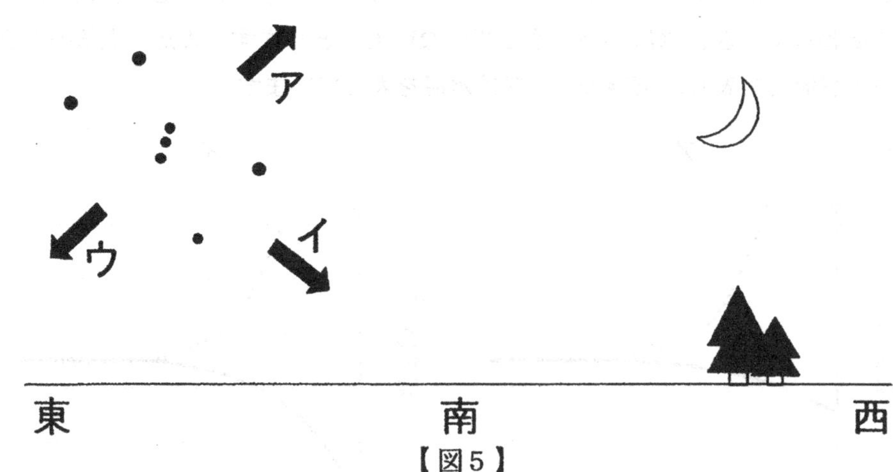

【図５】

（１）この星座の名前を答えなさい。

（２）観察した日の季節はいつですか。春・夏・秋・冬のいずれかで答えなさい。

（３）このあと、午後９時ごろに観察すると図５の星座は**ア**～**ウ**のどの方向に動きますか。記号で答えなさい。

（４）この日から１週間後にもう一度、同じ方角の空を同じ午後７時に観察すると図５の星座はどのように見えますか。正しいものを下の**ア**～**エ**から選び、記号で答えなさい。

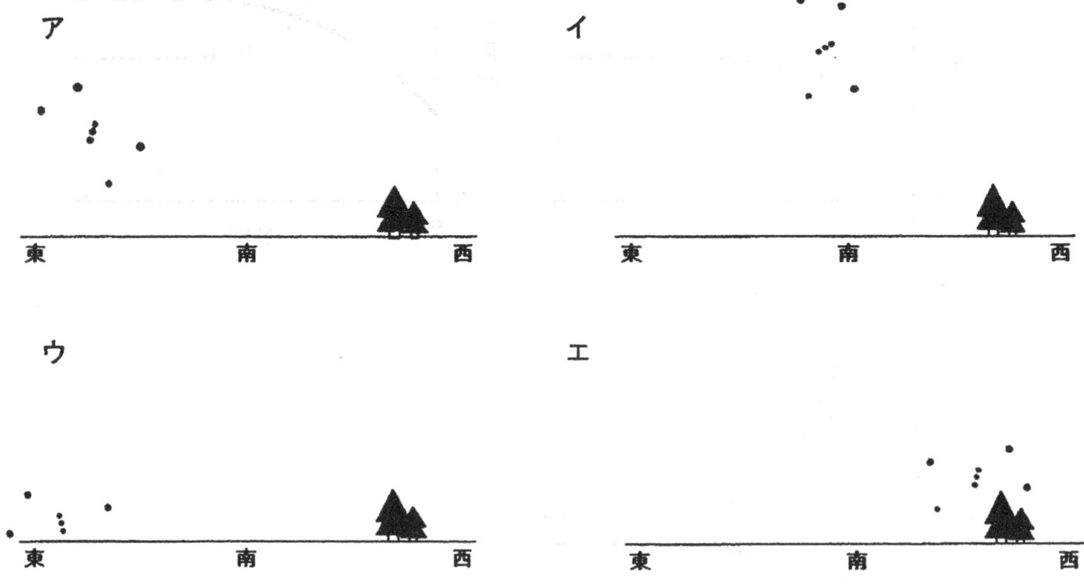

（５）星座と同じように、１週間後の午後７時に月を観察するとどのように見えますか。観察したときに見える月を解答用紙の図に書き加えなさい。ただし、月が見える位置は、同じ時刻に観察すると、１日あたり約１２度東側にずれていきます。

2021(R3) 清心中　一次教科型
K 教英出版

6

ヨウコさんと**ショウタ**くんはともに小学４年生です。次の文章は、**ヨウコ**さんと**ショウタ**くんによる学校の給食前の会話について記したものです。この文章を読んで、問いに答えなさい。

ショウタ：これから、面白いものを見せてあげるよ。

ヨ ウ コ：なになに、これが道具かしら。

ショウタ：そうだよ。先週の日曜日に作ったんだ。

ヨ ウ コ：どれどれ、水の入ったペットボトルにキャップがしてあって、その中にはプラスチックの魚がういているわ。これがどうなるの。

ショウタ：良く見ておいてね。これを右手で持って、そして左手でまほうをかけると、、、

ヨ ウ コ：あ、中の魚がしずんでいくわ。

ショウタ：そして、もう一度まほうをかけると、、、

ヨ ウ コ：あ、今度はういていくわ。

ショウタ：どう、すごいでしょ。

ヨ ウ コ：中の魚にふれていないのに、しずめたりうかせたり自由に動かせるのね。本当にまほうをかけているようだわ。

ショウタ：へへーん。実はまほうじゃないんだ。これは水の入ったペットボトルを、力を入れてにぎることで魚が動くんだよ。

ヨ ウ コ：そういうしくみだったのね。面白いわ。

ショウタ：そうでしょ。これは「浮沈子（ふちんし）」っていうんだ。中の魚を見てよ。気づくことはないかな。

ヨ ウ コ：そういえば、中に空気が入っているわね。

ショウタ：そうだよ。この空気が動くひみつなんだ。中に空気があることで魚はうこうとする。これを「浮力（ふりょく）」っていうよ。

ヨ ウ コ：その言葉は知っているわ。潜水艦（せんすいかん）がしずんだりうかんだりするのは浮力を調節しているからよね。

ショウタ：よく知っているね。その通りだよ。潜水艦の中には２つのタンクがあるんだ。一つは海水を入れるタンクで、もう一つは空気が入っているタンクなんだ。しずんでいくときは海水のタンクに海水を入れていき、重くしてしずんでいくよ。

ヨ ウ コ：うかぶときはどうするのかしら。

ショウタ：うかぶときは海水のタンクに空気を入れて軽くしていくよ。でも海の中には空気はないから、もう一つの空気のタンクから海水のタンクに空気を移していくんだ。それで浮力(ふりょく)が大きくなってうかんでいくってわけ。

ヨ ウ コ：ちょっと待って。潜水艦(せんすいかん)の中で空気を移しているだけなら、空気の量は変わらないわよね。それなのになんで浮力が調整できるのかしら？

ショウタ：よく気づいたね。実はこの空気のタンクに秘密(ひみつ)があるんだ。

ヨ ウ コ：どういうことかしら？

ショウタ：空気のタンクはただ空気を入れているだけじゃなくて、空気を圧縮(あっしゅく)して入れているんだ。圧縮すると空気の体積が減るでしょ。だから浮力が小さくなっているんだ。

ヨ ウ コ：そうだったのね。海水のタンクに空気を入れると、空気はもとの体積にもどるから浮力が大きくなるのね。

ショウタ：そういうこと。

ヨ ウ コ：よく分かったわ。ペットボトルの魚がういたりしずんだりしたのも、同じしくみなの？

ショウタ：基本的なしくみはいっしょだよ。でもプラスチックの魚の中には潜水艦のようなタンクがないから、空気を少しだけ入れているんだ。

ヨ ウ コ：なるほどね。それなら、さっき魚がしずんだときは何をしていたの。

ショウタ：実は魚がしずんだ時は、ペットボトルを持っていた右手に力を入れておしていたんだ。

ヨ ウ コ：おすことで魚の中の空気を（　　　A　　　）いたのね。

ショウタ：その通り。だからよく見ると、しずんだ時の魚の中の空気はういていた時より（　　　B　　　）。もう一度やるからよく見てよ。

ヨ ウ コ：あっ！本当だ。そしてうかせるときはどうするの。

ショウタ：うかせるときは右手の力をぬくだけだよ。

ヨ ウ コ：なるほど。それでもとにもどるってことね。とても面白かったわ。

ショウタ：ありがとう。あ、給食が運ばれてきたよ。

ヨ ウ コ：今日はアジフライだったわね。おいしそうね！

（1）文章中から（　A　）に入る適当な文章をぬき出しなさい。

（2）文章の前後の内容から考えて、（　B　）に入る、適当な文章を書きなさい。

（3）下の図は**ショウタ**くんがつくった道具の中で、ペットボトルの中に入っているプラスチックの魚を示しています。この中のようすとして正しいものを**ア**～**ウ**から選びなさい。ただし、図中の灰色の部分が水、白い部分が空気であるとします。また、図の下側が、魚がしずむ方向とします。

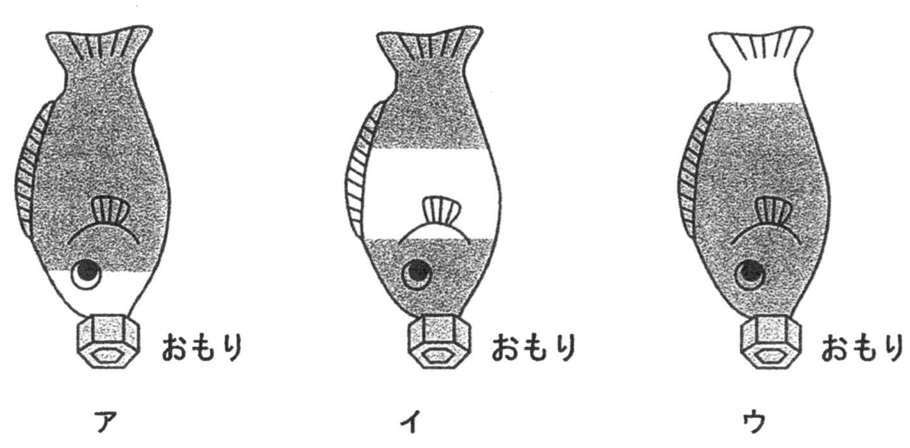

（4）文章中の下線部について、アジなどの魚類の体の中にある、浮力（ふりょく）を調整する構造のことを何といいますか。

（5）（4）の構造の中には、血液中にふくまれていた、ある気体もふくまれています。一つ答えなさい。

（6）（4）の構造を持っていない魚の仲間として、軟骨（なんこつ）魚類が知られています。軟骨魚類は、体のすべての骨がだんりょく性のある軟骨でできた魚です。次の**ア**～**オ**から、軟骨魚類を一つ選び、記号で答えなさい。

ア　フナ　　**イ**　コイ　　**ウ**　サメ　　**エ**　サンマ　　**オ**　イワシ

清心中学校
２０２１年度入学試験問題

１次教科型
〔１２月１３日実施(じっし)〕

社　会

（40分）

【　注　意　】

①試験開始の合図があるまで、この問題冊子(さっし)の中を見てはいけません。
②解答用紙と問題冊子に受験番号と名前を記入しなさい。
③解答はすべて解答用紙に記入しなさい。

受験番号		名　前	

1　次の表は、なでしこさんのクラスのみんなが、どこで、どのような買い物を１週間のうちにしたのかを調べてまとめたものです。この表を見て、あとの各問いに答えなさい。

お店の種類	買ったもの
スーパーマーケット	●●●●●●●●●●●●●●●●●●●● ●●●●●●●●●●●●●●●●　３６ ■■■■■■■■■■■■■■■■■■　１８ ▲▲▲▲▲　５　◆◆◆◆◆◆◆◆◆　９
コンビニエンスストア	●●●●●５　■■■３　◆◆２
専門店（肉屋・電気店など）	●●●●４　■１　▼１
ショッピングモール	●●●●●●６　■■■３　◆◆２
デパート（百貨店）	●●●３　■■２　▲▲▲３

品物の種類　●…食料品　■…日用品　▲…衣類　▼…電化製品　◆…その他

問１　次の商品を上の「品物の種類」に分けたとき、日用品にあたるものを、次のア～エから１つ選び、記号で答えなさい。

ア　野菜　　イ　テレビ　　ウ　せんざい　　エ　くつ下

問２　この表から分かることとして正しいものを、次のア～エから２つ選び、記号で答えなさい。

ア　まちにある店の場所　　イ　店内の商品の配置

ウ　利用する人が多い店　　エ　買った品物の種類

問３　次の文は上の表のどの店について説明したものですか。表の「お店の種類」のなかから選んで答えなさい。

２４時間あいている店が多く、夜おそくに欲しいものがあっても安心です。また、電気料金や電話代などの支払いができたり、お金の出し入れができるので、とても便利です。

問４　次の文(1)～(3)について、スーパーマーケットが行っている工夫として正しいものには○、間違っているものには×を解答欄（らん）に記入しなさい。

(1)　肉や魚、野菜などは仕入れたままの状態で販売していて、店内で加工はしない。

(2)　その日に安く売る品物をチラシなどで広告している。

(3)　個人情報を保護するため、肉や魚、野菜などの産地は表示していない。

問５　次のグラフは大型スーパーマーケット、コンビニエンスストア、デパート（百貨店）の売り上げの変化を表したものです。グラフ中のA～Cにあてはまる店の組み合わせとして正しいものを、次のア～エから１つ選び、記号で答えなさい。

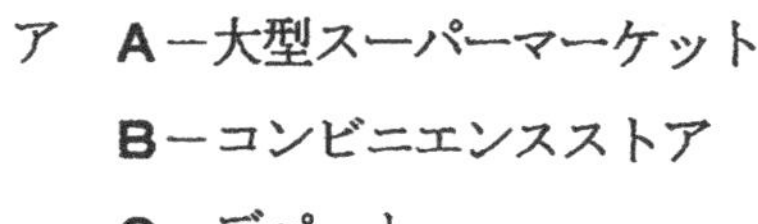

ア　A－大型スーパーマーケット
　　B－コンビニエンスストア
　　C－デパート

イ　A－大型スーパーマーケット
　　B－デパート
　　C－コンビニエンスストア

ウ　A－デパート
　　B－コンビニエンスストア
　　C－大型スーパーマーケット

エ　A－デパート
　　B－大型スーパーマーケット
　　C－コンビニエンスストア

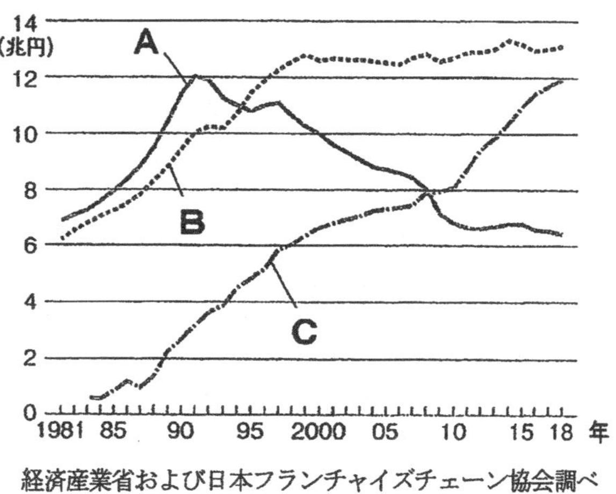

問６　なでしこさんがスーパーマーケットの店員さんに話を聞いたところ、さまざまな方法で商品が店まで届いていることが分かりました。次の文は、「鉄道」「自動車」「船」「航空機」のいずれかの運送方法の特徴（とくちょう）を説明しています。①「自動車」②「航空機」にあてはまるものを、次のア～エからそれぞれ選び、記号で答えなさい。

ア　時間はかかるが、大量の荷物を安く運ぶことができる。

イ　エネルギーを効率よく使い環境にやさしいが、地形の制約を受けやすい。

ウ　荷物をお店に直接届けることができるが、燃料が多く必要で環境にあたえる影響が大きい。

エ　遠距離を短時間で運ぶことができるが、輸送費が高く大型のものは運べない。

問７　近年は直接店に行かずに品物を手に入れる方法を利用する人も増えています。どのような方法がありますか。１つ例をあげて説明しなさい。

2　なでしこさんと清子さんが、それぞれの出身地について話しています。２人の会話を読んで、あとの各問いに答えなさい。

なでしこ　：　私は岡山(おかやま)県の北部にある真庭(まにわ)市で生まれたんだ。①雨が少ない気候の真庭市では、たくさんの乳牛が飼育されていて、②牛乳や乳製品が名産品だよ。

清　　子　：　へぇ。北部というと、私は③森林が広がっていると思っていたよ。

なでしこ　：　清子さんは南部の出身だったよね。

清　　子　：　私は倉敷(くらしき)市の出身だよ。町には漁港があって漁業がおこなわれているんだけど、④海の資源を守る活動もなされているんだよ。

なでしこ　：　そうなんだ。私のおじさんが高知(こうち)県で漁師をしていて、⑤遠洋漁業でマグロやカツオを捕獲(ほかく)しているんだって。それから倉敷市は、ものづくりも有名だよね。

清　　子　：　お父さんは⑥工業地帯にある石油工場で働いているんだ。それに、いま話題のジーンズづくりでは、⑦ものづくりの技術の高さが国内外で評価されているよね。

問１　下線部①について、以下の各問いに答えなさい。

(1)　瀬戸内海(せとないかい)の気候を説明した次の文の空欄（A）～（D）にあてはまるものを、図を参考にしながら選び、正しい組み合わせをア～エから１つ選びなさい。

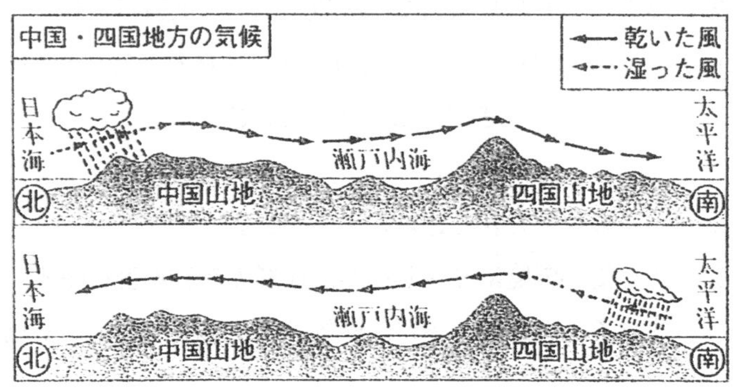

日本海(にほんかい)側からは（A）が、太平洋側からは（B）がそれぞれ吹き付けており、いずれも（C）が、その風は（D）雨を降らせる。よって、山地にはさまれた瀬戸内海の周辺は晴天が多い。

ア　A　夏の季節風　　B　冬の季節風　　C　水分を多く含む　　D　山地を乗り越(こ)えて
イ　A　冬の季節風　　B　夏の季節風　　C　水分を多く含む　　D　山地にあたって
ウ　A　夏の季節風　　B　冬の季節風　　C　非常に乾いている　D　山地を乗り越えて
エ　A　冬の季節風　　B　夏の季節風　　C　非常に乾いている　D　山地にあたって

(2)　下の資料は、鳥取市、岡山市、高知市それぞれの雨温図を示しています。岡山市のものを次のア～ウから１つ選び、記号で答えなさい。

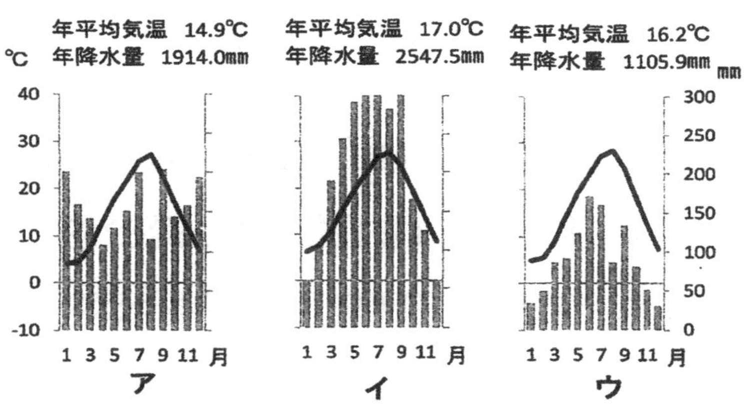

問２　下線部②のような製品をつくる農業を何といいますか。

問３　真庭市では下線部③での作業によって発生する木材を利用して、環境に配慮した発電がおこなわれています。その発電の名称を、次のア～エから１つ選び、記号で答えなさい。

ア　風力発電　　イ　バイオマス発電　　ウ　火力発電　　エ　地熱発電

問４　下線部④について、人間の手でたまごからかえした魚や貝の子どもを川や海に放流し、自然の中で育ててから捕獲する漁業のことを何といいますか。

問５　下線部⑤について、図は沿岸漁業、沖合漁業、遠洋漁業、海面養殖業の漁獲量の移り変わりを示したものです。1973年～1978年にかけて、遠洋漁業の漁獲量が大きく減少した理由として正しいものを、次のア～エから１つ選び、記号で答えなさい。

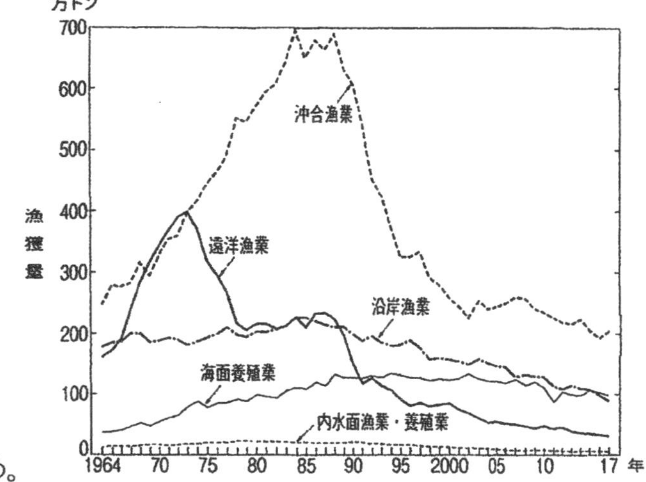

ア　プランクトンが異常発生したため。
イ　海水温や海流の流れが変化したため。
ウ　200海里水域の漁獲制限がきびしくなったため。
エ　地球温暖化によって、海が汚れてしまったため。

問６　下線部⑥について、下のグラフは日本の主要な工業地帯（地域）の製品出荷額の割合を示したものです。グラフを参考にして、瀬戸内工業地域の特徴を簡単に説明しなさい。

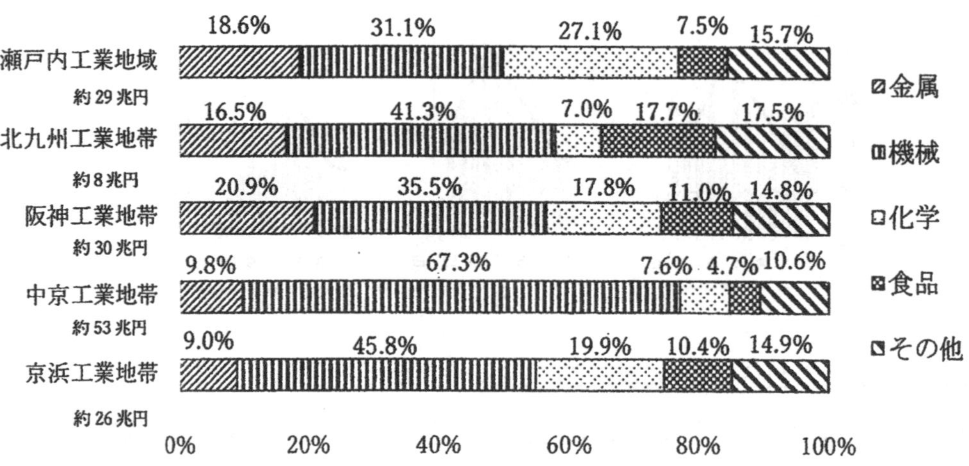

問７　下線部⑦について、日本の工業生産についての説明として正しいものを、次のア～エから１つ選び、記号で答えなさい。

ア　ものづくりに必要な原料や資源は、日本国内でまかなっている。

イ　日本のものづくりのほとんどが、機械を使った大工場を中心におこなわれている。

ウ　ものづくりの際には、自然環境を汚さないよう配慮する取り組みがおこなわれている。

エ　ものづくりを支える高い技術力は、すべて海外から取り入れられたものである。

二〇二一年度　入学試験　一次教科型〔一二月一三日実施〕

清心中学校

国語

受験番号	
名前	

〔注意〕※印のところは何も書かないこと。
字数が決められているものは、「、」や「。」、記号も一字とします。

※

※100点満点
（配点非公表）

一

①	②	③	④	⑤
	く			ぶ

⑥	⑦	⑧	⑨	⑩
いた	う			べる

二

問一　Ⅰ　Ⅱ　Ⅲ

問二　①　②　・　・

問三

問四

(5)			

4					※
(1)					
(2)	図4－1	図4－2	(3)		

5				※
(1)		(5)		
(2)				
(3)				
(4)			東　南　西	

6				※
(1)				
(2)				
(3)		(4)		
(5)		(6)		

問1	(あ)	(い)	問2	
問3		問4		問5
問6				

※

4

問1	(あ)	(い)	問2	
問3				
問4		問5	→ →	

※

いけません。

・「始め」の合図があってから，検査用紙の枚数を確かめ，４枚とも指定された場所に受験番号を記入しましょう。

・検査用紙の枚数が足りなかったり，やぶれていたり，印刷のわるいところがあったりした場合は，手をあげて先生に知らせましょう。

・検査用紙の［※　　］には，何も書いてはいけません。

・この検査の時間は，４５分間です。

・表紙(この用紙)と検査用紙は，持ち帰ってはいけません。

・表紙(この用紙)の裏を，計算用紙として使用してもよろしい。

※

(3)　今年の入選した作品は20点で，いずれも縦(たて)40cm，横25cmの長方形の形をしています。図3の台紙Aまたは台紙Bのどちらかに20点の作品をすべて並(なら)べて展示します。台紙Aと台紙Bの作品を並べる部分は，どちらも長方形であり，図4のように，台紙のはしと作品の間，となり合う作品の間をそれぞれ4cm以上はなれるようにして並べます。すべての作品の辺と台紙の辺が平行になるように並べるとき，台紙Aと台紙Bのどちらを使い，作品は縦に何点，横に何点並べればよいか答えましょう。また，どのようにして求めたかも説明しましょう。

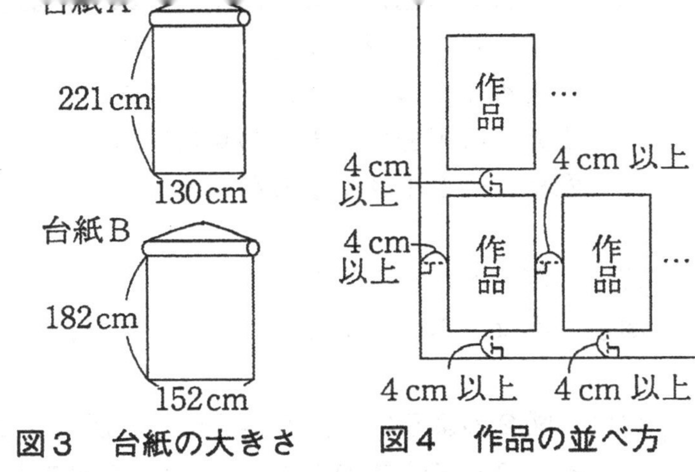

図3　台紙の大きさ　　図4　作品の並べ方

説明

台紙　　，縦に　　点，横に　　点

(2) 解答欄の図は，桜と[illegible]が色をぬったあとの旗を表したものです。この図形が線対称な図形になるように，解答欄の図に色をぬりましょう。ただし，マス目は同じ大きさの正方形と，正方形の半分の大きさの直角三角形であり，色をぬる部分の面積は最も小さくなるものとします。

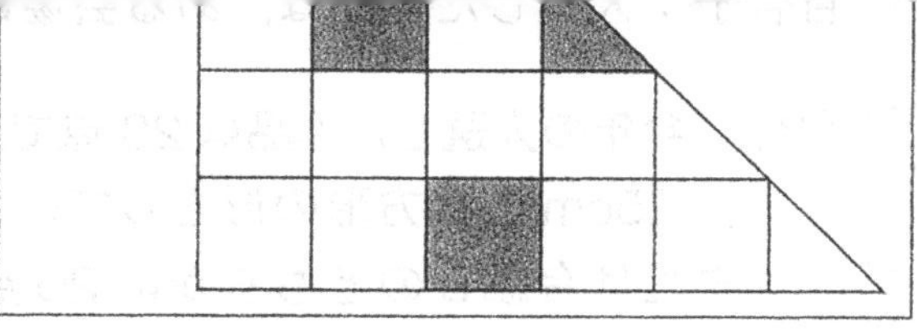

桜　：ボートが完成したわ。

蘭子：次は，ボートを流すコースを作りに川へ行きましょう。

※

(3) 図２のように，円を半分にした図形２つと，同じ長さの直線を３本組み合わせたコースを作ったところ，コース全体の長さは26mになりました。１本の直線部分の長さは何ｍか答えましょう。また，どのようにして求めたかも説明しましょう。ただし，円周率は3.14とし，コースのはばは考えないものとします。

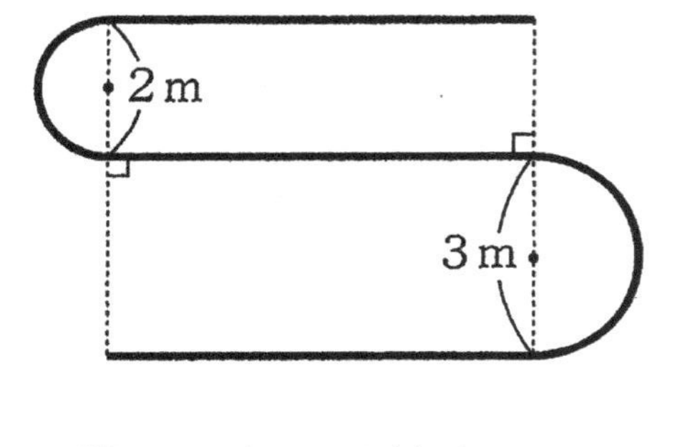

図２　ボートを流すコース

理由：

※

（2） 次の問いに答えなさい。

① 図２のようなア～ウのアルミかんとロウソクを使って実験を行いました。このアルミかんは，上をくりぬいて横からあなをいくつかあけてあり，底はとじています。これを逆さにして火のついたロウソクにかぶせたとき，一番長くロウソクの火が燃えたのはどのアルミかんですか。

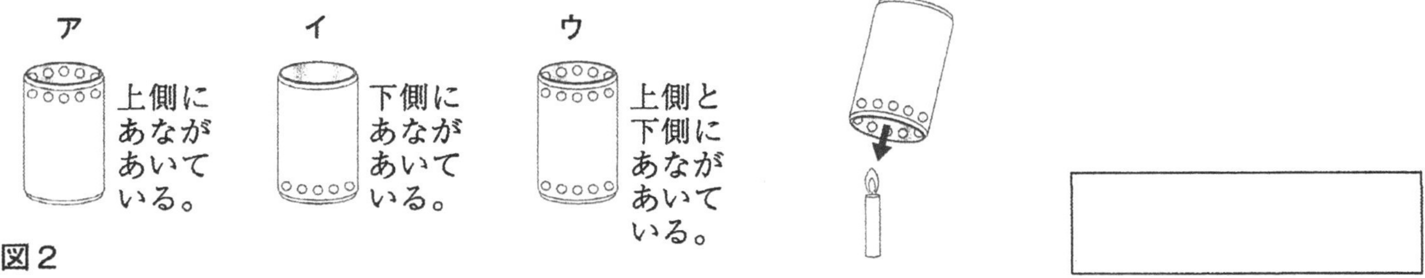

図２

② 火災が起きた場合，避難（ひなん）するときに「窓（まど）やとびらを閉（し）めるように」と言われることがあります（地域（ちいき）によっては指示が異（こと）なります）。窓やとびらを閉めることは何を目的としていますか。説明しましょう。

二〇二一年度

清心中学校　適性検査Ⅱ

【注意】

・この検査は、文章や資料を読んで、太字で書かれた課題に対して、答えやあなたの考えなどを書く検査です。課題ごとに、それぞれ指定された場所に書きましょう。解答欄外に書いたものは採点の対象になりません。

・検査用紙は、表紙（この用紙）をのぞいて、四枚あります。指示があるまで、下の検査用紙を見てはいけません。

・「始め」の合図があってから、検査用紙の枚数を確かめ、四枚とも指定された場所に受験番号を記入しましょう。

・検査用紙の枚数が足りなかったり、やぶれていたり、印刷のうすいところがあったりした場合は、手をあげて

※100点満点
（配点非公表）

受験番号	

課題1　次の文章を読んで、あとの(1)～(5)に答えましょう。

動物であっても、長い年月の進化の結果、多種多様な種が生まれ、殻をかぶった昆虫や背骨をもった魚類などになりました。その魚類からはカエルなどの両生類が生まれ、ヘビなどのハ虫類、トリケラトプスのような恐竜類、ハトのような鳥類、ヒトや牛のようなホ乳類へと進化してきたのです。

いずれも、祖先から分かれるときに少し変わった能力を獲得し、それが自然環境によく合っていると栄え、自然環境に［　X　］。こうして、木が次々と枝分かれするように生物の種が増え、複雑な体をもったものが生まれてきたのです。

ヒトはサルから生まれたといわれていますが、現代のア<u>サルからヒトが生まれたわけではありません</u>。サルとヒトの共通の祖先がいて、約600万年前、その祖先からサルとヒトに分かれたのです。だから、はじめ人は4本足だったのですが、2本足で立って歩けると手を使えるようになり、食べ物が集めやすいとか、道具をつくることができるなど、生きていく上で他の動物とは異なる生活の仕方を身につけました。

ヒトは生物として見た場合には何ら特別な存在ではなく、単純な祖先から枝分かれして生まれ、生き残ってきた動物の一種なのです。20万年前に現れ2万数千年前に一人もいなくなったネアンデルタール人のように、生き残れずに絶滅したヒトの種も多くありました。

ヒトが他の動物と異なるのは、脳の発達によって、考えたり、予想したり、意志を伝達し合ったりするなかで、生活に役立つものをつくり、文化を生みだし伝えてきたことです。ヒトは、それによって大いに繁栄し、きびしい自然を生き抜くことができたのです。そして動物としてのヒトから、知恵をもつ人になったのです。

人類の祖先は、約600万年前にアフリカに現れたと考えられています。2本足で立ち、森を出て草原にくらすようになったのです（どのようにして2本足で立って歩けるようになったかについては、いろいろな説があります）。2本足で立つことによって両手を自由に使えるようになり、いろんな手作業をすることができるようになりました。草原には森林とちがう動物や植物が生息し、それらを食糧として獲得する方法を身につけました。イ<u>手の解放はヒトが進化してゆく大きなきっかけとなったのです</u>。

2※

課題2　「国語に関する世論調査」によると「『御の字』はどちらの意味だと思うか」という質問に対し、約37％の人が本来の意味である「大いに有り難い」だと答え、約50％の人が本来の意味ではない「一応、納得できる」だと答えました。このように言葉の使われ方が変化することを、あなたは受け入れるべきだと考えますか、受け入れるべきでないと考えますか。あなたの立場を明らかにしたうえで、その理由を、あなた自身の経験などをふくめて二百字以内で具体的に書きましょう。（、や。や「　」なども一字に数えます。段落分けはしなくてよろしい。一マス目から書き始めましょう。）

※

200字

資料２　エコファーマーのマーク

（和歌山県農業生産局）

資料３　エコファーマーによる農産物の表示例

エコファーマーが生産した農産物です

写真・図等	○　○　○　○（←認定された者および団体名） ●エコファーマーとは● 持続農業法に基づき，土づくりに関する技術，化学肥料・化学農薬を減らす技術の導入計画を作成し，県の認定を受けた農業者のことです。

※

（３）　会話文の①＿＿について，エコファーマーのマークが作られた目的は何でしょうか。資料２と資料３からわかることを書きましょう。

受験番号	

友紀：私は，これからの農業について調べ，資料４と資料５を見つけました。
先生：②日本の農業は，たださいばいするだけのものから変わってきているようですね。

資料４　農園の取りくみの例

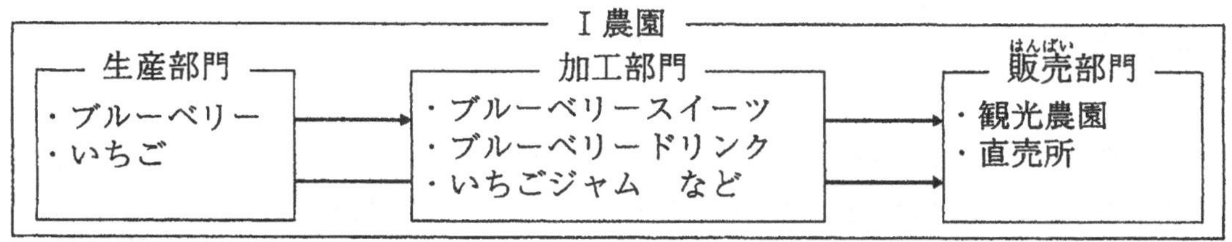

資料５　農業生産関連事業※の販売額の変化

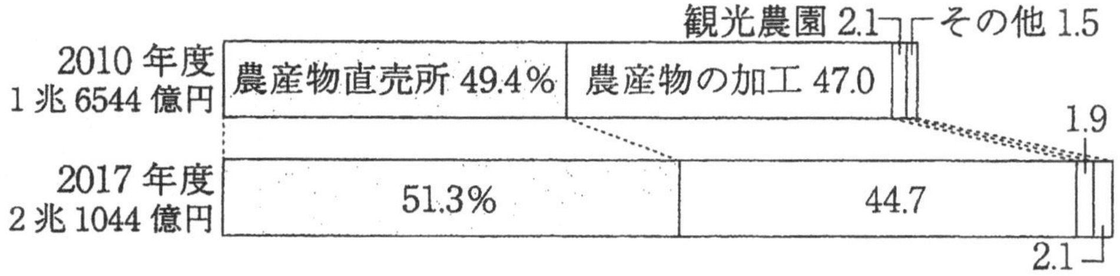

※農産物の加工部門や販売部門をふくむ事業　　（2020 年版「日本のすがた」から作成）

※

（４）　会話文の②＿＿について，日本の農業は，さまざまな工夫をすることで発展しています。その工夫とは，どのようなことでしょうか。資料４と資料５からわかることを書きましょう。

受験番号	

３※

課題３　友紀(ゆき)さんと智美(ともみ)さんは，岡山県と日本の農業について調べた内容をもとに，先生を交えて話し合いました。会話文を読んで，あとの(１)～(４)に答えましょう。

先生：資料１は，岡山県と，岡山県と耕地面積が同じくらいの三重県，広島県の農業に関する統計です。資料１を見ると，どんなことがわかりますか。

友紀：岡山県の果樹(かじゅ)園の面積は，耕地面積の約６％程度なんですね。

※

（１）　三重県や広島県と比べて，岡山県の果実の生産にはどのような特ちょうがありますか。資料１から読みとれることを書きましょう。

資料１　岡山県・三重県・広島県の耕地面積と果樹園の面積および果実の産出額

県	耕地面積（ha）		果実の産出額（億円）
		果樹園の面積（ha）	
岡山県	64600	3630	280
三重県	58900	5790	67
広島県	54800	5630	172

（2020 年版「県勢」から作成）

※

（２）　(１)のようになっている理由として考えられることを書きましょう。

受験番号

(3) ――ア「サルからヒトが生まれたわけではありません」とありますが、これは具体的にはどのようなことを意味しているのですか。「～こと。」で終わるように二十五字以内で書きましょう。（、や。なども一字に数えます。）

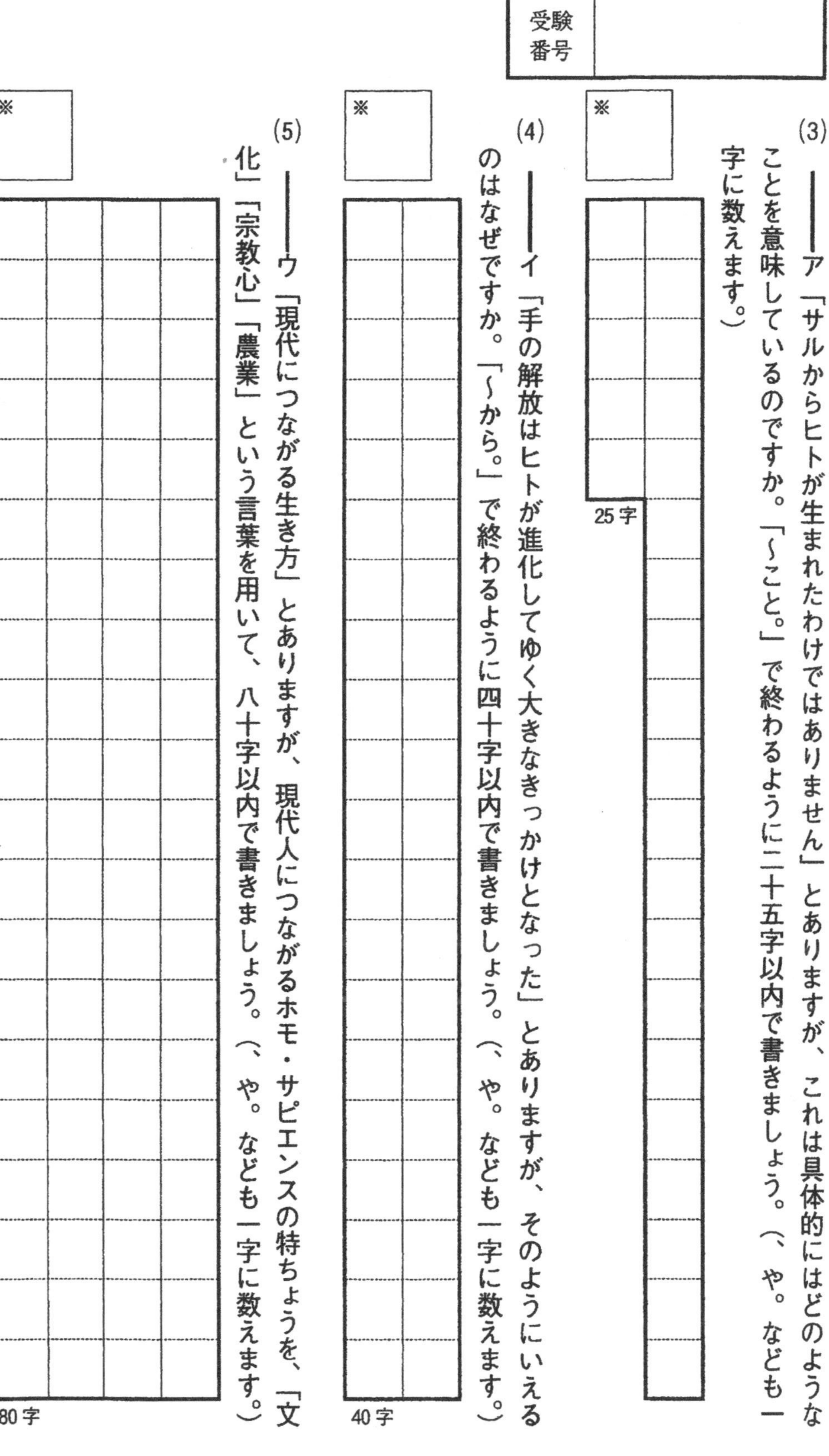

※

25字

(4) ――イ「手の解放はヒトが進化してゆく大きなきっかけとなった」とありますが、そのようにいえるのはなぜですか。「～から。」で終わるように四十字以内で書きましょう。（、や。なども一字に数えます。）

※

40字

(5) ――ウ「現代につながる生き方」とありますが、現代人につながるホモ・サピエンスの特ちょうを、「文化」「宗教心」「農業」という言葉を用いて、八十字以内で書きましょう。（、や。なども一字に数えます。）

※

80字

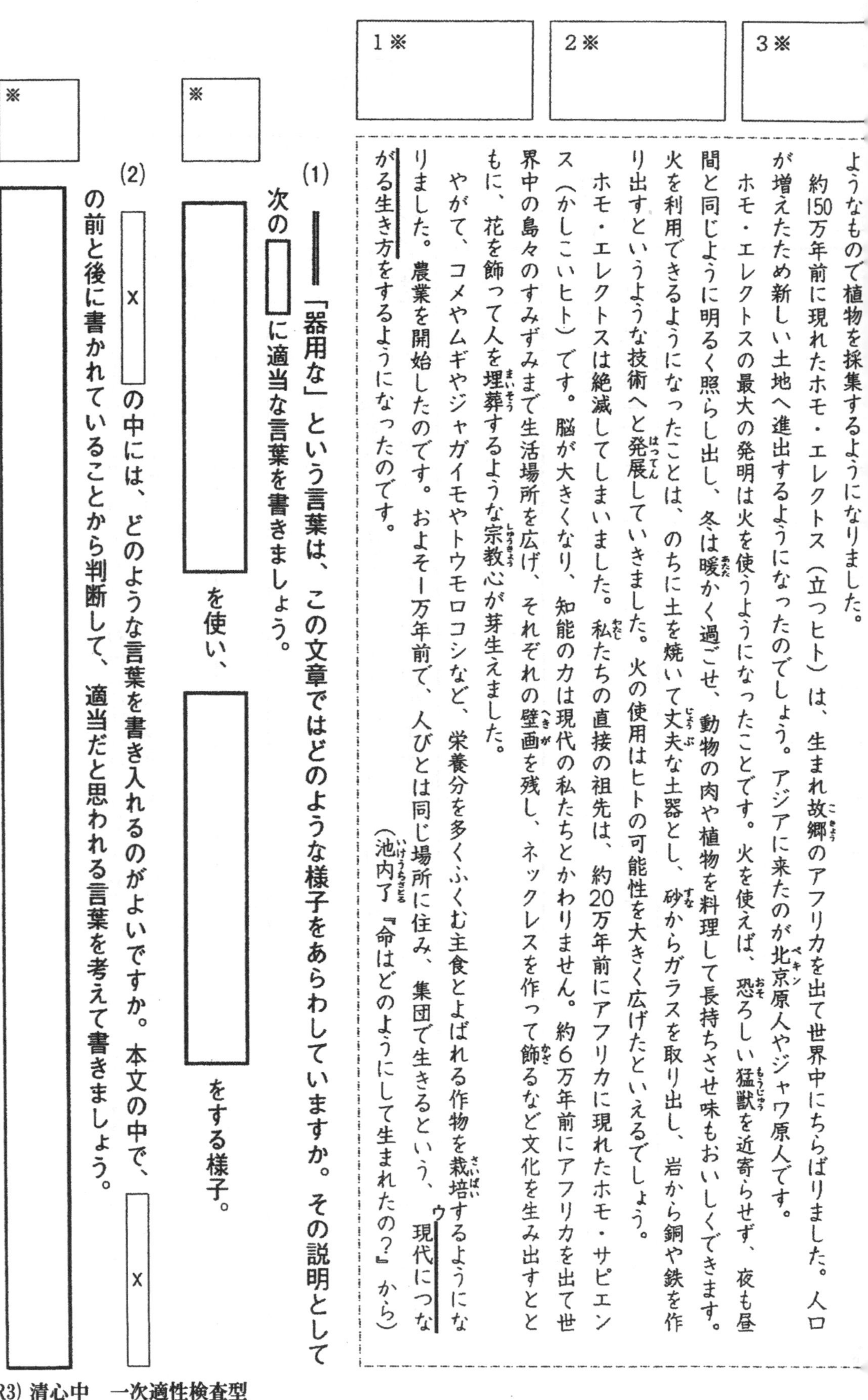

1※　2※　3※

ようなもので植物を採集するようになりました。

約150万年前に現れたホモ・エレクトス（立っヒト）は、生まれ故郷のアフリカを出て世界中にちらばりました。人口が増えたため新しい土地へ進出するようになったのでしょう。アジアに来たのが北京原人やジャワ原人です。

ホモ・エレクトスの最大の発明は火を使うようになったことです。火を使えば、恐ろしい猛獣を近寄らせず、夜も昼間と同じように明るく照らし出し、冬は暖かく過ごせ、動物の肉や植物を料理して長持ちさせ味もおいしくできます。火を利用できるようになったことは、のちに土を焼いて丈夫な土器とし、砂からガラスを取り出し、岩から銅や鉄を作り出すというような技術へと発展していきました。火の使用はヒトの可能性を大きく広げたといえるでしょう。

ホモ・エレクトスは絶滅してしまいました。私たちの直接の祖先は、約20万年前にアフリカに現れたホモ・サピエンス（かしこいヒト）です。脳が大きくなり、知能の力は現代の私たちとかわりません。約6万年前にアフリカを出て世界中の島々のすみずみまで生活場所を広げ、それぞれの壁画を残し、ネックレスを作って飾るなど文化を生み出すとともに、花を飾って人を埋葬するような宗教心が芽生えました。

やがて、コメやムギやジャガイモやトウモロコシなど、栄養分を多くふくむ主食とよばれる作物を栽培するようになりました。農業を開始したのです。およそ1万年前で、人びとは同じ場所に住み、集団で生きるという、ウ現代につながる生き方をするようになったのです。

（池内了『命はどのようにして生まれたの？』から）

(1) ――「器用な」という言葉は、この文章ではどのような様子をあらわしていますか。その説明として次の□に適当な言葉を書きましょう。

※

［　　　　］を使い、［　　　　］をする様子。

(2) ［ X ］の中には、どのような言葉を書き入れるのがよいですか。本文の中で、［ X ］の前と後に書かれていることから判断して、適当だと思われる言葉を考えて書きましょう。

※

［　　　　］

・検査用紙の ※ には、何も書いてはいけません。

・この検査の時間は、四十五分間です。

・表紙（この用紙）と検査用紙は、持ち帰ってはいけません。

(Ⅰ－4)

受験番号	

※

(3)　図3のように，直径4 mm程度の小石と直径1 mm程度の砂(すな)つぶ，直径0.05 mmの泥(どろ)つぶを水の入ったペットボトルに入れてふり混ぜた後，一晩(ばん)そのままおいておきました。翌日(よくじつ)，ペットボトルの中の様子を観察すると，小石，砂つぶ，泥つぶは水の中でどのような状態になっていますか。「小石」「砂つぶ」「泥つぶ」ということばを全て用いて説明しましょう。

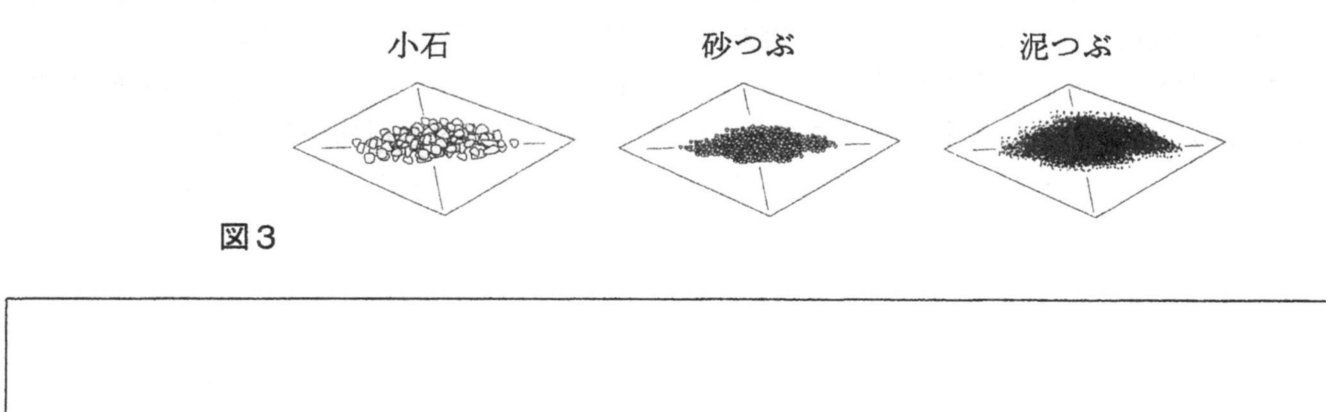

図3

（Ⅰ－3）

受験番号	

3※

課題3　次の(1)〜(3)に答えましょう。

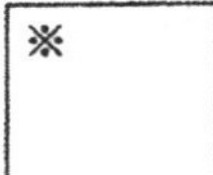

(1)　図1のように，容器AとBにはしめっただっし綿を，容器Cにはしめった土を，容器Dにはかわいた土を入れ，インゲンマメの種子を植えました。次に，容器AとCとD内の温度は25℃とし，容器B内の温度は10℃としました。さらに，容器の上にはラップでふたをしました。

1週間後，A〜Dの種子を取り出し，ヨウ素液につけました。この時のA〜Dの種子の色の変化について正しく表したものを下のア〜カから1つ選び，選んだ理由を説明しましょう。

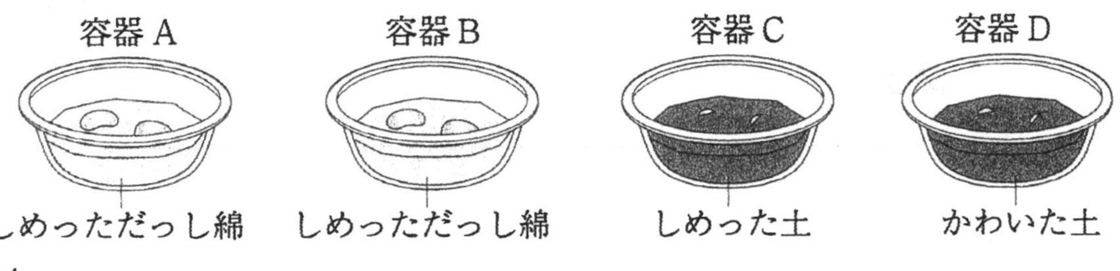

図1

ヨウ素液につけた種子の中の色の変化（青紫(あおむらさき)色に変化したものを○，変化しなかったものを×で表す）

	ア	イ	ウ	エ	オ	カ
容器A	○	○	×	×	○	×
容器B	×	×	×	○	○	×
容器C	○	○	○	×	○	×
容器D	×	○	○	○	×	○

受験番号	

2※

課題２　桜さんと蘭子（らんこ）さんは，厚紙でボートを作っています。あとの（１）～（３）に答えましょう。

桜　：水がしみこまないように，厚紙にはすべてセロハンをはりつけたよ。
蘭子：図１の作り方の手順にしたがって，ボートを作りましょう。

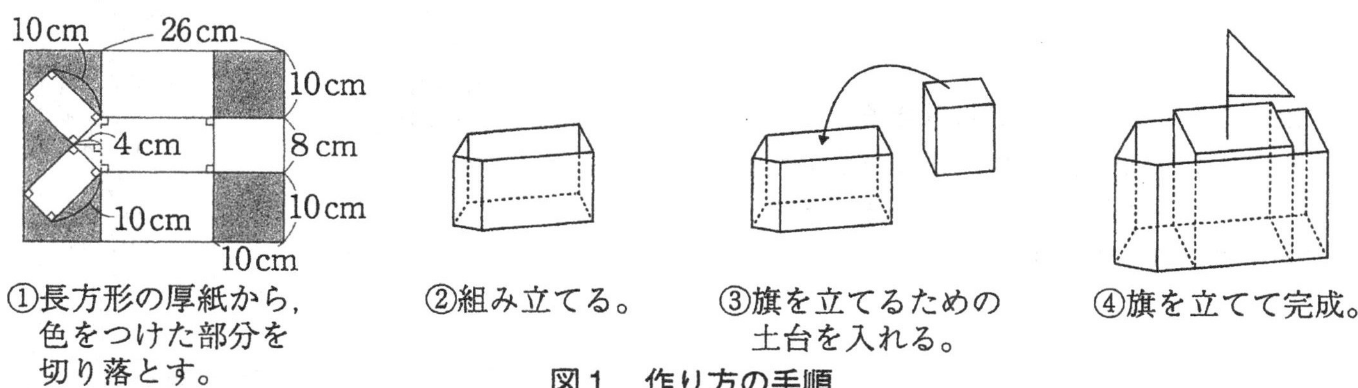
10cm
26cm
10cm
4cm
8cm
10cm
10cm
10cm
①長方形の厚紙から，色をつけた部分を切り落とす。
②組み立てる。
③旗を立てるための土台を入れる。
④旗を立てて完成。

図１　作り方の手順

※

（１）　旗を立てるための土台を入れる前（図１の作り方の手順②の状態）のボートの容積は何 cm^3 か答えましょう。ただし，厚紙の厚さとのりしろは考えないものとします。

cm^3

桜　：正方形の布を半分に切って，旗を作ってみたの。布にかけるペンを使って，色をぬってみたのだけれど，どうかしら。
蘭子：色をぬる部分を増やして，線対称（せんたいしょう）な図形にしたら，もっと

解答欄

（Ⅰ－1）

受験番号	

※100点満点
（配点非公表）

1※	2※	3※	※

課題1　百合子さんと桜さんは，百合子さんが絵を出展した絵画コンクールについて話をしています。あとの（1）～（3）に答えましょう。

百合子：私は，家の庭にさいている花の絵をかいたの。
桜　：すてきな絵だわ。

※

（1）　図1，図2は，それぞれ百合子さんの家の庭にさいている実際の花と，百合子さんがかいた絵を表したものです。図2が図1の拡大図であるとき，図1のアは何cmになるか答えましょう。

cm

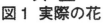

図1 実際の花

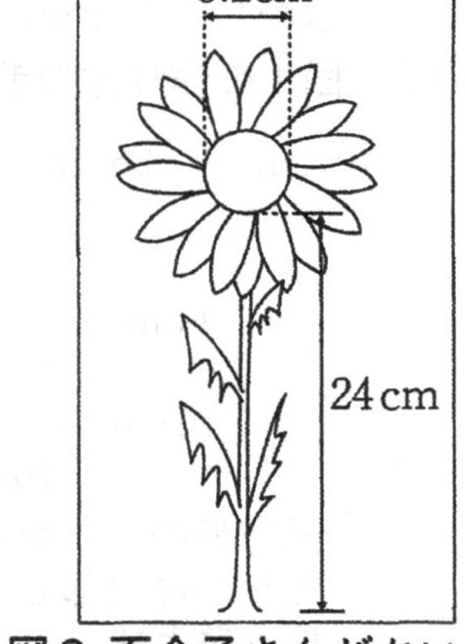

図2 百合子さんがかいた絵

百合子：この絵画コンクールでは，賞の種類と，それぞれの賞に選ばれる作品数は表のようになっているのよ。
桜　：百合子さんの作品も，ぜひいずれかの賞に選ばれてほしいわ。

表　賞の種類と作品数

賞	作品数
金　賞	… 1点
銀　賞	… 5点
銅　賞	… 優秀賞の作品数の4割
優秀賞	… 作品全体の5％

※

（2）　いずれかの賞に選ばれることを「入選する」といいます。去年は出展された作品数が全部で300点でした。去年の入選した作品数は，作品全体の何％だったか答えましょう。ただし，2つの

２０２１年度

清心中学校　適性検査Ⅰ

【注意】

・　この検査は，文章を読んで，太字で書かれた課題に対して，答えやあなたの考えなどを書く検査です。

２０２１年度入学試験（１次教科型）　［１２月１３日実施］　※50点満点（配点非公表）

清心中学校

社会　解答用紙

受験番号		名前	

注意・・・※印のわく内には何も書かないこと

1

問1		問2			問3		
問4	(1)	(2)	(3)	問5		問6	① ②
問7							

※

2

問1	(1)	(2)	問2		問3		問4	
問5		問6						
問7								

※

【解答

※50点満点
(配点非公表)

2021年度入学試験（1次教科型）

清心中学校

理科　解答用紙

受験番号		名前	

注意…※印のわく内には何も書かないこと。解答らんのわくの外に書かれたものは採点されません。

1

(1)		(2)		※
(3)		(4)		
(5)	空気をふきこむことをやめることによって			
(6)				

2

(1)		(2)	①	②	※
(3)	①　→　→　→　→				
	②				

3

(1)			※
(2)			
(4)			

【解答

※

三

問一	問二	問三	問四	問五	問六
		方 / 方	A / B		

問六

〈　問題は次のページに続きます　〉

3 日本の世界文化遺産に関係する次の文を読んで、あとの各問いに答えなさい。

A 古都奈良の文化財

①平城京と関わりの深い、東大寺、唐招提寺、平城宮跡などで構成されています。８世紀の中国、朝鮮半島との密接な文化的交流の歴史を示していることなどが評価されました。

B 石見銀山遺跡とその文化的景観

島根県にある石見銀山は、16 世紀～17 世紀に大量の銀が採掘されました。特に、②17 世紀前半の最盛期には、日本は世界の銀の約３分の１を産出したといわれますが、そのかなりの部分を石見銀山が占めていたと考えられています。当時の生産現場と町並みの文化的景観が保存されています。

C 日光の社寺

中心となる日光東照宮は、17 世紀の初めに江戸幕府を開いた（　あ　）をまつっている神社です。おもな建物は、③家光の時代に建てかえられました。幕府が総力をあげてつくった東照宮は、彫刻やあざやかな色彩で飾られ、非常に豪華なつくりをしています。

D 富士山－信仰の対象と芸術の源泉

富士山は、日本を代表し象徴する名山として親しまれてきました。江戸時代、葛飾北斎が描いた「富嶽三十六景」は富士山を題材にした浮世絵です。また、（　い　）が描いた「東海道五十三次」の中にも富士山が描かれている絵があります。一方、古来より④『古今和歌集』などの数多くの和歌・物語の題材にもなってきました。

E 原爆ドーム

太平洋戦争中、広島に原子爆弾が投下されました。原爆ドームは核兵器による惨状を今に伝える建造物で、ドーム周辺の平和記念公園などと一体となって、戦争のおそろしさと平和の尊さをうったえ続けています。2016 年５月、⑤アメリカのオバマ大統領がこの広島を訪問し、大きな話題になりました。

問１　文中の空欄（　あ　）（　い　）にあてはまる人名をそれぞれ答えなさい。

問２　下線部①について、平城京について述べた文として正しいものを、次のア～エから１つ選び、記号で答えなさい。

ア　寝殿造の屋敷がたくさんつくられた。

イ　商人や職人はだれでも自由に商工業をできるようにした。

ウ　東西南北にのびる道路で碁盤の目のように区切られていた。

エ　物見やぐらがつくられ、深いほりで囲まれていた。

問３　下線部②について、このころ（17世紀前半）のできごとについて述べた文として正しいものを、次のア～エから１つ選び、記号で答えなさい。

ア　宣教師フランシスコ=ザビエルが鹿児島に来て、キリスト教を伝えた。

イ　杉田玄白らはオランダ語で書かれた人体かいぼう書をほん訳し、『解体新書』として出版した。

ウ　九州の島原や天草でキリスト教信者の農民をふくむ約４万人が一揆をおこした。

エ　農民から刀や鉄砲などの武器を取り上げる刀狩が実施された。

問４　下線部③について、家光の時代には大名の妻と子を人質として江戸に住まわせて、大名を１年おきに江戸と国元の間を往復させました。この制度を何といいますか。

問５　下線部④について、『古今和歌集』がつくられたころ、『源氏物語』や『枕草子』などたくさんの国文学が誕生しました。これは、あるものが発明されたことが関係しています。このあるものとは何ですか。

問６　下線部⑤について、オバマ大統領が広島を訪問するということが、大きな話題となった理由を簡単に説明しなさい。

4 次の年表を見て、あとの各問いに答えなさい。

1871年	藩(はん)を廃止して新たに県を置く（廃藩置県(はいはんちけん)）
	↕〔 1 〕
1874年	自由民権運動が始まる
	↕〔 2 〕
1889年	大日本帝国憲法が発布される
	↕〔 3 〕
1890年	帝国議会が開かれる
1894年	イギリスとの間で不平等条約が改正される … ①
1894年	日清戦争が起こる
1895年	ロシアがドイツ・フランスとともにリャオトン半島を清に返すように日本に強くせまる … ②
1904年	日露戦争が起こる
1910年	（ あ ）併合(へいごう)がなされる
1911年	アメリカとの間で関税自主権の回復を決める
1914年	第一次世界大戦に参戦する
1923年	東京では（ い ）がおこり、大きな被害が出る
1931年	満州事変が起こる
1941年	太平洋戦争が始まる … ③
1945年	ポツダム宣言を受け入れて戦争が終わる

問1 年表中の空欄（ あ ）（ い ）にあてはまる語句をそれぞれ答えなさい。

問2 次の絵はフランス人の画家ビゴーが描いたものです。描かれている時期はいつのものですか。年表中の〔 1 〕～〔 3 〕から選び、番号で答えなさい。

問３　年表中の①について、このときに廃止された内容は何か答えなさい。

問４　年表中の②について、リャオトン半島の場所を、右の地図のＡ～Ｃから１つ選び記号で答えなさい。

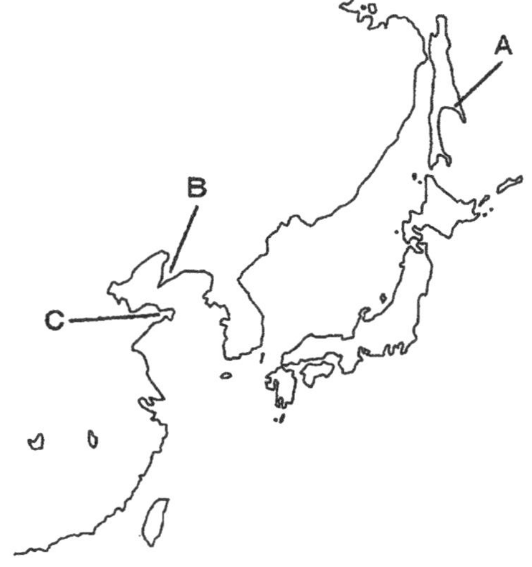

問５　年表中の③について、次のア～ウは太平洋戦争中のできごとです。起こった順番に、解答欄に記号を記入しなさい。

ア　長崎に原子爆弾が投下された。

イ　アメリカ軍が沖縄に上陸した。

ウ　日本軍がハワイのアメリカ軍基地を攻撃した。

2021(R3) 清心中　一次教科型
K 教英出版

清心中学校
２０２１年度入学試験問題

１次教科型
〔１２月１３日実施〕

算　　数

（60分）

【注　意】

① すべての問題用紙に受験番号と名前を記入しなさい。

② 答えは指定された所に書きなさい。

考える途中で書いたメモ，図，計算式などは残しておきなさい。

③ 必要ならば，円周率は３．１４を使いなさい。

2021年度入学試験（1次教科型）※100点満
(配点非公

清心中学

算数(その1)

受験番号		名前	

1 次の各問いに答えなさい。

（1）次の計算をしなさい。

① ４７３－２８７

② ５３－３×８＋６

③ ２７－(１２－６÷３)

④ ２．５×１．４

⑤ ６÷１．２

⑥ $1\frac{2}{5}-\frac{1}{6}-\frac{3}{4}$

⑦ $1\frac{4}{5}\times\frac{7}{8}\div\frac{3}{4}$

⑧ ３０÷４－０．６×８

⑨ １６９×３．１４－１４４×３．１４

⑩ $0.2\times\left(\frac{7}{15}-\frac{1}{6}\right)\div\frac{3}{5}$

①	
②	
③	
④	
⑤	
⑥	
⑦	
⑧	
⑨	
⑩	

（2）周囲の長さが１２ｃｍの正方形の面積を求めなさい。

答 ｃ

1から１００までの番号が書かれた箱があります。次の指示に従ってボールを１個ずつ入れていきます。このとき，次の各問いに答えなさい。

(1) ３の倍数の番号が書かれた箱にボールを入れます。ボールが入っていない箱はいくつありますか。

[求め方]

答　　　　　　箱

(2)（1）のあとに４の倍数の番号が書かれた箱にボールを入れます。

① ボールが２個入っている箱はいくつありますか。

[求め方]

答　　　　　　箱

② ボールが１個しか入っていない箱はいくつありますか。

[求め方]

答　　　　　　箱

2021年度入学試験（1次教科型）

清心中学

算 数（その3）

受験番号		名前	

5 右図の立体は，１辺の長さ３０ｃｍの立方体から底面の半径が５ｃｍ，高さが１６ｃｍの円柱をくりぬいたものです。このとき，次の各問いに答えなさい。

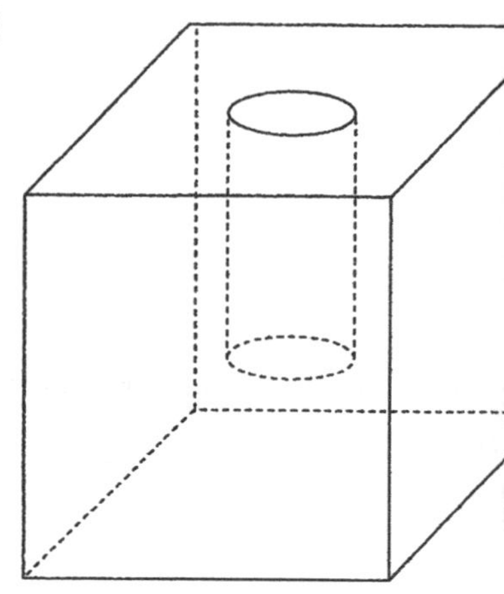

（1）この立体の体積を求めなさい。

［求め方］

答　　　　　　　　　ｃｍ^3

（2）この立体に色をぬるとき，ぬる部分の面積を求めなさい。ただし，底やくりぬいた部分もぬ
とします。

［求め方］

答　　　　　　　　　cn

6 秋子さんは家の大掃除を手伝ったときに，５０円切手と８０円切手を見つけました。
そして，お手伝いのお礼にそれらの切手をたくさんもらったので，郵便局で６３円切手に交換してもらいました。ただし，交換する切手１枚につき手数料がかかります。
このとき，次の各問いに答えなさい。

(1) 郵便局に５０円切手７枚をもっていくと，手数料を含めてちょうど６３円切手５枚に交換できました。５０円切手１枚あたりの手数料はいくらでしたか。ただし，手数料は切手で支払うものとします。

[求め方]

答＿＿＿＿＿＿＿＿円

(2) 秋子さんは（1）の手数料を支払って８０円切手も６３円切手に交換したいと考えました。
ちょうどぴったり支払うことができて８０円切手の枚数が少なくてすむのは，８０円切手何枚を６３円切手に交換するときですか。ただし，（1）のときと同じように，手数料は切手で支払うものとします。

[求め方]

答　８０円切手＿＿＿＿＿＿枚を６３円切手＿＿＿＿＿＿枚に交換

2021年度入学試験（1次教科型）

清心中学

算 数（その2）

受験番号		名前	

2 次の ア ～ ウ に当てはまる数を答えなさい。

夏子さんの歩く速さは時速4．5ｋｍです。これは分速に直すと，分速 ア ｍになりま

夏子さんが家から２４００ｍ離れた駅まで歩くと イ 分かかります。

同じ道のりを時速 ウ ｋｍの自転車で行くと，１２分かかります。

[求め方]

答 ア：　イ：　ウ：

3 右の正方形について，斜線（しゃせん）部分の面積を求めなさい。

[求め方]

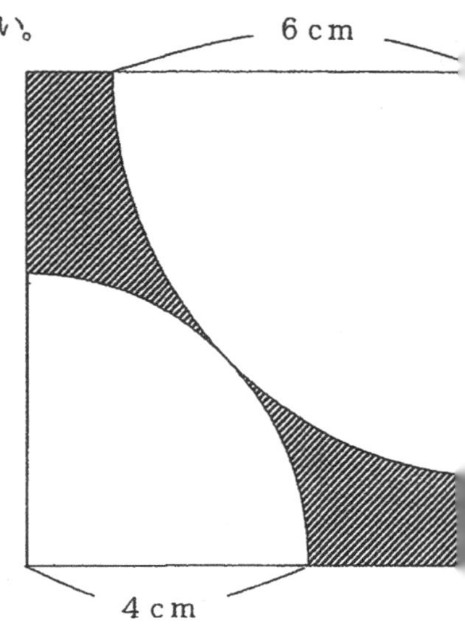

答　ｃｍ

3）春子さんは今まで４回受けた算数の平均点が７８点でした。次の５回目のテストで何点以上取れば平均点が８０点以上になりますか。

答　　　　　　　　点以上

4）ある中学校では自転車通学の生徒が７２人で，これは生徒全体の１６％にあたります。この中学校の全生徒の人数は何人ですか。

答　　　　　　　　人

5）２本の平行線に直角二等辺三角形を下の図のようにおいたとき，㋐の角の大きさを求めなさい。

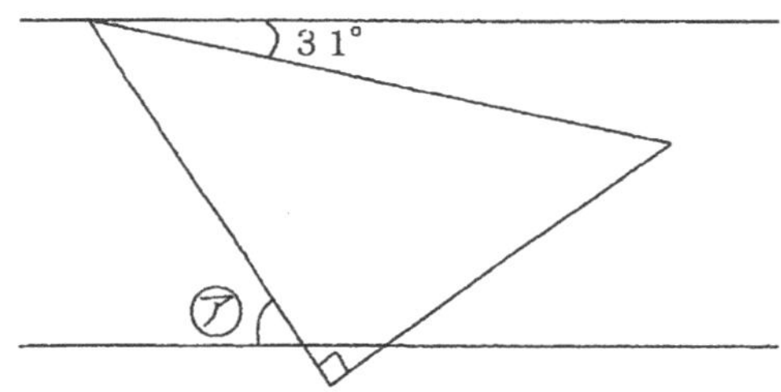

答　　　　　　　　°

6）以下のアルファベットの中で，線対称な形はどれですか。また，点対称な形はどれですか。

J U N I O R

答　線対称　　　　　　　　　　点対称

2021(R3) 清心中　一次教科型
K 教英出版